COLUCHE, DEVOS
et les autres...

DU MÊME AUTEUR

Les Nouvelles Pâques, Seghers, 1952.

Violette, Le Seuil, 1953.

Poèmes de la mort juive, P.-J. Oswald, 1967.

Saint-Domingue ou je meurs, P.-J. Oswald, 1969.

Drôles d'oiseaux, en collaboration avec Philippe Adler
   et Jacky Redon, Robert Laffont, 1973.

Le Politic-show, en collaboration avec Jacky Redon,
   Robert Laffont, 1976.

Deux aventures du commissaire San Antonio,
   d'après Frédéric Dard, en collaboration avec Henry Blanc,
   Vents d'Ouest, 1995.

ROBERT MALLAT

COLUCHE, DEVOS
et les autres...

UN DEMI-SIÈCLE DE RIRE FRANÇAIS

l'Archipel

Si vous désirez recevoir notre catalogue et
être tenu au courant de nos publications,
envoyez vos nom et adresse, en citant ce
livre, aux Éditions de l'Archipel,
4, rue Chapon, 75003 Paris.
Et, pour le Canada, à
Édipresse Inc., 945, avenue Beaumont,
Montréal, Québec H3N 1W3.

ISBN 2-84187-060-X

Sommaire

7

Deuxième partie
LES ANNÉES CAFÉ-THÉÂTRE

9

Troisième partie
L'HUMOUR AUJOURD'HUI

« Lorsque vous peignez les hommes, il faut peindre d'après nature : on veut que ces portraits ressemblent, et vous n'avez rien fait si vous n'y faites reconnaître les gens de votre siècle... Mon dessein est de peindre les mœurs sans vouloir toucher aux personnes. Mes personnages sont des "fantômes" où mon imagination groupe les traits observés de divers côtés, types généraux dont les copies foisonnent autour de nous. Le véritable secret est d'entrer comme il faut dans le ridicule des hommes. »

Molière, *Critique de l'École des femmes* (1663).

Avant-propos

De quoi riait-on à l'aube de notre monde ? Sans doute d'un homme qui avait eu la malencontreuse idée de trébucher sur une de ces pierres – à moins que ce ne fût un os – dont les cavernes préhistoriques étaient encombrées. La loi de la gravité n'a pas seulement passionné les savants, elle a donné aux humoristes, même ceux qui ignoraient encore tout du rire et de ses mécanismes, l'occasion de railler à peu de frais leurs contemporains.

Les millénaires ont passé. Le rire a évolué. Il s'est, peu à peu, codifié. C'est Molière qui a posé les principes fondamentaux de l'humour moderne. Paysans matois, bourgeois aisés et grotesques des *Femmes savantes,* ladre de *L'Avare...,* le ridicule des hommes a nourri bien des personnages. Tout un monde de seigneurs corrompus et corrupteurs, de boutiquiers, de médecins pédants, de malades hypocondriaques : voilà de quoi composer cette comédie humaine que les humoristes de notre temps aspirent à nous décrire avec la même verve.

Molière a fourni les clés, Pierre Dac a ouvert les portes. Dans son « Essai sur le Français moyen », Dac prend pour cible un individu quelconque qu'il transforme en vedette imbue d'elle-même, fière de ses droits, de son pouvoir et, aussi, de ses défauts. Novateur par son sujet, cet essai l'est aussi par sa forme. Nul, avant « le roi des loufoques », n'a osé ainsi marier la logique et l'absurde, le sérieux et la dérision : le langage employé par Dac à ses débuts tranche avec celui des chansonniers, prisonniers de leurs couplets archaïques et dénués d'originalité. Le langage «dacien» a tout d'abord surpris. Puis on s'y est accoutumé. On s'habitue à tout, même à l'inhabituel.

La devise de *L'Os à moelle*, «Pour tout ce qui est contre, contre tout ce qui est pour», résume bien la philosophie de l'humour scénique tel qu'il est compris dès la Libération. L'humoriste nous prendra désormais à contre-pied. Il ne sera que contradiction et parti pris. Le fameux miroir déformant. On pourrait dire que, pour séduire, notre amuseur devra presque déplaire, à la condition, bien sûr, de nous faire rire.

De Pierre Dac, le plus ancien, à Élie Semoun, l'un des plus jeunes, il est aisé de discerner les liens qui rattachent les humoristes. Tous sont des braconniers de l'âme humaine, des pêcheurs en eau trouble, des chasseurs de tics. Mais à chacun ses ingrédients, à chacun ses recettes. Aucun sketch n'a la même consistance ni la même saveur. Raymond Devos, les Frères Ennemis, Les Nuls jouent-ils avec les mots ? Ils n'en font pas le même usage. Jacques Dufilho et la Madeleine Proust nous emmènent-ils loin des villes, en pleins champs ? Ils n'appartiennent pas au même terroir. La famille de Robert Lamoureux n'est pas celle d'Alex Métayer. Et, d'un humoriste à l'autre, le portrait du Français moyen se modifie par touches imperceptibles.

En cinquante ans, le monde a vieilli. En 1945, on se retroussait les manches ; aujourd'hui, on courbe les épaules. En 1945, on croyait en un monde meilleur ; aujourd'hui, c'est à peine si l'on se risque à prononcer le mot avenir. L'humour des amuseurs est, à sa façon, le reflet de notre époque, avec ses cahots et ses couacs.

Irrespectueux, provocant, iconoclaste, il devrait poser les questions que nous nous posons, sans donner les réponses que nous n'attendons du reste pas de lui.

Les temps heureux de l'humour imaginatif né à la Libération se sont estompés peu à peu. Jean Yanne, Darras et Noiret, Poiret et Serrault, les Frères Ennemis et les centaines d'humoristes qui sont arrivés dans le sillon de Pierre Dac et Francis Blanche, ont passé la main. Grâce à la radio et à l'I.N.A. – Institut national de l'Audiovisuel –, leur voix, leurs gestes, leurs mots nous sont, par bonheur, restés.

Parmi ceux qui ont disparu, il en est un que l'on ne cesse de regretter. Tout à la fois comique et humoriste, clown et satiriste, gêneur et généreux, Coluche ne craignait pas de choquer. Et l'on aimerait l'entendre encore éructer et rager. Il aurait sans doute percé bien des abcès – à supposer que la télévision, désormais omnipotente et quelque peu allergique à l'humour provocateur, eût consenti à lui donner le droit à l'image comme à la parole.

« L'humour est le plus efficace des antidépresseurs », dit Guy Bedos. Car tel est le rôle des humoristes : dénoncer par le rire les maux qui nous accablent et les périls qui nous menacent, même si le soulagement qu'ils nous procurent n'est que fugitif. La place qu'ils tiennent dans notre société est essentielle ; on ne saurait la leur dénier. Est-ce à dire qu'ils œuvrent pour la postérité et que la patrie reconnaissante se devrait de les accueillir en son Panthéon ? N'exagérons rien : les humoristes ne sont que des chroniqueurs drolatiques de l'instant présent et non des historiens ou des prophètes dont les messages traverseraient les siècles. Mais que, pour une raison ou pour une autre, on en vienne à étouffer leur voix, et tout serait à craindre. Rassurons-nous pourtant : l'humour, quoi qu'il arrive, renaît toujours de ses cendres.

Ce livre suit les tours – et les détours – de cinquante ans de comique hexagonal, autant qu'il retrace le destin des amuseurs publics. On ne saurait dissocier les uns des autres : un humoriste vit son humour à temps complet, pas toujours, certes, de gaieté de cœur. Peut-être s'en sert-il, comme Fernand Raynaud ou Bernard Haller, pour exorciser ses angoisses. A moins que, comme Jean Yanne, Guy Bedos, Coluche ou Pierre Desproges, il n'exprime une indignation qui semble parfois non feinte.

Journaliste à *France-Soir* puis au *Point*, j'ai écumé les cafés-théâtres à la recherche de jeunes talents. J'ai interviewé Devos, Haller, Bedos, Coluche, Le Luron, Jolivet, Desproges, Les Inconnus et bien d'autres. Je me suis lié d'amitié avec certains. Je rapporte leurs propos comme ils me les ont tenus. Librement. J'ai parfois interprété leurs mots à ma façon sans jamais, je l'espère, dénaturer leur pensée.

PREMIÈRE PARTIE

LE TEMPS
DES CABARETS

Paris s'éveille, l'humour aussi

1945. Enfin débarrassé de ses oppresseurs, Paris s'éveille. La liberté est là. La liberté de penser, de rêver, de rire. On ne parle plus à mots couverts, mais à haute voix. Peintres, musiciens, poètes, comédiens envahissent Saint-Germain-des-Prés et s'installent aux terrasses du Flore et des Deux-Magots. Ils rebâtissent le monde, échafaudent une révolution culturelle qui donnera le pouvoir à l'imagination et apportera un ton nouveau à la sculpture, à la peinture, au théâtre, aux variétés.

Trois ans plus tard, dans les caves qui servaient d'abris pendant les alertes, on danse sur cette musique de jazz que l'occupant avait proscrite. Claude Luter joue de la clarinette au Vieux-Colombier. Boris Vian, écrivain, auteur de chansons et directeur artistique de la firme discographique Philips, joue de la trompette au Tabou, rue Dauphine, où Juliette Gréco, muse des existentialistes, chante «Si tu t'imagines», de Raymond Queneau et Joseph Kosma.

A la Rose Rouge, rue de Rennes, les Frères Jacques interprètent «Sœur Marie-Louise», de Francis Blanche, et «La Saint-Médard», de Michel Vaucaire. Yves Robert et sa troupe jouent et chantent dans Cinémassacre.

En 1922, sur les hauteurs de Montmartre, Pierre Dac avait été l'initiateur d'une forme inédite d'humour. En 1948, le style «Rose rouge», fait d'impertinence et de dérision, s'impose sur la rive gauche. Il attire le public. Il fait école. Alors apparaissent les cabarets qui donnent au rire autant d'importance qu'à la chanson.

Cet humour nouveau est enfant de la guerre. Après quatre années de nuits noires et de jours gris, les humoristes rompent avec les traditions poussiéreuses de leurs aînés. Un demi-siècle de one man shows commence.

1

Pierre Dac et Francis Blanche,
père et fils spirituels

En octobre 1922, un petit homme âgé de vingt-neuf ans apparaît pour la première fois sur l'estrade d'un cabaret de la place du Tertre, La Vache Enragée. Il a le front légèrement dégarni, les yeux d'un bleu très pâle. La vache enragée, il l'a connue intimement. Il a, tour à tour, été vendeur de savonnettes, démonstrateur déguisé en Charlot, représentant de commerce, chauffeur de taxi. Son nom ? André Isaac. Sur les conseils de Roger Toziny, le patron de La Vache, il a opté pour un pseudonyme aux allures plus « chansonnières », celui de Pierre Dac.

Car Dac se veut chansonnier. Un genre en vogue dans les boîtes de Montmartre, vouées, le plus souvent, à la satire politique. Des rimailleurs plus ou moins doués y critiquent ceux qui gouvernent la France – et daubent ceux qui voudraient la gouverner. A moins qu'ils ne débitent, sur des musiques stéréotypées, des couplets ironiques ou sentimentaux qui ne passeront jamais à la postérité. Les uns et les autres subissent encore l'influence du poète Émile Goudeau, créateur, à la fin du siècle précédent, du cercle des Hydropathes. Ceux-ci chantaient : « Nous avons eu, pour gouverner la France, / Des maréchaux, des rois, des empereurs. / Tous ces gens-là barbotaient nos finances / Il n'en faut plus, Français, y a pas d'erreur[1]. » Ou, pour toucher un public

21

qui avait le cœur tendre et le sanglot facile : « L'enfant, comme un petit oiseau, / Gazouille en son lit blanc et rose. / La mère, à côté du berceau, / Attend que son bébé repose. / Gracieuse et tendre, sa voix / Fredonne une ancienne romance, / Une complainte d'autrefois / Que, sans cesse, elle recommence[2]. »

Dac ne rompt pas d'emblée avec la tradition : il commence par poétiser. D'abord sur un mode lyrique, comme dans la « Prière sur Montmartre » : « Cité des chimères / Aux joies éphémères, / A qui l'on veut faire / Un autre avenir, / Montmartre s'élève / Et ses heures brèves / Revivent en rêve / Tant de souvenirs[3]... » Style ampoulé qui tranche sur celui, plus agressif et plus contemporain, bien que versifié, de « L'École de la politique » : « Les f'nêtr' seront à guillotine. / Seul' les cuisines seront très sales / Car elles seront électorales. / Heureus'ment, le tout-à-l'égout / Fonctionnera un peu partout[4]. »

Le Dac véritablement précurseur n'entre en scène qu'à la fin des années 20, avec des pensées telles : « Une chose fausse que l'on croit vraie devient plus vraie qu'une chose vraie que l'on croit fausse », « La meilleure manière de prendre un autobus, c'est d'attendre qu'il s'arrête », ou « Le calendrier est une invention néfaste : c'est à cause de lui que l'on se voit vieillir... » Et avec des textes dans lesquels il révèle par exemple les secrets de la confiture de nouilles, gloire de la gastronomie française : « C'est le cuisinier de Vercingétorix qui eut, le premier, l'idée de composer ce chef-d'œuvre de la gourmandise[5]... »

L'*Essai sur le Français moyen*, « mammifère invertébré dont l'origine remonte à l'an 40 avant Casimir Perier », nous décrit un personnage que nous ne cessons de côtoyer – et qui nous choque parce qu'il est à notre image : celle d'un râleur fanfaron et égocentrique dont les vices sont plus flagrants que les vertus – si tant est qu'il en ait. Quoi de changé depuis Dac ? Rien, ou à peu près rien ! Le Français moyen l'est resté, comme vous, comme moi, comme nous tous. Il hait le fisc, qu'il rend responsable de tous ses maux : « Quand il va régler ses contributions, il dit : "Qu'est-ce que je vais lui briser au percepteur..." Et, quand il est devant la caisse, il paie et c'est lui qui dit merci... » Le même, toujours vu par Dac, traverse les passages cloutés avec lenteur, traite les chauffeurs « d'espion et de figure de peau de fesse », mais à peine a-t-il grimpé dans un taxi qu'il lance les mêmes injures aux piétons. Il raffole des clichés, lieux communs, bons mots et plaisanteries « qui trouvent leur emploi dans toutes les circonstances de la vie ». Enfin, il est « badaud par essence et par définition. Quand deux voitures se tamponnent, c'est lui qui donne à l'agent tous les détails de l'accident qu'il n'a d'ailleurs pas vu [6]. »

Ce Français moyen, les humoristes contemporains continuent de le prendre pour cible. Mais si Pierre Dac pratiquait la synthèse, eux se complaisent dans l'analyse. Du portrait en pied esquissé, avec une certaine bonhomie, par Dac, ils sont passés au gros plan caricatural. Écoutez Fernand Raynaud, Coluche ou Les Inconnus : bourreaux d'enfants, concurrents du Schmilblick, journalistes sportifs, nul ne sort indemne de leurs sketches. Dac, certes, n'est pas le premier à avoir dénoncé les turpitudes de notre société. Il aura ouvert la voie à ses descendants.

Le roi des loufoques

Les spectateurs de La Vache Enragée, de La Lune Rousse et autres établissements où Dac se produit ne se rendent pas encore compte que ses petites phrases et ses péroraisons, débitées sur un ton volontairement monocorde, sont révolutionnaires : une nouvelle forme d'humour, proche du burlesque qui triomphe au cinéma (muet), est en train de naître sous leurs yeux.

Dac n'a pas conscience d'être un novateur. « A mes débuts, expliquera-t-il, je disais n'importe quoi, tout ce qui me passait par la tête. Mais, peu à peu, j'ai compris que l'insolite devait sembler extrêmement vrai. Mon humour, c'est, d'abord, de ne jamais parler pour ne rien dire. En remontant à la source de tous mes gags verbaux, on arrive toujours à la réalité. Sans quitter la logique cartésienne d'un pas, je développe une suite de raisonnements par l'absurde et j'en tire un éventail de gags plus loufoques les uns que les autres [7]. »

« Loufoque » : un qualificatif qui ne s'emploie plus guère aujourd'hui, et surtout pas dans les établissements scolaires où l'on est toujours à l'affût d'expressions nouvelles. Pour le *Petit Larousse,* qui ignore l'existence de Dac, le mot signifie « extravagant, fou, insensé ». Mais le dictionnaire ne mentionne pas l'adjectif « louf », abréviation courante de « loufoque », ni le pléonastique « loufdingue ». Dac n'a pas inventé le mot « loufoque », il l'a exhumé de l'argot des bouchers, le louchebem. Tout l'héritage paternel : originaire de la communauté juive alsacienne, émigré de Châlons-sur-Marne à Paris, Salomon Isaac avait ouvert une boucherie à proximité des abattoirs de La Villette. On peut supposer qu'André Isaac pratiquait cette langue verte corporatiste dont la plupart des Français ignoraient jusqu'à l'existence. Ou, s'il ne la parlait pas, sans doute la comprenait-il parfaitement.

Inspiration « dacienne »

Tout d'abord allergiques au comique insolite de Dac, les critiques les plus acerbes s'accoutument peu à peu à sa tournure d'esprit. Ils prennent enfin au sérieux les jeux de mots, aphorismes et sophismes qu'ils avaient jusqu'alors traités par le mépris. Ils consentent à rire lorsque, gravement, il s'écrie : « A l'éternelle et triple question demeurée sans réponse : "Qui sommes-nous, d'où venons-nous, où allons-nous ?", je réponds : "En ce qui me concerne personnellement, je suis moi, je viens de chez moi et j'y retourne [8]." » Ces propos d'une logique implacable dérident également les spectateurs, jusqu'alors réticents, qui daignent s'intéresser à des confidences pseudo-autobiographiques : « Je n'eus pas de première culotte : j'eus tout de suite ma deuxième. [...] Dès mon plus jeune âge, je me suis découvert des dispositions pour les langues vivantes. J'ai appris le strabisme et le samovar [9]. »

Humour inédit qui captive aussi bien les adultes que les adolescents. L'un d'eux, âgé de douze ans, vient à la rencontre de Dac, un soir de 1932, dans les coulisses de La Lune Rousse. Il s'appelle Francis Blanche. Au contraire de Pierre, Francis est un enfant de la balle. Son grand-père a incarné, sur scène, le Phileas Fogg du *Tour du monde en quatre-vingts jours*. Son père, Louis Blanche, comédien lui-même, dirige le Théâtre de l'Alhambra. « J'ai confié à Dac un manuscrit intitulé *Crème de pistache,* racontera Blanche. Une très jolie chose. Malheureusement perdue ! Je ne me souviens pas de ce que j'y racontais [10]... »

Les premières interviews que Blanche accorde dans les années 50 sont d'inspiration purement « dacienne » : « Mon père était fabricant d'autochenilles à Stockholm. J'étais un enfant précoce et, à l'âge de dix ans, je ne parlais pas moins de huit dialectes, dont le bourguignon et le chachlik [11]. »

S'ils ne sont pas de la même couvée, on voit que Dac et Blanche sont assis sur la même branche. Et qu'ils ont, en dehors de leurs dialectes respectifs, les mêmes tics de langage.

La substantifique moelle de L'Os

Pas gaie, la seconde moitié des années 30! A l'est comme au sud, ce ne sont que bruits de bottes et coups de canon. L'Europe est déjà en guerre et elle ne le sait pas encore. Alors, elle rit. C'est ainsi qu'en 1936, sur une musique de Paul Misraki et des paroles de Bach et Laverne, deux célèbres comiques troupiers, la France du Front populaire chante en chœur «Tout va très bien, madame la marquise». Les Italiens viennent de conquérir l'Éthiopie au nez et à la barbe des démocraties? Tout va très bien, madame la marquise! L'année 1937 voit le feu éclater sur un autre continent: le 8 juillet, sans déclaration de guerre préalable, l'armée japonaise envahit la Chine. En Europe, les nazis fourbissent leurs armes et ouvrent, à Buchenwald, un quatrième camp de concentration. Charles Trenet, lui, chante «Y'a d'la joie».

Dac pressent-il l'orage? Ou bien ignore-t-il les menaces qui se précisent? Son frère est mort sur le front de Champagne en octobre 1915; quant à lui, il s'est brillamment conduit, durant toute la guerre, contre ces Allemands qui, en 1870, avaient annexé l'Alsace et la Lorraine. Les mêmes s'attaquent à présent aux juifs, qu'ils accusent de tous les maux de la terre. Alsacien d'origine et juif de confession, Pierre Dac pourrait se servir de son humour corrosif pour donner l'alarme. Il se contente de créer le Club des Loufoques. Puis la Société des Loufoques, la SDL, rivale cocasse de la SDN, l'impuissante Société des Nations.

Avec son ami, le chansonnier Fernand Rauzéna, Dac va jusqu'à écrire un « Hymne loufoque » (« SDL, SDL, / Vivent les loufoques, vivent les loufoques, / Os à sciur', sac à moelle, / Et viv' la SDL ! »). On a peine à imaginer que le conflit mondial est proche. Le vendredi 13 mai 1938, deux mois après l'entrée des troupes allemandes en Autriche, quatre mois avant la conférence de Munich, à l'issue de laquelle Français et Anglais plieront devant Adolf Hitler et Benito Mussolini et abandonneront la Tchécoslovaquie à son sort, Dac persiste et signe : il lance *L'Os à moelle,* un journal de quatre pages dont le premier numéro se vend à 400 000 exemplaires.

Cet *Os* ne ressemble en rien, bien qu'il en ait l'aspect, au *Canard enchaîné,* hebdomadaire satirique voué aux événements de politique intérieure ou étrangère. Dans un premier temps, Dac n'a qu'un objectif en tête : faire du « parti d'en rire » le premier parti de France. La dérision est au rendez-vous de toutes les rubriques du journal. A commencer par les petites annonces : « Club de voyous embauche dactylos. Petites frappes acceptées », « On demande hommes de paille, un grand et un petit, pour tirage au sort », « Lycéen cherche blanchisseuse habile pour repasser ses leçons ». Ou encore celle-ci, un modèle du genre : « On demande cheval sérieux connaissant bien Paris pour faire livraisons tout seul. » *L'Os à moelle* n'est pas qu'un journal d'annonces farfelues. Il contient aussi bien des éditoriaux que des chroniques, des reportages imaginaires que des jeux ou des recettes de cuisine. Et un courrier du cœur, « Les épanchements de Cousine Synovie », qui n'aurait pas sa place dans les journaux féminins contemporains, plus enclins à cultiver la fleur bleue que la dérision : « Encore jeune et désirable, j'ai eu vingt-neuf ans à la dernière Saint-Prunocuiprunocru ; je suis mariée à un homme qui me trompe avec la femme de mon amant. Mais comme celle-ci trompe son mari en couchant avec le mien, j'en suis réduite à tromper mon amant avec celui de sa femme puisque son amant est mon mari. Or, la femme de mon époux étant la maîtresse d'un homme déshonoré par l'amant d'une femme dont le mari trompe sa maîtresse avec la femme de son amant qui la trompe avec une amie de son épouse, je ne sais plus où j'en suis en raison de cette situation particulièrement compliquée. Je vous en supplie, conseillez-moi. Que dois-je faire ? Signé : Viscères en voltige. » Réponse de la rédaction de *L'Os* : « Rien. Qu'elle se démerde. »

Marie-Louise Basdufiacre, hôtesse d'accueil à l'Institut médico-légal qui « saute sur une occasion qu'elle n'a pas vue, et expire avant même d'avoir rendu le dernier soupir » ; Philippe-Auguste Alatraine, « ex-maître des requêtes à domicile en Conseil d'État d'ébriété » ; le baron Henri Gaspard Leprurit du Bodard, « président-directeur général de l'Office national des postes de distribution d'essence à gogo », dont la femme, née Marie-Chantal, « donne naissance à un bidon de cinq litres normalement constitué » ; Élie Kopter, un des prototypes du jeu « Monsieur et Madame ont un fils » qui fera fureur dans les années 70 : tous ces personnages, et combien d'autres, sortent de l'imagination des loufoques de *L'Os*. Il en est deux qui, hélas, sont bien réels : Mussolini, le Duce, et Hitler, le Führer. Ils hantent les cauchemars de quelques Français avisés. Et ceux de Dac, qui multiplie les attaques – faussement humoristiques – contre l'auteur de *Mein Kampf,* transformé en *Mein Camphre.*

Le 20 janvier 1939, *L'Os* publie un éditorial intitulé « Présages, signes et impondérables » qui tranche sur le ton habituel du journal. Dac y parle de «choses qui doivent se passer». En octobre, il prédit la fin de la guerre grâce à l'entrée des Martiens dans le conflit aux côtés des Alliés. Mais si l'humoriste Dac se fait encore des illusions (comme, du reste, les Français qui chantent «On ira pendre notre linge sur la ligne Siegfried»), le citoyen Dac sait être réaliste : le 30 mai 1940, devant l'arrivée imminente des troupes allemandes, *L'Os* cesse de paraître. Un sabordage que Pierre commente ainsi : « *L'Os à moelle* se décompose au contact du vert-de-gris. »

Quatre années d'Occupation vont commencer. Partagées entre la souffrance et l'espoir.

L'homme de Londres

C'est avec stupéfaction que, le 31 octobre 1943, les auditeurs – clandestins – de la BBC reconnaissent la voix de Pierre Dac dans «Les Français parlent aux Français». L'ex-roi des loufoques, le pensionnaire des cabarets montmartrois, le créateur de *L'Os à moelle*, a rejoint l'équipe de la France libre, les André Gillois, Maurice Schumann, Maurice Van Moppès, Jean Oberlé, Jacques Duchesne, André Labarthe, Pierre Bourdan et Jean Marin, qui, depuis juillet 1940, s'adressent quotidiennement au pays ligoté.

Dac est arrivé d'Alger le 13 octobre. Il revient de loin. De l'enfer : lorsqu'on s'appelle André Isaac, «dit Pierre Dac» comme l'écrivent les journaux de la France occupée, il ne fait pas bon vivre sous Pétain. L'ex-roi des loufoques a donc décidé de mettre au service des gaullistes la seule arme dont il dispose : l'humour. Un vaccin, certes, mais aussi un contrepoison, administré au fil des éditoriaux et des chroniques où André Isaac cohabite avec Pierre Dac. C'est surtout contre Philippe Henriot, ministre de l'Information du gouvernement Laval, que, à la demande de ses compagnons, Dac se livre à ses attaques les plus virulentes. «Réflexions sur un discours», «Bagatelle sur un tombeau» et, pour finir, «Les Funérailles nationales de Philippe Henriot» (abattu à Paris, le 28 janvier 1944, par des résistants), attestent du talent de Dac polémiste.

«Les Français parlent aux Français» a eu souvent recours à la chanson parodique, chère aux chansonniers et aux imitateurs. Avec, notamment, «Radio-Paris ment / Radio-Paris ment / Radio-Paris est allemand», que Jean Oberlé a écrit sur l'air de «La Cucaracha». Dac s'y lance à son tour. Sur la musique des «Gars de la marine», ce sont «Les Gars de la vermine»: «Voilà les gars de la vermine, / Chevaliers de la bassesse, / Voilà les Waffen SS.» Sur l'air de «La Romance de Paris», de Charles Trenet, il écrit «La Complainte de fin d'année»: «C'est la complainte des nazis, / C'est la complainte des pourris, / Qui met au ventre des salauds / La peur d'la corde ou du poteau.» Pendant neuf mois, Dac, soldat en civil au sein d'un régiment sans uniforme, se prodigue ainsi contre l'envahisseur et ses sbires. Jusqu'au 14 août 1944, date à laquelle il peut, à son tour, regagner la France.

Les livres consacrés à la guerre 1939-1945 ne font que mentionner le nom de Pierre Dac. Et il est probable que les générations nouvelles auraient ignoré sa participation radiophonique à la guerre si *Allez France,* film de Robert Dhéry, successeur branquignolesque des loufoques, ne lui avait rendu, en 1965, un hommage plus précieux que celui des historiens. Vingt ans après la capitulation allemande, Dac, avec un humour mêlé sans doute d'amertume, y incarne son propre personnage. Assis dans une soupente, devant un micro datant des années 40, il lance le célèbre: «Ici Londres, les Français parlent aux Français... », qu'il poursuit ainsi : «Aujourd'hui, 8 690ᵉ jour de la lutte du peuple français pour sa libération.» Une manière de rappeler que le rire peut contribuer au combat contre toutes les intolérances, tous les fascismes. Et pour la dignité.

Loufoque ou surréaliste ?

Le 22 octobre 1944, Dac fait sa rentrée au théâtre de l'ABC, dans une revue intitulée *De l'ABC à la BBC*. Une rentrée applaudie. A croire que tout va recommencer comme avant, du temps où il passait pour un précurseur... et qu'il en était un. Mais il ne faut pas se leurrer : les loufoques ont fait leur temps, qu'ils soient passés par Londres ou qu'ils n'aient pu quitter la France.

Cette étiquette de loufoque a valu à Dac la notoriété dans les années précédant la guerre. Elle lui colle maintenant à la peau. Elle est désuète et, de toute façon, réductrice. Il suffit de comparer les *152 proverbes mis au goût du jour,* de Paul Éluard et Benjamin Péret, parus en 1925, et les *Pensées* de Dac rassemblées en 1972, pour mesurer la parenté qui lie l'humour surréaliste et celui du loufoque. «Il faut battre sa mère pendant qu'elle est jeune», avaient écrit Éluard et Péret. Dac se livre, sans le moindre intellectualisme, au même divertissement : «Il ne faut jamais remettre au lendemain ce qu'on n'a pas fait le jour même, mais qu'on aurait pu faire la veille ou l'avant-veille du surlendemain.» Ou : «Celui qui dit "Aux innocents les mains pleines" se garde bien de dire au juste de quoi sont pleines les mains des innocents.»

N'oublions pas que, le 1ᵉʳ décembre 1924, paraissait le n° 1 de la revue *La Révolution surréaliste*. Que, dans son *Manifeste* publié la même année, André Breton, neurologue et poète, écrivait : «Le seul style honnête et

31

efficace doit tendre vers l'écriture automatique, dictée par la pensée, en l'absence de tout contrôle exercé par la logique et en dehors de toute préoccupation intellectuelle ou morale.» Notons également que les débuts professionnels de Dac datent de 1923, en pleine élaboration du *Manifeste*.

Pierre Dac aurait-il été, à sa façon, inspiré par une doctrine littéraire à laquelle il apportait son sens du calembour et la logique, condamnée par Breton? Même s'il prétend avoir tout ignoré du dadaïsme et du surréalisme, ses textes en sont proches. Ami du dessinateur Maurice Henry, surréaliste bon teint et ancien collaborateur de *L'Os à moelle,* il ne serait en somme qu'un déviant ou un mutant qui, peu à peu, aurait trouvé sa voie hors du code de bonne conduite surréaliste.

Le nouvel Os

Deuxième étiquette dont Pierre Dac pâtira : celle de chansonnier. Son retour dans les boîtes qui, jadis, ont fait sa gloire, va davantage lui nuire que le servir. Car l'esprit chansonnier a pris des rides. Il ne sera bientôt plus en vogue, sinon auprès d'un public qui a vieilli. Dac en est à peine conscient. Mais, à son retour en France, il a déjà cinquante-sept ans. Trop tard pour refaire ses classes. Trop tard, aussi, pour se mettre au goût du jour et s'avouer que l'humour dont il est l'initiateur s'est émancipé. Il se cramponne pourtant à ce qui a fait sa renommée avant la guerre. Le 11 octobre 1945, il fait reparaître *L'Os à moelle,* sous le titre, plus opportuniste, d'*Os libre*. Première devise du journal : «Pour tout ce qui est contre, contre tout ce qui est pour», transformée, un an plus tard, en «Contre tout ce qui est pour et pour tout ce qui est contre».

L'Os libre ne diffère guère de *L'Os à moelle*. On y trouve des éditoriaux, des chroniques, des reportages, des petites annonces en tout genre, comme : « Chiffon pure laine pour essuyer les coups de feu : 29,90 F », et même les heures d'ouverture dominicale de la pharmacie Lopez à Santiago du Chili. Mais le succès escompté par Dac n'est même pas d'estime. « Il y a du mou dans la corde à nœuds », chantait-il naguère. Il y a cette fois du mou dans l'accueil du public et, par conséquent, dans les ventes du journal.

Pour conquérir de nouveaux clients et, surtout, des jeunes, il engage des « rubriquards », dont un certain André Raimbourg qui, sous le pseudonyme de Bourvil, s'est fait connaître par une complainte, « Les Crayons », parodie des couplets larmoyants de la Belle Époque. Brève collaboration : au bout de quelques semaines, Bourvil, happé par le cinéma et l'opérette, est contraint de quitter *L'Os*.

Dac se rabat alors sur deux humoristes, Pierre Cour et Francis Blanche, qui sévissent chaque semaine dans « Sans rime ni raison », une émission, burlesque et controversée, diffusée par la radio française. Sans rime ni raison, mais pas toujours sans queue ni tête : Cour et Blanche combinent, eux aussi, délire et logique. Témoin ce reportage sur les « grottes de Gien », qui repose sur un calembour – discutable, avoue Blanche – et débouche sur un véritable documentaire, avec suintements d'eau et échos caverneux. Ou cette information qui fait sursauter l'auditeur crédule : « La tour Eiffel va être débitée en tranches pour servir à la reconstruction[12]. »

« Je n'y suis pour Bergson... »

Dac ne se souvient pas de l'adolescent qui lui avait confié un manuscrit en 1932. Il ne s'offusque apparemment pas – peut-être même s'en réjouit-il – de l'étrange similitude entre l'humour de Cour et de Blanche et le sien. Il leur propose de tenir une rubrique hebdomadaire dans *L'Os libre*. Ce sera le courrier du cœur – « L'Os de cœur » – qu'ils assureront pendant plus de six mois. Exemple type de cette rubrique chère à Dac : « La vie m'a douloureusement blessée. Il y a quinze ans de cela, mais la plaie est encore ouverte... » Réponse de Blanche : « C'est très simple : nettoyez d'abord la plaie avec de l'eau oxygénée. Faites ensuite un petit pansement avec du sparadrap et de la gaze. Quand il y a de l'eau dans la gaze, changez le pansement. Et si, malgré tout, votre cœur continue à saigner, alors, voyez le pharmacien. »

On reconnaît bien là le style de *L'Os* et la tournure d'esprit de Dac. Blanche n'a, du reste, jamais sous-estimé l'influence que « le roi des loufoques » a eue très tôt sur lui – et sur tous les humoristes : « Le comique de Pierre Dac était révolutionnaire pour l'époque, expliquera-t-il. C'était autre chose encore que Devos. Ce n'était pas simplement un jeu sur les mots, mais une entreprise de démolition totale du langage et de l'univers des émotions acquises. [...] Cela dit, si l'on me demande mon opinion sur le rire, je répondrai que je n'y suis pour Bergson [13]. »

Sur le fil et la pince à linge

Un journal humoristique doit être administré comme n'importe quelle entreprise de presse : avec une rigueur dans laquelle l'humour ne tient aucune place. Dac est un créateur, il n'a rien d'un gestionnaire. Il ne se préoccupe que de la rédaction de *L'Os,* sans tenir compte de l'érosion des ventes qui, semaine après semaine, devient catastrophique. Intrigues de palais et manœuvres de couloirs aboutissent à sa mise sur la touche. Le 8 octobre 1947, *L'Os* cesse de paraître.

La réalité est cruelle : le monde a évolué, Pierre Dac pas. Les hommes de Londres ont fait carrière, mais, pour la plupart, en entrant en politique ou dans l'Administration, non en essayant de faire rire leurs contemporains à la mode d'avant-hier. Nombre de collabos, après avoir tourné leur veste, continuent à tenir des commandes qu'ils n'ont jamais lâchées. La loufoquerie existe encore, mais elle a changé de nom. Dac tente bien de se mettre au goût du jour en signant avec le fidèle Fernand Rauzéna la version française du film burlesque américain *Hellzapoppin.* Ou en montant une revue, *Le Droit de rire,* au Club des Cinq, un théâtre du Faubourg-Montmartre. Dans l'esprit de la nouvelle génération, il n'en garde pas moins son statut de chansonnier dépassé par les événements.

Bien qu'inconnu du grand public, Francis Blanche, lui, est devenu célèbre par refrain interposé : Radio-Luxembourg lui doit l'obsédant «Ploum-Ploum-Tralala», de l'émission «On chante dans mon quartier». Ce n'était pas là un coup d'essai : pour Charles Trenet, Blanche avait déjà écrit deux des chansons les plus poétiques et les plus originales que le créateur de «Y'a d'la joie» ait interprétées : «Sur le fil», en 1941 («Et j'ai mis dans le pré / Mes espoirs à sécher / [...] / Sur le fil / Danse, danse, danse... »), et, en 1943, «Débit de l'eau, débit de lait» («Dans ma rue, y a deux boutiques, / Dans l'une on vend de l'eau, / Dans l'autre on vend du lait. / La première n'est pas sympathique, / Mais la seconde, en revanche, où l'on vend du lait, l'est / [...] / Ah! qu'il est beau le débit de lait... / Ah! qu'il est laid le débit de l'eau... »)

Si les critiques de variétés oublient trop souvent d'attribuer à Blanche la paternité de ces deux chansons, et celle d'«On chante dans mon quartier», les interprètes n'ignorent pas qu'il en est l'auteur. Francis a la réputation enviée d'être un faiseur de tubes, mais de tubes de qualité, ce qui n'est pas si fréquent dans ce que l'on appelle le «métier» et qui sera bientôt le «show-business». Sans cesse sollicité par les éditeurs de musique, il n'est jamais en panne d'inspiration : en 1948, il offre aux Frères Jacques «Sœur Marie-Louise», histoire d'un escroc réfugié dans un couvent sous la robe d'une religieuse. En 1949, Édith Piaf et les Compagnons de la Chanson créent son «Prisonnier de la tour». A la fin de sa vie, il aura écrit six cents chansons, drôles ou mélancoliques, dont, encore pour les Frères Jacques, «Le Complexe de la truite» (musique de Franz Schubert), pour Gloria Lasso «Étrangère au paradis» (sur un thème de Borodine), et, pour les Quatre Barbus, «La Pince à linge» (sur le premier mouvement de la *Cinquième Symphonie* de Beethoven).

Les Branquignols sont arrivés

Blanche interprète également ses propres œuvres : son premier 33 tours, paru chez Vogue, contient une douzaine de chansons, telles «La femme-canon a des chagrins d'amour», «Pas d'orchidée pour ma concierge», «Le Petit Doigt de la marquise» et «Le Mignon d'Henri III». C'est Gérard Calvi qui a composé la musique de ces chansons.

Calvi est le musicien attitré de Robert Dhéry, dont *Les Branquignols*, créés le 21 avril 1948, remplissent le Théâtre La Bruyère. Francis Blanche participe à ce spectacle burlesque. Il en a écrit les lyrics et il y tient son rôle de petit gros pince-sans-rire au sein d'une troupe dans laquelle figurent Colette Brosset, épouse de Dhéry, Christian Duvaleix, Jean Carmet, Pierre Olaf, Pierre Tornade, Jacques Legras et, plus tard, Louis de Funès. Le comique des Branquignols naît surtout d'effets visuels. Dans un sketch, un individu chuchote des propos inaudibles à l'oreille d'un autre qui, de temps en temps, répond par un «Merde!» prononcé chaque fois d'un ton différent.

Certains peuvent ne pas apprécier la qualité de cet humour, prétendre qu'il ne s'adresse qu'aux *happy few* ou, au contraire, qu'il ne fait rire que le populo. N'empêche que Dhéry et ses Branquignols seront sans doute les seuls Français à avoir exporté un spectacle humoristique, *La Plume de ma tante,* d'abord en Angleterre, ensuite aux États-Unis où il connaîtra le triomphe: la «Ploume» se jouera pendant deux ans à guichets fermés.

En succédant aux loufoques, les Branquignols les ont supplantés. En 1948, on n'est plus loufoque, on est branquignol, comme on sera foldingue avec le Stéphane Collaro de «Cocoboy», sur TF1. Être branquignol, c'est tenir du «branque» («fou», en argot) et du «guignol». Robert Dhéry, ancien élève de Louis Jouvet au Conservatoire, est branquignol comme Pierre Dac était loufoque. Il est l'un de ses héritiers.

Dac aurait pu faire partie de ce groupe burlesque. Il en est absent. Il se contente de ressasser sa nostalgie. Et sa colère: en février 1949, il s'aperçoit, en écoutant distraitement l'émission radiophonique hebdomadaire «Branquignol», de Blanche et Dhéry, que Francis a plagié un de ses textes, celui sur les «mines de rien», et qu'il lui a emprunté l'idée du «parti d'en rire», invention purement dacienne.

Mais si la nostalgie persiste, la colère passe. Les humoristes ne se battent jamais, sinon en duel de mots d'auteur. Dac et Blanche ont un avenir commun qui va bien au-delà de *L'Os libre*. Cet avenir sera fait d'éclats de rire et d'éclats de voix. Pierre et Francis ont l'épiderme trop chatouilleux pour que leur entente soit parfaite, mais ils sont trop complémentaires pour que leurs querelles soient durables. Lorsque Dhéry, surchargé de projets, abandonne le «Branquignol» radiophonique, c'est Dac qui le remplace. Selon une formule trop souvent employée, «pour le meilleur et pour le rire»...

L'école des Trois Baudets

Tandis que *Les Branquignols* font salle comble au La Bruyère, Pierre Dac retrouve la scène avec « 39° 5 », revue mise en scène par Yves Robert, un des héros de La Rose Rouge. Le burlesque a bien le vent en poupe : les deux spectacles, de la même veine, coexistent sans que le succès de l'un vienne nuire à celui de l'autre. Revigoré par son association avec Blanche, Dac a recouvré l'enthousiasme qui l'avait abandonné. Leur mouvement «Meu-Meu», en pleine ascension, a désormais sa tribune à la radio, «Le Parti d'en rire», émission dominicale à base de reportages allant de la traite des planches aux fumeries clandestines de jambon, en passant par la réconciliation des œufs brouillés, l'école à manger de la tarte ou la chasse au naturel. Dac et Blanche se produisent également sur la scène des Trois Baudets dans *Sans issue,* un «psychanalytical show en dix-sept tests» qui abonde en gags écrits ou improvisés.

Dirigé par Jacques Canetti [14], bientôt découvreur de talents chez Philips, les Trois Baudets est aux cabarets rive gauche ou rive droite ce que le lycée est à l'école primaire. Les artistes qui s'y produisent ont déjà fait leurs classes, les uns de Saint-Germain-des-Prés à la Contrescarpe, les autres sur les hauteurs de Montmartre. Les pensionnaires de Canetti appartiennent à deux univers apparemment différents : celui de la chanson, avec Jacques Brel, Georges Brassens, Philippe Clay, Catherine Sauvage et Juliette Gréco, accompagnée par un pianiste lunaire, Darry Cowl ; celui de l'humour, avec Robert Lamoureux, Raymond Devos, Fernand Raynaud, Jean Yanne, Pierre Repp, Roger Comte. Aucun de ces amuseurs ne se ressemble. Ils s'observent, ils ne se copient pas. Fernand Raynaud puisera dans les sketches de Robert Lamoureux, non une inspiration, mais un ton. Et Devos n'hésitera pas à rendre à Pierre Dac ce qu'il lui devait : le mariage de la logique et de l'absurde.

De drôles de barbus

Le 15 octobre 1951 débute, sur les ondes de la RTF, un feuilleton qui fera date. Il s'intitule *Malheur aux barbus*. Il s'agit d'une parodie des feuilletons du XIXe et du début du XXe siècle. L'intrigue de ce feuilleton quotidien et picaresque qui évoque, humour en plus, *Rocambole, Fantômas* ou *Les Cinq Sous de Lavarède* ? Un aventurier de génie, Furax, enlève, pour des raisons mystérieuses, tous les barbus de l'Hexagone. Inutile de rechercher la moindre logique dans l'intrigue abracadabrante de *Malheur aux barbus*. Elle serait, du reste, malvenue, parce qu'elle contreviendrait aux lois d'un genre dans lequel Dac et Blanche innovent, qui privilégie l'irrationnel, l'irrévérence, la dérision. Et qui sacrifie aux jeux de mots, sans négliger les bons sentiments.

Reste les personnages. En tête, Furax, interprété par Jean-Marie Amato, à qui l'on a également offert le rôle d'Asti Spumante – italien, comme son nom l'indique ; le professeur Christmas (Louis Blanche, le père de Francis), un émule du professeur Tournesol d'Hergé ; sa fille, Carole Christmas (Édith Fontaine, épouse légitime, pour quelque temps encore, du même Francis) ; Fred Transport, l'ami de Carole (Jean Poiret qui, dans les cabarets de la rive gauche, fera équipe avec Michel Serrault) ; le commissaire Socrate (Maurice Biraud) ; Malvina, la compagne de Furax («Et c'est pour ça que tu m'aimes, Malvina !»), interprétée par Jeanne Dorival ; et, enfin, superstars de *Malheur aux barbus,* les détectives privés et quelque peu soûlards Black (Dac) et White (Blanche). Ajoutons, dans des apparitions fugitives, Roger Carel, François Chevais ou Raymond Devos. Le tout mis en ondes «par Pierre Arnaud de Chassy-Poulet, voyons !».

Cette première aventure de Furax dure jusqu'à la mi-juin 1952 – applaudie par une partie de la France, critiquée avec véhémence par l'autre partie, dans laquelle les vieilles barbes abondent. Les lettres, le plus souvent anonymes, affluent à la radio. Elles exigent la tête de Dac et de Blanche. «Arrêtez cette ineptie !», somment les auditeurs «sérieux». Le rectorat de Paris va jusqu'à se plaindre de la menace que *Malheur aux barbus* fait peser sur la culture française...

Wladimir Porché, alors directeur de la chaîne d'État, demande à ses services de procéder à une enquête sur l'impact du feuilleton. Conclusion : *Malheur aux barbus,* avec ses cinq millions d'auditeurs quotidiens (dont 60 % de moins de quinze ans), est en tête de toutes les productions du moment, et pour un coût moins élevé que ses concurrentes : 65 000 francs par semaine. L'émission ne reprend pourtant pas à la rentrée de septembre. Furax se met en congé. Blanche et Dac publient chez André Martel l'adaptation de leur feuilleton défunt.

En pays d'Utopie

En mars 1953, Pierre Dac sort chez Martel, qui a déjà vendu plus de quarante mille exemplaires de *Malheur aux barbus*, son premier roman, *Du côté d'ailleurs*, dont le prologue ne dépayse pas les inconditionnels de l'humoriste loufoque : « Le soir tombait. Il tombait bien, d'ailleurs, à pic, et juste à point pour remplacer le jour, dont le rapide déclin laissait à penser qu'il ne passerait pas la nuit. A l'horizon, dans une apothéose de gloire comparable à celle de la Sécurité sociale, le soleil se couchait. »

Du côté d'ailleurs raconte l'histoire burlesque de Sylvain Étiré et Guy Landneuf, deux reporters de l'hebdomadaire *Mardi-Huit-Heures*, envoyés par leur rédacteur en chef, Annibal Soupalanglaize, dans un pays imaginaire, l'Utopie, digne de *L'Os à moelle* : on y voit une « Maison des fumeurs entièrement construite en pierre à briquet, et sur laquelle veillent un caporal et une gitane. [...] Les filles d'un druide honoraire, de véritables Gauloises, y tiennent, en rigolant grassement, des propos à faire rougir un fromage blanc. » Étiré et Landneuf tombent également en arrêt devant un splendide saint-bernard : « Un chien ambitieux, explique sa maîtresse. C'est un ancien basset. Il est arrivé à être saint-bernard à force de volonté, de travail et d'énergie. Et, voyez-vous, messieurs, du train où il va, car il n'a pas l'intention d'en rester là, il arriverait un jour à être cheval que ça ne me surprendrait pas outre mesure. »

En octobre de la même année, Dac publie un nouveau roman, « philosophique » celui-là, *Les Pédicures de l'âme*, l'histoire d'un grand savant, Jean-Marie Léopold Sallecomble, qui présente la particularité de mesurer 1,82 mètre les jours pairs, 1,81 mètre les jours impairs.

« Pourquoi ai-je écrit ce livre ? déclare Dac. Parce que mon héros, en fondant, à Villevieille, un cénacle de ce nom, veut démontrer que, puisque les pédicures soignent les pieds, support physique, il est nécessaire de soigner également l'âme, support psychique de l'être ! » Et il ajoute : « Mon éditeur et moi avons décidé de présenter *Les Pédicures de l'âme* au Goncourt. Je suis certain que les Dix saisiront toute la portée de ce livre digne de leur prix comme leur prix est digne de lui [15]. »

Inutile de dire que le Goncourt ne sera pas décerné aux *Pédicures de l'âme*. Cette candidature n'était jamais qu'une loufoquerie de plus.

Fauves et gorilles

Francis Blanche a également diversifié ses activités. Pas seulement pour rembourser les dettes auxquelles une vie personnelle compliquée semble l'avoir acculé. Il a commencé une carrière cinématographique qui le mènera, de *L'assassin est à l'écoute,* en 1948, à *L'Odeur des fauves,* en 1971, en passant par *La Jument verte, Tartarin de Tarascon* (dont il sera le réalisateur), *Les Gorilles, Les Barbouzes, La Grande Sauterelle, Un drôle de paroissien* ou *Belle de jour.* Au total, une centaine de films. Des navets, souvent. Parfois des réussites... auxquelles il n'est du reste pas étranger, comme *Babette s'en va-t-en-guerre,* dans lequel, au côté de Brigitte Bardot, il tient le rôle de Papa Schultz, un commandant de la Gestapo aussi grincheux que grotesque. Pour la troupe des Branquignols, il écrit les lyrics de *Ah ! les belles bacchantes,* puis tourne le film qui en est tiré.

Pourquoi Dac et Blanche ont-ils cessé une collaboration si fructueuse, surtout pour Dac ? Les deux humoristes se sont brouillés en avril 1952, au terme d'une tournée organisée par Jacques Canetti pour le spectacle tiré de *Malheur aux barbus*. Dac, à peine sorti d'une grave dépression, a mal supporté les facéties et les bons mots de Blanche qui, en d'autres temps, l'eussent mis en joie. Au dernier jour de la tournée, Blanche s'est éclipsé sans un au revoir...

Le retour de Furax

Si l'on en croit Jacques Pessis, « neveu adoptif de Dac », auteur d'une volumineuse biographie du « maître soixante-trois », c'est Blanche – 1,63 mètre également – qui, apprenant que Pierre n'est pas au mieux de sa forme, reprend contact et l'invite un soir à dîner : « Avant même de passer à table, la brouille fait déjà partie du passé. [...] Une fois le moment d'émotion passé, les projets sont, de nouveau, de rigueur. Francis a, en effet, une idée derrière la tête... »

Cette idée, c'est une nouvelle série de *Malheur aux barbus*. Blanche la propose à Louis Merlin, qui vient de créer Europe 1, et au responsable artistique de la station, Lucien Morisse, futur époux de Dalida. Ils acceptent le projet. « Mais, leur dit Blanche [16], je dois auparavant en parler à la RTF. [...] Si elle refuse notre "Furax n° 2", il est à vous ! » Les pourparlers avec la radio d'État s'engagent. Ils tournent court. « La direction, confiera Blanche à *L'Express,* ne se rendait pas compte du travail que nous avions à fournir et elle ne voulait pas nous payer. J'ai fini par demander au préposé si c'était son dernier mot. Il m'a dit oui ! Je lui ai alors répondu : "Est-ce que je peux téléphoner ?" Et j'ai appelé Europe 1... »

Le 22 octobre 1956, *Furax* renaît de ses cendres. Six jours sur sept, le dimanche étant consacré à un résumé de la semaine écoulée, il passionnera le pays avec des aventures à côté desquelles celles de *Malheur aux barbus* semblent bien ternes. Mille trente-quatre épisodes pour quatre séries : *Le Boudin sacré, La Lumière qui éteint, Le Gruyère qui tue* et *Le Fils de Furax*.

Signé Furax met deux camps aux prises : celui des bons, dans lequel on retrouve nos détectives quelque peu ivrognes, Black et White ; celui des méchants, incarnés par les Babus, dont l'hymne fait la joie des cours de récréation : « Chaviro / Rotantacha / Chamipataro / Rogriapatacha. / Tout le monde y pue, / Y sent la charogne, / Y'a qu'le Grand Babu / Qui sent l'eau d'Cologne ! / Tout le monde y pue, / Y fait mal au cœur, / Y'a qu'le Grand Babu / Qu'a la bonne odeur. »

Le sujet de ce *Furax*-bis ? Encore plus délirant que celui de *Malheur aux barbus* : de célèbres monuments français disparaissent les uns après les autres, remplacés par des faux. C'est ainsi que les grilles de la place Stanislas, à Nancy, sont remplacées par des copies en bois peint, la statue de Jeanne d'Arc par une réplique en polystyrène expansé, l'obélisque de la Concorde par un double en savon et le Lion de Belfort par un fauve en baudruche. Le commissaire Socrate, à la tête de la P.J., part à la recherche de ce patrimoine dont se sont emparés les Babus, la secte fanatique qui règne sur le Filkistan et rêve de dominer le monde. Dans ce combat inexorable, Socrate n'est pas seul. Le commissaire Fouvreaux, qui dirige la D.D.T. (Défense divisionnaire du territoire), est, lui aussi, parti en guerre contre les Babus. Enlevez une lettre sur deux à Fouvreaux et vous obtenez... Furax, bien sûr.

C'est là un coup de génie de nos deux humoristes : au mépris de tous les usages, des conventions et de la simple vraisemblance, ils ont transformé le démon en ange. Furax n'est plus l'incarnation du mal, mais l'apôtre

44

du bien. Les auditeurs d'Europe 1 ne sont pas déroutés par la mutation de Furax. Ils plébiscitent ce nouveau chevalier blanc des temps modernes, vaniteux et grandiloquent. Mais émouvant lorsque, rongé par le « gruyère qui tue » qui donne son titre à la meilleure des quatre séries, il perd littéralement l'esprit.

Dès le sixième épisode, *Signé Furax* est un phénomène de société ; du simple manœuvre à l'homme d'État, il perturbe les emplois du temps. Dans la soirée du 21 mai 1957, Guy Mollet, le président du Conseil démissionnaire, prend ainsi congé des journalistes : « Et maintenant, messieurs, mille pardons, mais c'est l'heure de *Furax...* » Quant au sociologue Edgar Morin, il qualifie, dans la revue *La Nef*, *Signé Furax* d'« œuvre totale aussi pleinement satisfaisante pour l'esprit humoristique que la *Phénoménologie de l'esprit* de Hegel pour l'esprit philosophique : c'est la grande *Iliade* du siècle de l'humour [...], une intégration parfaite de l'épopée et de la parodie. [...] La bouffonnerie nous sauve de la philosophie et de l'idéologie. » Remarquons qu'Edgar Morin parle de « bouffonnerie » et non de « loufoquerie ».

Chagrin d'humour

Au matin du 16 janvier 1960, Dinah, l'épouse de Dac, découvre son mari inanimé dans sa baignoire, remplie d'une eau rougie : il vient de se tailler les veines des poignets. Conduit à la clinique de Passy, on lui fait dix-sept points de suture ; il est rapidement hors de danger.

« Toutes mes amitiés ont flanché, déclarera-t-il, sauf celle de Francis Blanche. Je devais, à partir d'aujourd'hui, jouer dans un film avec lui et Darry Cowl. Je vais de désillusion en désillusion, et cela finit par m'obséder comme un disque qui tournerait dans ma tête ! J'ai honte, maintenant, de regarder ma femme en face. Si j'avais songé à elle, hier, je n'aurais jamais commis ce geste stupide [17] ! »

« Toutes mes amitiés ont flanché, sauf celle de Francis Blanche » : hormis quelques disputes, leur amitié, en effet, a toujours été solide. Chaque fois que Blanche a pressenti que Dac donnait des signes de faiblesse, qu'il se laissait aller à ce que l'on pourrait appeler un chagrin d'humour, il est intervenu en l'obligeant à monter sur scène avec lui, en l'incitant à écrire des sketches. Cette fois, il l'invite à passer quelques jours dans sa maison d'Èze-Village, entre Nice et Monaco.

Dans son livre de souvenirs, *Débit de paroles* [18], Darry Cowl évoque longuement cette maison que Blanche avait achetée pour une bouchée de pain, en 1945. Il se rappelle les fameux « dîners camembert » régulièrement organisés par Francis : « Chacun des invités se devait, sous peine d'être exclu, d'arriver avec deux camemberts. Le but du jeu consistait à lancer le fromage au plafond, de la façon la plus horizontale possible, afin qu'il reste collé quelques instants. Francis chronométrait les performances de chacun et le meilleur temps était homologué. Quant au perdant, il était privé de fromage et devait faire la vaisselle cul nu. Les invités d'honneur de cette insolite confrérie se nommaient Bernard Blier, François Perier, Robert Dhéry, Raymond Devos, entre autres. [...] Les plus malins n'hésitaient pas à se renseigner le soir même sur le taux d'hygrométrie à Èze-Village : il s'agissait de savoir s'il valait mieux choisir des camemberts coulants ou non. »

Pas de fête fromagère pour Dac. Malgré les facéties de Blanche, il reste taciturne. Quinze ans après la fin de la guerre, il continue à ruminer ses rancœurs de patriote trahi par les siens et d'humoriste méconnu. Il n'a qu'une hâte : regagner Paris où la suite de *Signé Furax* les attend, lui et Blanche. Une suite qui sera une fin. Le 29 juin, le feuilleton s'arrête. Selon certains témoins, Dac, épuisé physiquement et moralement, n'aurait que peu collaboré au *Fils de Furax* : en panne d'inspiration, il aurait laissé son acolyte assumer la plus grande part de la besogne. En fait, la mort de Jean-Marie Amato, puis celle de Louis Blanche, avaient sonné le glas de *Signé Furax*. Pour Dac et, surtout, pour Blanche, le cœur n'y était plus. Dernier de la série, *Le Fils de Furax* s'est ressenti d'un double deuil qui a vidé le feuilleton de toute substance.

Bonjour chez vous !

Blanche ne quitte pas longtemps Europe 1 : face aux émissions de Radio-Luxembourg, traditionnellement réservées à la variété, avec, en vedette, le «Stop ou encore», la station lui confie le soin d'animer les matinées du dimanche. C'est surtout grâce à ses attrape-nigauds téléphoniques que Francis va remporter un match rire-chansons qui n'était pas gagné d'avance.

Sous le pseudonyme de Macheprot, prototype du crétin sans-gêne, casse-pieds et grossier, Blanche persécute de braves gens dont la naïveté et la patience se révèlent parfois sans limites : le garagiste auquel il veut louer un box pour y installer sa tente de camping : «Vous comprenez, j'y serai tranquille. Ce n'est pas ma faute si je n'ai pas de voiture... Remarquez, pour vous faire plaisir, je peux faire vroum-vroum en entrant...»; la marchande de chaussures de la rue de la Pompe (!) qu'il injurie parce qu'elle refuse de lui remplacer gratuitement un mocassin, le droit, beaucoup plus usé que le gauche; le restaurateur bien en mal de préparer un menu cannibale pour un officiel africain; la voyante qui n'arrête pas de dire

«Je ne vois pas...»; l'ecclésiastique de Notre-Dame auquel il propose de faire figurer la cathédrale dans son circuit «Paris by night», entre Montparnasse, Pigalle... et la place Blanche, bien sûr. Nombre des appels de Macheprot se terminent par une formule dont la série anglaise *Le Prisonnier* usera abondamment : «Bonjour chez vous !»

Du micro à la scène et de la scène à la rue, les facéties de Blanche, immédiatement rapportées par la presse, font rire toute la France : il demande à un pompiste de remplir d'eau le réservoir d'essence de sa voiture, sans préciser que ce réservoir a été trafiqué. Il commande à un restaurateur un banquet de cent couverts pour diabétiques. Il entre même un jour dans la cour de l'Élysée pour demander audience au général de Gaulle, afin de s'entretenir avec lui de la température trop basse pour la saison.

«J'ai toujours dans la poche, dit-il, un petit carnet noir sur lequel j'écris quotidiennement les choses qui me passent par la tête, surtout en vacances, quand j'ai le cerveau disponible. Je note des gags pour des films, des mots, des répliques. Voici quelques exemples de mes cogitations les plus intenses : "Mme Jean-Sébastien va avoir son deuxième bac." "Antibes et Biot vont fusionner : les habitants s'appelleront les Antibiotiques [19]." »

Le candidat Dac

Tandis que Blanche crée, en septembre 1964, au Théâtre Fontaine, une pièce dont il est l'auteur, *Les escargots meurent debout,* Dac refait surface. Cino del Duca, patron de *Paris-Jour,* a accepté sa proposition d'une page d'humour dans la tradition loufoque que Pierre, cramponné à ses illusions, veut maintenir, hors des courants de

48

l'époque. Les articles publiés par notre humoriste n'ajoutent rien à sa gloire. Ni les gags de potache auxquels il se livre en public. Nous sommes loin de sa maxime péremptoire que beaucoup d'amuseurs actuels, et pas seulement eux, devraient religieusement méditer : « Parler pour ne rien dire ou ne rien dire pour parler sont les deux principes majeurs de tous ceux qui feraient mieux de la fermer avant de l'ouvrir. » En fait, Dac n'a qu'un objectif en tête : ressusciter *L'Os*, qu'il soit *à moelle* ou *libre*. Celui-ci va reparaître. Il sera finalement *à moelle*.

C'est dans *L'Os* daté du 11 février 1965 que Pierre Dac annonce sa candidature à l'élection présidentielle. Tout est prêt pour sa campagne : le soutien du M.O.U. (Mouvement ondulatoire unifié) qu'il vient de fonder ; des compagnons de route que, une fois élu, il entend bien nommer ministres, tels Jean Yanne et René Goscinny, fondateur du magazine *Pilote* et père du *Petit Nicolas*, de *Lucky Luke*, d'*Astérix* et d'*Iznogoud*. Dac fait connaître les grandes lignes de son programme au cours d'une conférence de presse donnée à l'Élysée-Matignon, quartier général du showbiz des années 1960-80. Il propose ainsi la création d'un territoire suisse dans chaque pays européen ; une réforme fiscale révolutionnaire en vertu de laquelle chaque citoyen paiera les impôts de celui qui se situe à l'échelon inférieur ; une modification de la Constitution décrétant que le président du groupe majoritaire à l'Assemblée dirigera lui-même l'orchestre de la garde républicaine. Il se félicite des bons rapports qu'il entretient avec les chefs d'État étrangers : « Étant donné que nous ne nous sommes jamais rencontrés, nos opinions sont en parfait état de concorde. » Et, fidèle à son humour, il lance quelques formules bien senties : « C'est par peur de la trouille que le monde est dans la crainte du pire », ou : « Quand le Calvin est tiré, il faut le croire. »

Quinze ans après, une autre candidature, celle de Coluche, fera plus de bruit, car elle sera prise au sérieux par les Français moyens comme par les intellectuels. Dac, lui, ne leurre personne, et surtout pas lui-même : c'est en humoriste qu'il s'est lancé dans cette bagarre faussement politique. Mais n'oublions pas que le M.O.U. a une tribune toute rêvée : *L'Os à moelle*. Or ce cher *Os* que Dac a fait, à plusieurs reprises, renaître de ses cendres succombera une fois de plus, s'il continue à n'amuser ses lecteurs qu'avec les ouvertures de la pharmacie Lopez. La campagne présidentielle apporte une bouffée d'oxygène au journal. Le calcul de Dac, si calcul il y a, se révèle donc judicieux.

Sa grande vadrouille électorale s'arrête en avril. Dac ne laisse à personne le soin d'annoncer son retrait : «Je viens de constater que Jean-Louis Tixier-Vignancour brigue, lui aussi, mais au nom de l'extrême droite, la magistrature suprême. Il y a donc, désormais, dans cette bataille, plus loufoque que moi. Je n'ai aucune chance et je préfère renoncer[20].» Dac ne dit pas tout. Par courtoisie. Et, surtout, par fidélité et respect : ce sont les services de l'Élysée qui l'ont «prié» de retirer sa candidature. Le Général n'aime pas les trublions qui se mêlent des affaires d'autrui et marchent sur les plates-bandes de la politique.

Quoi qu'il en soit, la postérité ne retiendra pas cet épisode funambulesque auquel *L'Os à moelle* ne survivra que quelques mois. En revanche, on gardera en mémoire – car les images ne meurent pas – les courtes séquences de trois films dans lesquels on peut apercevoir Dac dans des emplois inattendus. Colonel, en 1961, dans *La Belle Américaine,* il salue une dame par cette phrase : «Bonjour, mon général !» Il campe un ministre ahuri dans *Le Petit Baigneur.* Il joue enfin son propre personnage dans *Allez France !* Trois films signés Robert Dhéry. La famille des Branquignols avait adopté l'ancien loufoque.

Dernier show

« Mesdames, mesdemoiselles, messieurs, j'ai le grand plaisir honorifique de présenter à vous ce soir, n'est-ce pas, tout à fait exceptionnellement dans le plus simple appareil, une beauté qu'on vient d'arracher à on ne sait pas quoi, d'ailleurs... De vous présenter le Sar Rabindranath Duval, qui est le descendant authentique des grands Sars, des grands visionnaires de l'Inde, n'est-ce pas, Votre sérénité... »

Près d'un demi-siècle plus tard, ce sketch garde toute sa modernité et toute sa force comique. Créé en 1948 dans une revue des Trois Baudets, remanié en 1960 pour un spécial Musicorama d'Europe 1, il est, avec de nombreux rajouts, repris par Dac et Blanche dans un spectacle de quatre semaines qu'ils donnent à Bobino, en février 1974.

Le show des deux humoristes, qui n'est, dans sa première partie, qu'un condensé de *L'Os à moelle,* débute par la météo : « Ciel généralement couvert sur l'ensemble du pays avec, en partie, belles éclaircies lui permettant de se découvrir respectueusement devant les cortèges et les défilés de stratus, de cumulus, de cumulo-nimbus, d'altostratus, de cirrus, de 7, 8, 9, 10, 11, 12 et la suitrus. » Il comporte également des « Nouvelles judiciaires », des « Nouvelles de partout et d'ailleurs », un « Carnet mondain », des « Petites annonces » et un « Journal parlé des pensées ».

Le clou de ce « two men show », c'est le sketch du fakir. Il dure vingt minutes si nos deux humoristes sont à jeun, mais jusqu'à trois quarts d'heure s'ils sont pris de boisson. Imaginez Blanche, vêtu d'une longue tunique et coiffé d'un turban, Dac, chapeau melon sur la tête, en position du lotus sur une sorte de trépied, se livrant à un dialogue, souvent improvisé, qui fourmille de drôleries, de calembours, d'à-peu-près devenus des classiques. Un numéro délirant qui surpasse tous ceux que nous offre le music-hall d'aujourd'hui – réduit, il est vrai, à la portion congrue.

Le Sar Dac a le don de double vue. Il «voit» le signe zodiacal d'une demoiselle «placé sous le triple signe de la Vierge, du Taureau et du Sagittaire avant de s'en servir». Il «voit» la nationalité d'une dame dont le père est esquimau et la mère pochette surprise. Il «voit» le tatouage d'un «monsieur», situé à un endroit «que l'honnêteté et la décence [lui] interdisent de préciser davantage, et qui représente, quand ce monsieur est en de bonnes dispositions, d'un côté, la cueillette des olives en basse Provence et, de l'autre, un épisode de la prise de la smala d'Abd el-Kader par les troupes du duc d'Aumale, en 1843.»

Ce sera là leur dernier spectacle. En août 1972, Francis Blanche a été victime d'un infarctus pendant une émission de la première chaîne de télévision, «Au clair de la une». Deuxième alerte en juin 1974, beaucoup plus grave celle-là, après le tournage, à Dijon, d'un documentaire sur la moutarde.

Le samedi 6 juillet 1974, Blanche meurt, à cinquante-trois ans, sur un petit lit blanc de l'hôpital Pasteur. Un humoriste disparaît en même temps qu'un homme d'esprit, l'un n'allant pas toujours avec l'autre. Blanche savait tout faire. Il avait brillé dans tous les genres, s'était illustré dans tous les domaines du spectacle. Le 8 juillet, *L'Aurore* lui consacre un article d'une page qui commence ainsi: «Messieurs de la commémoration-souvenir, s'il vous plaît, rangez vos discours, ne lancez pas de sous-cription, laissez les sculpteurs à leurs vacances. C'est vrai, Francis Blanche est mort, et c'est bien triste. Mais l'un de ses plus grands souhaits était qu'on "transforme en statues tous les gens qui se prennent au sérieux". Alors, on vous en prie, ne le mettez pas sur un piédestal, vous offenseriez sa mémoire.» L'article est signé Pierre Desproges, autre adepte de Pierre Dac et de Francis Blanche.

Dac, père du Schmilblick («invention des frères Fauderche»), auquel Guy Lux, puis Coluche, offriront un destin plus populaire, ne survit pas longtemps à celui qu'il appelait son «fils spirituel» et dont il vantait, «sous un cynisme volontaire, son trop grand cœur» : le 8 février 1975, à l'âge de quatre-vingt-un ans, il disparaît à son tour. *L'Aurore* – encore – le qualifie de «contorsionniste du langage et d'humoriste tendre».

Au contraire de Francis Blanche, Pierre Dac, star des boîtes montmartroises d'avant-guerre, n'a jamais mis les pieds dans les cabarets de la rive gauche. Il savait sans doute qu'il n'y avait pas sa place.

2

Dans les boîtes à rire
des deux rives

Le premier cabaret authentiquement «rive gauche» est né... sur la rive droite. C'était la boîte d'Agnès Capri, rue Molière. Peu importe lequel lui succéda sur l'autre rive. L'histoire de l'humour ne retiendra que cette aventure d'un groupe de «boîtes à chansons» (expression québécoise) et de boîtes à rires, qui a donné à bon nombre de comédiens l'occasion de s'exprimer hors du théâtre classique.

Il est peu de rues des Ve et VIe arrondissements qui n'abritent un de ces mini-music-halls nés après la Libération : La Rose Rouge, tout d'abord, puis L'Écluse, quai des Grands-Augustins ; L'Échelle de Jacob et Les Assassins, rue Jacob ; La Galerie 55, rue de Seine ; Le Cheval d'Or, rue Descartes ; La Colombe, Chez Moineau, Le Saint-Yves, Chez Georges, le Théâtre de Poche, Le Quodlibet, le College Inn, La Polka des Mandibules... nous n'avons là qu'une fraction de la liste des cabarets qui ont éclos après la Libération. Et il faut leur ajouter ceux qui fleurirent sur la rive droite, tels Milord l'Arsouille, Chez Gilles ou L'Amiral.

Le cachet versé par les directeurs de ces établissements est modique. Mais, entre deux pièces de théâtre – dans lesquelles ils tiennent rarement les premiers rôles –, les artistes s'en contentent. Ce qui compte pour eux, c'est de pouvoir faire connaître au public un humour qui a tout à réinventer : après la période noire de l'Occupation, le terrain du rire est en friche. Le moment est venu de remplacer des amuseurs dont les ficelles sont usées, d'assurer la relève des chansonniers qui, pour la plupart, en sont restés au couplet-refrain. Chacun de ces nouveaux humoristes crée son propre courant d'humour, de l'absurde au cocasse, de la dérision à la satire. La politique est absente de leurs sketches, ou bien elle n'apparaît encore qu'en filigrane.

Jean Yanne, l'homme au guide-chant

Jean Yanne ne respecte ni Dieu ni diable, ni militaires ni flics. Un anar ? Oui ! « Un peu pourri ! », avoue-t-il. Et qui pose ses bombes où bon lui semble, au hasard de ses colères. Qu'il y ait des victimes ne le trouble pas : sa religion à lui, c'est la provocation. Dès le début de sa carrière, en 1958 (Yanne a alors vingt-cinq ans), il suscite quelques remous dans les cabarets de la rive gauche où il se produit : il n'est pas rare que des spectateurs de La Galerie 55 murmurent quand ce jeune homme bien mis, au visage d'ange et à l'accent faubourien, se lance, installé derrière son guide-chant, dans des chansons irrespectueuses, comme « Le Soufre et le Bénitier », une rengaine qu'il fait précéder d'une longue parodie des sermons de Bossuet...

Yanne nous parle du pape (Pie XII, auquel Jean XXIII succédera le 28 octobre 1958), qui « n'est pas du tout ce qu'on dit. C'est un homme bien comme il faut, et qui est sans cesse en proie à des attaques tout aussi cruelles qu'injustifiées. Récemment encore, il a été pris à partie parce que des publicistes ont utilisé son nom, qui est célèbre, puisque c'est le seul Italien, à ma connaissance, qui ne soit pas chanteur d'opéra et qui ait réussi à faire une carrière internationale. On s'est donc servi de son nom pour lancer un slogan, "Le pape fait des bulles grâce à Persavon", ce qui est, à mon avis, d'un goût tout à fait approximatif.» Refrain du «Soufre et [du] Bénitier»: «Car que l'on tombe dans le gouffre / Ou que l'on soit au ciel jugé, / On risque bien des deux côtés / D'être brûlé par le feu / Ou noyé dans l'bénitier.»

Deux autres chansons de Yanne procèdent de la même volonté de choquer: un brin de musique religieuse, un zeste de rythme de danse. Toccata de Bach et mambo pour «Le Légionnaire», *Ave Maria* de Gounod et java pour «Avec Maria»: «Je suis P3 chez Citroën, / C'est un bon petit boulot / Avec cantine et avantages sociaux. / [...] / Le samedi et le dimanche aussi, / Avec Maria, / On va danser la java.»

Le ton rigolard de Jean Yanne et ses propos gentiment ironiques ne doivent pas nous leurrer: ce sont là les premières attaques d'un humoriste – tout au moins sur une scène de la rive gauche – contre l'Église et, incidemment, contre le prolétariat. Tant que Yanne ne sort pas des cabarets du VIe arrondissement, les ligues religieuses, qui veillent à la sauvegarde de la morale, ne se manifestent pas. Elles n'interviennent pas lorsque, avec les mêmes chansons, il passe à L'Olympia. Mais elles crient au blasphème en apprenant que, dans son spectacle intitulé *Il fait des bulles,* un pape ouvrier se met en tête de transformer le Vatican en usine...

Wagram-Waterloo

Le Diable et le Bénitier et *Il fait des bulles* ne sont, pour Yanne, que des hors-d'œuvre. En 1964, il abandonne le cabaret et produit, avec Jacques Martin, une émission télévisée, «Un égale trois», série de sketches aussi virulents que ceux de La Galerie 55. On y voit d'humbles salariés transformés en boys des Folies-Bergère. On y assiste à un incident de circulation entre deux conducteurs de chars, Jean Yanne et Paul Mercey, qui en viennent aux mains dans une rue de la Rome antique – pugilat arbitré par un flic qui s'écrie, dans un latin de cuisine : «Donare contraventionem !» Yanne et Mercey campent également deux routiers sympas... et autodidactes : singeant Bernard Gavoty, ils s'adonnent à une critique savante d'une interprétation de la *Toccata et fugue en ré mineur* de Jean-Sébastien Bach, lisent Péguy et engueulent, dans le langage le plus vert, des chauffeurs de camion qui arrivent en sens inverse et les éblouissent de leurs phares.

Une parodie de course cycliste va faire scandale. Elle montre des maréchaux de l'Empire disputant l'étape Wagram-Waterloo, battus au sprint par l'Autrichien Blücher qu'ils avaient pris pour Grouchy. Les Français sont pliés en deux, à l'exception d'un nostalgique des grognards, un avoué toulousain en retraite, M. Bousgarbies, qui attaque au tribunal de grande instance la R.T.F. et son ministre de tutelle pour avoir «représenté l'Empereur en coureur cycliste ridicule avec ses culottes courtes, au milieu de ses maréchaux [...]». Le mauvais coucheur sera débouté en 1965 par le tribunal civil qui considérera, non sans humour, que «n'étant pas descendant de Napoléon, M. Bousgarbies n'a pas d'intérêt dans l'affaire et que, du reste, il n'a pas payé sa redevance». Que l'avoué toulousain ait perdu son procès ne tempère pas la colère de la deuxième chaîne contre Yanne et Martin : elle donne gain de cause à M. Bousgarbies en supprimant «Un égale trois» de ses programmes.

Après avoir ironisé sur le pape et l'Empereur, Jean Yanne s'en prend, dans une bande dessinée, *Voyage au centre de la C...ulture*, à l'Académie française, «un lieu plein de vieillards en costumes de hippies, tout verts, avec de longs sabres pour se faire hara-kiri». Sur Europe 1, RTL et France-Inter, il exploite ses sketches de La Galerie 55 et de L'Olympia : aucune trêve dans ses multiples combats contre l'Église, l'ordre établi, les grands et les petits chefs.

La rupture définitive de Yanne avec son passé d'humoriste de scène intervient en 1972. A trente-huit ans, il réalise son premier film, *Tout le monde il est beau, tout le monde il est gentil*, satire du milieu radiophonique, qu'il connaît bien pour l'avoir longuement fréquenté. 1 200 000 spectateurs à Paris, 5 000 000 dans toute la France : un triomphe qui lui permet, en 1973, de tourner un deuxième film, *Moi y en a vouloir des sous*, satire de la société dite moderne. Jean Yanne a définitivement changé de cap.

Dans *Le Point* du 19 mars 1973, Pierre Billard qualifie Jean Yanne de «Don Juan moderne» : «Il représente, c'est bien évident, un morceau du Français de toujours. Attaché à ses libertés plus qu'à celles du voisin, rouspéteur mais généreux, détestant les cocardes, les médailles, les titres et les honneurs, il incarne ce mélange précis d'ordre et d'anarchie, de compétence et de débrouillardise, d'incivisme et de chauvinisme, d'obstination et de je-m'en-foutisme, d'égoïsme et de tendresse, d'individualisme forcené qui fait, depuis des siècles, les bons Français.» Ce portrait pourrait être, mot pour mot, celui de Coluche. Et, à quelques détails près, celui de Raynaud ou de Desproges.

Jacques Dufilho, montreur de silhouettes

«Un grand-père né en Amérique du Nord pendant la guerre de Sécession. Un arrière-grand-père armurier à La Nouvelle-Orléans. En remontant dans ma généalogie, quatre maîtres de poste et, au XIVᵉ siècle, un professeur de lettres dans un collège dirigé par les oratoriens. Plus près de moi, des pharmaciens à Paris et à Fontainebleau. Mes parents étaient gascons. Mon père était, en 1906, pharmacien à Mirande[1].» Ces confidences sur un pedigree qui tient du patchwork, Jacques Dufilho les a faites à Léo Noël, Brigitte Sabouraud, Marc Chevalier et André Schlesser (ces derniers forment le duo Marc et André), fondateurs de l'Écluse.

Avant d'apparaître dans le cabaret du quai des Grands-Augustins, Dufilho, comédien au visage buriné de paysan et au sourire patelin de chanoine, s'est déjà exercé en d'autres lieux. Il a été l'élève de Charles Dullin. En 1951, il a tourné dans *Le Corsaire,* un film tiré d'une pièce de Marcel Achard. Au Théâtre de Poche, il a monté un numéro, «Le Grand Voyage du pauvre nègre», qui figure dans un spectacle où l'on remarque Francis Blanche. Sur la rive droite, on le voit chez Carrère, un cabaret des Champs-Élysées, où il raconte, en prenant l'accent gascon, «ses difficultés relationnelles avec les animaux».

Chez Agnès Capri, à L'Écluse et à La Galerie 55, ce sont des silhouettes que Dufilho esquisse, «souvent des gens que j'avais observés autour de moi et que je stylisais». Coiffé, selon le personnage, d'un chapeau à voilette, d'un feutre informe ou d'un bonnet à plis froufroutants, il nous emmène à la chasse à la bécasse, nous fait visiter un château – la chapelle, surtout. Il nous ouvre aussi son bestiaire personnel et nous parle des loups – qui n'entrent pas dans Paris, comme le chantera Serge

Reggiani, mais dans un de ces villages du temps jadis, quand les humains ne craignaient pas de frayer avec les animaux, alors doués de parole : « Dans l'après-midi du 17, il en arriva d'abord toute une bande. Et, deux heures après, il arriva les gendarmes. Alors, ils demandèrent : "Vous n'avez pas vu des loups traverser le village ? – Non, on n'a rien vu !", dirent les paysans. Et je me rappelle que, chez ma grand-mère, il y avait encore deux grands loups attablés, affamés... Un brigadier de gendarmerie entra et dit : "Oh ! oh ! les beaux chiens de garde..." Les loups sourirent et le brigadier disparut... Alors, quand on n'entendit plus le galop de son cheval, on verrouilla la porte et les loups passèrent la nuit chez nous[2]. »

Jacques Dufilho est, avant tout, un diseur d'histoires paysannes, de celles que les « vieilles » contaient aux enfants. Il recrée un folklore où comique et poésie se mêlent. Le succès vient vite. En 1955, Dufilho reçoit le Grand Prix de l'Académie Charles Cros pour un 33 tours dans lequel figurent « La Visite du château » et « Victorine à Paris », récit des tribulations d'une paysanne dans la capitale. Mais, bientôt, il se sent à l'étroit dans le cadre intimiste des boîtes à rire. Le cinéma et, surtout, le théâtre lui donneront l'occasion de quitter le comique pour le tragique ou le tragi-comique. Il s'y cantonnera.

Dufilho nourrit-il la nostalgie d'une époque où toutes les équipées, dont l'humour, étaient possibles ? « Au cabaret, dit-il, on ne dépendait que de soi. Étant donné l'extrême proximité du public, on ne pouvait réussir l'échange avec lui sans avoir envie de rire soi-même, sans posséder le don d'une certaine humeur qui appelle le rire des spectateurs[3]. »

Robert Lamoureux ou l'esprit de famille

Lorsque, en 1949, Robert Lamoureux apparaît pour la première fois sur une scène, rien ne laisse prévoir la rapidité de son ascension ni l'emprise que son comique gouailleur aura sur le grand public. Il n'appartient pas au même monde que Dac, Blanche, Yanne ou Dufilho. Il ne révolutionne pas le langage humoristique. Il n'est ni contestataire ni régionaliste. Ce jeune homme long et maigre est un gavroche à la plaisanterie facile et à l'entrain communicatif. Il ne choque personne. Il se fait vite comprendre. Avec lui, le rire est immédiat.

Enfant de Saint-Mandé, Lamoureux a eu une jeunesse bourlingueuse : facturier, démonstrateur de machines à écrire, instituteur, météorologiste, comptable aux Houillères de Colomb-Béchar, il n'a jamais tenu en place. Instabilité quasi chronique qui lui sera bénéfique : d'un emploi à l'autre, il a le temps de se faire une opinion précise sur les différents types humains qu'il est amené à fréquenter professionnellement. Il en est de si ridicules qu'un jour il s'en inspire pour écrire quelques sketches. Il passe des auditions dans des cabarets de la place Pigalle, dont Le Tyrol, qui ne restent pas insensibles à son humour rentre-dedans, à son boniment digne d'un vendeur de cravates sur le trottoir des grands boulevards. Jacques Canetti l'engage aux Trois Baudets.

En 1952, Lamoureux, qui a alors trente-deux ans, intègre l'équipe de « La Joie de vivre », l'émission télévisée d'Henri Spade et Robert Chazal. Il y tient une rubrique intitulée « La Joie de vivre en famille ». Pourquoi « en famille » ? C'est que le sketch qui a fait de Lamoureux l'humoriste le plus populaire de l'époque s'intitule « Papa, maman, la bonne et moi ». Il combine un texte qui passe

sur toutes les radios et une chanson que la rue fredonne
(«Papa, maman, la bonne et moi, / Des gens comm'nous,
y'en a des tas. / On achète tout à tempérament / [...] /
L'père Lamoureux est fonctionnaire / Maman est fill'
d'horticulteur / Moi j'ai l'brevet élémentaire»).

Vue par Lamoureux, la tribu dans laquelle les Français
ne peuvent que reconnaître leur propre famille a sa
vedette, «Papa» : il figure dans la plupart de ses sketches.
Ce père maladroit et attendrissant est le héros, toujours
malheureux, de «La Chasse au canard», «La Chasse à
courre», «L'Ouverture de la chasse», «La Chasse au lion»
(on chasse beaucoup, dans la famille Lamoureux!),
«Retour de vacances» et «Promenade aux îles». Maman,
une brave ménagère, et la bonne, une jeunette, sont là
pour la figuration : une sorte de chœur antique qui, selon
le cas, applaudit aux exploits de Papa, ou – c'est plus
fréquent – soigne ses bosses et panse ses plaies. Robert
Lamoureux, lui, commente les avatars de Papa à la
manière de Léon Zitrone.

Aucune satire sociale, aucune révolte, aucune colère
dans ces sketches. Jacques Dufilho conte, Robert Lamoureux raconte. Inutile de chercher des sous-entendus
métaphysiques dans ses histoires domestiques. Il se
contente, avec des mots simples, d'élargir son cercle de
famille à tout un petit peuple qui lit *France-Dimanche,
Samedi Soir* et *Ici Paris*. A tous les pères qui vont à la
pêche, le dimanche, en compagnie de leur fils aîné.
A toutes les mères qui reprisent les chaussettes, repassent
les chemises et tiennent les cordons de la bourse.

Lamoureux finit par quitter le one man show pour le
cinéma et le théâtre, mais garde son humour de titi parisien. Après avoir joué *Le Don d'Adèle*, adapté d'une pièce
à succès de Barillet et Grédy, créée en 1956, il devient

auteur de théâtre et réalisateur de cinéma. Via Fernand Raynaud, qu'il a influencé, Lamoureux a donné le jour à toute une génération d'amuseurs-bateleurs.

Darras et Noiret :
Racine et le Roi-Soleil

Les duos ne manquent pas dans les cabarets des deux rives. Ils se sont constitués au gré des affinités. Au contraire de ceux que Guy Bedos appellera « les solistes », ils dialoguent rarement avec le spectateur. Ils ne parlent jamais à la cantonade. Ils se renvoient la balle avec adresse. Que l'un d'eux improvise, l'autre se met au diapason. Aucun trou de mémoire à redouter : le partenaire est là pour combler un silence dont le public ignore s'il est involontaire ou feint. Ils se connaissent bien. L'humour qu'ils pratiquent sur scène prolonge celui dont ils font usage dans la vie quotidienne.

A leurs débuts dans le « two men show », en 1957, Jean-Pierre Darras et Philippe Noiret ont déjà des années de compagnonnage derrière eux. Ils étaient ensemble au Centre dramatique de l'Ouest. Ils appartiennent maintenant à la troupe du TNP animé par Jean Vilar. « Cela nous amusait beaucoup de passer de la plus grande scène de Paris à la plus petite, dit Noiret dans *Mémoires d'un cabaret*[4]. Nous conservions, devant un public restreint, le ton des grands classiques que nous interprétions au TNP : c'est de cette démesure que naquit, pour une grande part, notre comique. »

C'est donc leur expérience théâtrale que Darras et Noiret mettent au service de l'humour. Le sketch qui les rend populaires a pour titre « Rien de nouveau sous le soleil ». Tous deux portant perruque, Darras (Racine), auguste

63

humble et flagorneur, et Noiret (Louis XIV), clown blanc royal et solennel, parodient, par le biais du règne du Roi-Soleil, celui du général de Gaulle. « Le soir de la première aux Trois Baudets, ajoute Darras, Philippe eut un trait de génie. Alors que j'entrais courbé en deux, l'échine basse, presque à quatre pattes de platitude et d'obséquiosité, ma perruque tombant des deux côtés du visage comme des oreilles, il s'écria : "Nom d'un chien ! Un cocker[5] !" »

Après cette incursion côté cour, Darras et Noiret nous entraînent côté jardin : dans « Splendeur et Misère du cabotinage », Darras interprète le rôle d'un comédien médiocre qui joue, « tous les matins, *Athalie* dans les écoles ». En péplum. Avec des fleurs sur la tête, « parce que, pour les enfants, ça fait plus gai ». Et, profitant de l'absence momentanée de Jean-Pierre qui est allé en coulisse revêtir sa tenue pour la montrer à Noiret, celui-ci murmure : « Il va revenir et ça m'ennuie autant que vous. Je vous avise que je l'ai déjà vu jouer le classique. Non, non, ce n'est pas franchement mauvais, mais je pense entre nous que, pour la tragédie, il a un physique un peu insuffisant. » Le spectateur pourrait demeurer indifférent à cette confidence qui en dit long sur un milieu théâtral dont il ne connaît pas les mœurs assassines. Il rit. Comme il rit lorsqu'un auguste reçoit le traditionnel coup de pied aux fesses.

La carrière cinématographique de Noiret doit autant au cabaret qu'au TNP. Après l'avoir vu à L'Écluse, Louis Malle l'engage, en 1960, dans *Zazie dans le métro*, d'après Raymond Queneau. Darras et Noiret interrompent alors leur duo. Ils se partageront désormais entre théâtre, cinéma et télévision.

Poiret et Serrault :
fausses interviews et vrais Français moyens

Au contraire de Darras et Noiret, Jean Poiret et Michel Serrault ne théâtralisent pas, ils banalisent. Ils ne se donnent pas en représentation, ils semblent au contraire se soucier de leur public comme d'une guigne. C'est sur le ton de la conversation qu'ils interprètent leurs sketches. Ils sont devant leurs spectateurs un peu comme si une caméra invisible les filmait à leur insu. Ils ne se prennent pas au sérieux, ils prennent leurs personnages au sérieux.

Poiret et Serrault ont inauguré le procédé des fausses interviews. A chacun son emploi. Poiret tient le rôle de l'intervieweur complaisant, mais caustique, Serrault, celui d'un ahuri qui se glisse dans la peau de Jerry Scott, vedette internationale du cinéma, sketch qui leur vaut un Grand Prix du disque en 1955 ; dans celle de «Stéphane Brineville, Prix littéraire» ; ou encore du chef d'orchestre Albert Petitlagrelèche, qui rappelle aux apprentis musiciens quelques articles du permis de conduire les orchestres : «Prendre garde aux montées chromatiques, très dangereuses si l'on dérape. Ne pas fumer dans les hautbois, ce qui riquerait de provoquer un incendie. Au cas, néanmoins, où le feu éclaterait, appeler immédiatement la musique de la Flotte[6]...»

Poiret et Serrault ne craignent pas d'aborder les problèmes de la vie quotidienne. «Paul et Guy, enfants terribles», un sketch de plus de trente minutes, est un échange de propos banals tenus par deux Français moyens qui se sont rencontrés au coin d'une rue. Ils habitent le même quartier, sinon le même immeuble. Ils portent costume-cravate, exhibent un attaché-case. Ils se donnent du «cher monsieur», prennent des nouvelles de leur «dame», se plaignent de leurs enfants respectifs – en particulier de Paul, «le petit dernier [de Michel], qui est très turbulent». Guy, le fils de Jean, «demande des sous sans arrêt. On ignore où passe l'argent que nous lui donnons. Cette génération est vraiment intenable! Et en classe, tenez, en classe, ils ne fichent rien. Il est vrai qu'il y aurait beaucoup à redire sur l'Éducation nationale. De notre temps, les professeurs étaient beaucoup plus rigoureux. Et les élèves ne bayaient pas aux corneilles. Bref, tout va de mal en pis, et Dieu sait où ça s'arrêtera[7]!»

Poiret, le pince-sans-rire, et Serrault, le pitre, ont l'art de jouer sur tous les tableaux. Ils mettent en évidence les boursouflures du showbiz tout en se faisant les porte-parole de la sagesse populaire. Mais, à leur tour, ils abandonnent le «two men show» pour le grand écran. On les verra ensemble dans plusieurs films de série B jusqu'à ce que, enfin, les metteurs en scène consentent à leur offrir d'autres rôles que ceux de bouffons. Leur duo se reconstitue à l'occasion de *La Cage aux folles,* une pièce écrite par Poiret en 1973, montée ensuite à Broadway et portée à l'écran par Édouard Molinaro.

La disparition de Poiret, en 1992, laisse Serrault «inconsolable... et gai», comme dirait Guy Bedos : lors de la cérémonie des Césars 1997, Michel Serrault se coiffe d'un plat de spaghettis devant des millions de téléspectateurs. La dérision, comme l'humour, est la politesse du désespoir.

Les Frères ennemis, du tac au tac

«Le calembour est la fiente de l'esprit qui vole...», a écrit Victor Hugo dans *Les Misérables.* Jugement un peu hâtif, qui ne paraît pas prendre en compte les divers degrés du jeu de mots. C'est ainsi que le «Comment vas-tu, yau de poêle ? – Et toi, la matelas ? » cher à l'*Almanach Vermot* se transforme un jour en « Comment allez-vous, yau de poêle ? – Et vous, la matelas ? » Il prendra, par la suite, des allures franglaises : « How do you do, yau de poêle ? – And you, la matelas ? » Dans les années 1970, grâce à Romain Bouteille, il atteint enfin le quatrième degré : « Dis donc, Yau de poêle... y a La Matelas qui est là ! »

Francis Blanche et Pierre Dac agrémentent les situations cocasses de *Signé Furax* de calembours d'anthologie. (« Pour un Suisse, vous êtes bien mal Helvète ! ») Coluche dira plus tard : « J'en connais qui, pour un bon jeu de mots, n'hésiteraient pas à tuer leur propre mère ! »

André Gaillard et Teddy Vrignault, sans plagier Devos qui joue sur les mots et avec les mots, font du calembour l'essence même de leurs spectacles. Ils se sont rencontrés pendant leur service militaire, dans les Chasseurs d'Afrique. Ils ont sympathisé. A leur démobilisation, ils se sont perdus de vue. Les camarades de régiment, c'est comme les amis d'enfance : on se promet de se revoir demain ou après-demain, mais on ne convient d'aucun rendez-vous. C'est la vie qui décide. Un jour de 1950, sur les Champs-Élysées, Gaillard tombe sur Vrignault qui, déguisé en Sioux, distribue des tracts publicitaires devant le cinéma Normandie où l'on projette *Les Tuniques rouges*. Activité peu lucrative, mais qui lui permet de payer ses cours de théâtre. Gaillard, désœuvré et sans projets précis, suit Vrignault. Les deux jeunes gens se découvrent alors les mêmes affinités pour « la logique de l'absurde et le burlesque à base de surréalisme ».

Gaillard et Vrignault commencent par monter, sous le pseudonyme de Frères Ennemis, un numéro de variétés composé de chansons mélodramatiques (« Tu n'es qu'un employé », « Johnny Palmer », etc.), dans lesquelles ils glissent des apartés cocasses. C'est à L'Écluse, où ils présentent leur tour de chant, que Marc Chevalier leur suggère d'écrire des sketches. Ils songent tout d'abord à transposer l'humour anglo-saxon en français. «Impossible, dit Gaillard, de retrouver les raccourcis que permet la langue anglaise. Alors, nous avons pratiqué un comique de rupture, auditif ou visuel, très rapide, qui ne donnait pas aux spectateurs le temps de réfléchir, avec des chutes inattendues que nous nous partagions, car nous étions en même temps clowns blancs et augustes[8]...»

Le dialogue de «La Bible ne fait pas le moine» commence ainsi: «Il y a quatre mille ans et deux jours, il y avait, en Mésopotamie, une ville qui s'appelait Ur... – Célèbre pour ses œufs! – Hein? – Oui... les œufs d'Ur...» Dans «Le Langage des fleurs», «Le Mur», «Il était une fois la tombola» et, surtout, «Les Appels téléphoniques», Gaillard et Vrignault se livrent à un assaut de calembours à l'emporte-pièce: «Allô, docteur Freud? – Oui, qui est à l'appareil? – Votre femme de ménage! – C'est à quel sujet? – C'est au sujet de mon mois!» «Allô, Louis XVI? – Oui? – Alors, il paraît qu'on fait la tête?» Et ceux-ci, qui nécessitent une oreille attentive: «Allô, maman? – Oui? – C'est Jésus! – Non! – Mais si!» Ou encore: «Allô, ça va? – Non, j'ai vingt et une personnes à dîner! – Ah bon? Qui ça? – Lady Chatterley et Léon Zitrone[9]!»

Raymond Devos signe, en 1979, la préface de leur 33 tours enregistré au Théâtre des Mathurins, où ils jouent depuis six mois: «[...] A vous, mes frères, qui n'êtes pas ennemis du colloque: "Colloquons, voulez-vous?" Et le dialogue s'engage, se poursuit envers et contre tout! Il persévère. Rien ne l'arrête, surtout pas le bon sens! Dialogue bien évidemment très spécial, très spécieux! Dialogue de fou pour le sage, de sage pour le fou ! Les interlocuteurs ont la parole buissonnière. Ils passent du coq à l'âne ! La raison s'égare. L'esprit se retrouve [10]. »

Teddy Vrignault a quitté son domicile le 1er novembre 1984. Nul n'entendra plus jamais parler de lui. Comme s'il n'avait jamais existé. Les Frères Ennemis ont vécu.

3

Raymond Devos,
le double jeu des mots

Raymond Devos fait bande à part dans la famille nombreuse des humoristes. Certes, on lui connaît un ascendant : Pierre Dac. Mais les descendants ? Il n'en a pas. Créateur du système D, Devos a exploré tous les recoins de son domaine. Il en a exploité toutes les ressources, obligeant du coup ceux qui auraient brigué sa succession à aller chercher ailleurs matière à faire rire. Son domaine, c'est celui du langage. On pourrait le comparer à un chapiteau sous lequel Devos exercerait tous les emplois : Monsieur Loyal, dompteur, jongleur, antipodiste, équilibriste, auguste au nez rouge et clown musicien.

Clown ! Un fantasme qui date du temps que M. Devos père, lainier et expert-comptable à Tourcoing, dont il était originaire, emmenait ses sept enfants au cirque de passage dans la ville. «Je me souviens d'un grand moment ; un clown blanc allait se percher au sommet d'une pyramide de chaises, raconte Raymond à Guy Silva. Il y en avait bien vingt-cinq ou trente. Il s'asseyait là-haut pour jouer d'un instrument. En bas, son partenaire lui lançait des clins d'œil : "Je vais te faire tomber...", répétait-il. Le public criait : "Non ! Non !" Le clown aérien finissait par dégringoler, mais il retombait sur ses pieds [1]. »

Retomber sur ses pieds : pas facile pour un humoriste qui jongle avec les mots, les déforme, les transforme et finit par les soumettre à sa volonté. Il lui faut de l'agilité et de l'à-propos. Le mécanisme que Devos a mis au point avec minutie est fragile. Un faux pas et les spectateurs oublient de rire. Et, lorsque les spectateurs ne rient pas, le pitre, c'est bien connu, n'a plus que ses yeux pour pleurer. Coluche le savait, qui modifiait sans cesse son show en fonction des réactions du public. Le système Devos, quant à lui, interdit en principe la moindre improvisation. Nul mot ne peut être remplacé par un autre, puisque les textes reposent sur l'ambiguïté sémantique, et sur l'équivoque qu'elle entretient.

On se doute bien que ce système ne s'est pas élaboré en un jour. C'est seulement en 1953 que Devos, alors âgé de trente et un ans, prend enfin conscience du pouvoir mystérieux que le verbe a sur lui... et qu'il a sur le verbe. Certains entendent des voix, lui entend des mots. De ces mots qui vont et viennent et qu'il agite dans tous les sens : « Les mots ne sont jamais à sens unique, explique-t-il. Il n'y a pas de problèmes de circulation dans la langue française : on peut lui faire dire n'importe quoi. Le contraire également[2]. »

Apprentissages

Les rêves clownesques de Raymond se brisent net en 1935, après la faillite de son père. Ruinés, les Devos sont contraints de quitter leur château tourquennois et d'émigrer à Fontenay-sous-Bois, où ils trouvent à se loger dans un minuscule appartement. Années sombres que Devos, interviewé en 1996 par Paul Amar, évoque ainsi sur la chaîne de télévision Paris-Première : « On ne se défait jamais de la misère. Le manteau troué que l'on a porté

71

dans son adolescence, on le porte toute sa vie. Et il pèse lourd. »

A l'âge de treize ans, Raymond est contraint d'abandonner ses études. Son père lui trouve un emploi aux Halles, dans une crémerie de demi-gros. Mais la blouse que Devos endosse tous les matins à l'aube n'est, pour lui, qu'un déguisement, ou plutôt une tenue quasi théâtrale : «Je crois que c'est à ce moment-là que j'ai eu une sorte de révélation, confesse-t-il en 1962. A la crémerie, nous étions plusieurs garçons. J'étais aussi adroit que les autres et, pourtant, il y avait quelque chose qui n'allait pas. Et un jour, j'ai compris : les autres, quand ils coupaient des morceaux de beurre ou qu'ils passaient des fromages, ils le faisaient réellement, c'étaient de vrais gestes. Pas moi. Moi, je faisais semblant, je jouais, j'endossais un personnage [3]. »

Deux ans plus tard, Devos est magasinier dans une librairie du boulevard Haussmann ; vendeur, ensuite, dans la même librairie ; lecteur, pendant ses temps libres, de toutes sortes d'ouvrages et surtout de pièces de théâtre, sa nouvelle passion. Il prend des cours chez Émile Drain, un acteur qui, à force d'avoir interprété le rôle de Napoléon, a fini, comme d'autres, par se prendre pour l'Empereur. La guerre va interrompre cet apprentissage. En 1942, Devos est envoyé en Allemagne au titre du Service du travail obligatoire. Il ne rentre à Fontenay-sous-Bois qu'en avril 1945.

Premiers pas sur les planches

Devos oublie vite ce séjour forcé en Allemagne, qu'il n'évoquera du reste jamais dans ses sketches. Il renoue avec le théâtre et part sur les routes avec une troupe de seconde zone. Puis, avec les tournées Barret, il joue dans

Knock, de Jules Romains, et dans *Le Médecin malgré lui,* de Molière. Il s'inscrit ensuite à l'école du Vieux-Colombier qui, au lendemain de la guerre, attire nombre de jeunes gens moins désœuvrés qu'animés par ce que l'on appelle communément «le feu sacré». Deux comédiens connus y enseignent l'art de la scène : Henri Rollan et Tania Balachova, qui, aux côtés de Michel Vitold et de Gaby Sylvia, a, sous l'Occupation et dans ce même Théâtre du Vieux-Colombier, créé *Huis-Clos,* de Jean-Paul Sartre. Raymond étudie également l'art du mimodrame chez Étienne Decroux, qui l'engage dans sa compagnie. Il monte alors un trio, Les Trois Cousins, avec deux de ses camarades de cours, André Gilles et Georges Denis. On les applaudit au Club du Vieux-Colombier et à La Rose Rouge. Ils ne se contentent pas de jouer des textes probablement écrits par Devos, ils improvisent.

Après Les Trois Cousins, Devos crée, avec André Verbecke, un duo, Les Pinsons, que Michel de Ré engage en 1949 dans un spectacle du Vieux-Colombier, *La Perle du Colorado.* Ils y chantent notamment une parodie de «My Darling Clementine», vieux standard du Far West. Raymond y joue de la mandoline, son premier instrument – auquel il faudra ajouter plus tard une guitare, un cor de chasse, une flûte, un violon, une contrebasse... Dans cette parodie que Les Pinsons reprennent aux Trois-Baudets, Devos prononce à la française le «tine» de «Clementine», ce qui a le don de mettre l'autre Pinson en fureur. Gag à répétition apprécié par les spectateurs. Et par Dac, qui offre à Raymond d'assurer l'intérim de Francis Blanche (accaparé par le cinéma) dans *Sans issue.*

«Avec Pierre, dit Raymond, il était difficile de garder son sérieux. Il avait un œil bleu irrésistible, transperçant.

Son goût du canular était fabuleux. Le voir et l'entendre me mettait dans un état de jubilation. Je me souviens d'une anecdote : Pierre Dac avait fait dresser un chapiteau minuscule tout près d'un autre, immense, où l'on montrait la fameuse baleine Jonas. Dac, lui, présentait le goujon Nanar, avec force commentaires désopilants. Ça aussi, c'était Pierre Dac [4]. »

Le jeu de l'humour et du hasard

En 1953, Devos fait son entrée, en même temps qu'André Gilles, dans la Compagnie Jacques Fabbri qui part en tournée avec *La Vertu en danger, Les Hussards, Les Fantômes* et *La Famille Arlequin*. Exubérant comédien que ce Fabbri, qui, des années plus tard, se fera connaître du grand public grâce à un feuilleton télévisé, *Schulmeister, l'espion de l'Empereur*. Fabbri écrit également des sketches qu'il donne dans les cabarets de la rive gauche. Il fait partie de cette nouvelle génération d'amuseurs qui ne manquent pas de culture, mais se veulent aussi populaires qu'élitistes. Leur façon de rire et de faire rire ne passe pas par les sentiers battus que tant de comiques foulent d'un pied plutôt lourd. La troupe qu'il a fondée est à son image : truculente, mais pas vulgaire, disciplinée sur la scène, mais turbulente dans la vie. A l'écoute, aussi, d'un Devos qui, durant les longs trajets en car, distrait ses camarades avec des soliloques inspirés par une situation ou par une rencontre incongrues.

« La Mer démontée », reposant sur un dialogue tellement absurde que l'on se demande si Devos ne l'a pas inventé, est l'exemple le plus flagrant de ce jeu de l'humour et du hasard : « On venait de Paris, on se réjouissait de voir la mer. On arrive à Biarritz. Il faisait un temps d'enfer. Avant de nous rendre au théâtre, on va au restaurant avec les copains, on s'assied et le garçon nous demande : "Qu'est-ce que vous voulez ?" Je lui dis : "Je voudrais voir la mer", comme on se l'était répété tout l'après-midi. Le garçon me répond : "Monsieur, vous ne pouvez pas, elle est démontée !" Je ne me démonte pas et, du tac au tac, je lui dis : "Vous la remontez quand ?" Le garçon me regarde et me fait : "C'est une question de temps, monsieur[5] !" »

« La Mer démontée » figure en tête du premier 33 tours de Raymond Devos. Enregistré en 1956 aux Trois-Baudets et en 1957 à l'Alhambra, ce disque comporte une dizaine d'autres titres parmi lesquels « Le Pied ». Un pied qui, lui aussi, a sa légende : lors d'une tournée outre-Rhin, la compagnie est invitée par la télévision allemande. Interview de Fabbri. Quelques images des comédiens doivent être diffusées. De Raymond, le cameraman ne retient que son pied gauche, filmé en gros plan. Devos commente ainsi ce dérapage télévisuel que son imagination fertile s'est aussitôt approprié : « Il y a mon pied droit qui est fâché. A la suite de l'émission, on a proposé un rôle à mon pied gauche, et mon pied droit, il dit qu'il n'a plus de raison de vivre, qu'il est séparé de mon pied gauche. Alors, mon pied gauche, il a répondu : "D'accord, engagez-moi, mais à la condition d'engager aussi mon pied droit." »

Vient ensuite « Caen », qui, avec « La Mer démontée », va lancer Devos : un homme, Devos (car c'est toujours lui-même qu'il met en scène), dispose de trois jours de congé qu'il ne sait comment occuper. « J'avais entendu dire : "A quand les vacances ?" Caen, je n'avais rien à y faire. Alors, je me suis dit : "Pourquoi ne pas aller à Caen, puisque je n'ai rien à y faire ?" » Il se rend à la gare et demande à un employé : « "Pour Caen, quelle heure ?" » Commence alors une série de quiproquos provoqués par l'homonymie des mots «quand» et «Caen», «quart» et «car», «sept» et «Sète»...

«La Mer démontée», «Le Pied», «Caen» : autant de malentendus provoqués par ces dialogues de sourds. «Pas seulement des dialogues de sourds, mais d'aveugles, rectifie Devos : chacun des deux protagonistes, Devos et le garçon de café, Devos et le metteur en scène, Devos et l'employé des transports, reste chez soi, proposant son système et refusant d'entrer dans l'autre. A leur niveau, tant qu'ils restent en tête à tête, il n'y a pas de solution. Le troisième homme, c'est celui qui rit du pastiche, de cette conversation que nous avons quotidiennement... et qui, en fin de compte, dénoue le quiproquo [6].»

Contrairement à ce que son titre laisse entendre, «Le Plaisir des sens», enregistré par Raymond Devos en 1956, n'a rien d'érotique. Tout en manipulant les mots à double sens, l'humoriste plonge les spectateurs dans un univers kafkaïen : celui des usagers de la route. Se souvenant d'un voyage à Genève au cours duquel il a été confronté à d'inextricables problèmes de circulation, Devos décrit, à sa façon, la tragédie d'un automobiliste parvenu sur une place à sens giratoire dont il est impossible de s'échapper, toutes les rues adjacentes étant en sens interdit. Et la police est là, qui veille... en roulant à contresens. Les conducteurs doivent tourner sans cesse jusqu'à tomber en panne d'essence. Auquel cas les flics leur collent une contravention pour stationnement interdit. Quant à ceux qui cherchent à s'évader, ils sont immédiatement repris...

«J'en ris, j'en pleure», qui date également de 1956, permet à Devos d'exploiter ses dons de mime parlant. «J'ai découvert le principe de ce sketch au cours d'une autre tournée avec la compagnie Fabbri, se souvient-il. A l'aube, toute la troupe était rassemblée dans une petite gare de province. J'étais de mauvaise humeur et j'avais envie de me moquer de moi-même. J'ai commencé à faire le Jacques, à jouer la comédie pour mes camarades. Je me suis rappelé qu'un soir, ma belle-mère avait reçu des amis de jeunesse – la sienne. En évoquant les personnages d'autrefois, cela commençait, toujours avec un sourire, par : "Tu te souviens de M. Untel ?" Puis : "Il est mort !" Et les mines s'assombrissaient. Il y avait là une "articulation" frappante. Mais je n'ai écrit mon monologue que trois ans après[7] !» «J'en ris, j'en pleure» débute ainsi : « *(Hilare :)* Aujourd'hui, ça va... ça va... parce que je suis de bonne humeur... *(Sinistre :)* Parce que... qu'est-ce que j'ai comme soucis, en ce moment... *(Hilare :)* Mais qu'est-ce que je suis farceur ! Un jour, j'ai vu une dame dans la rue, avec un chapeau, et une plume sur son chapeau... J'ai pris une paire de ciseaux, j'ai coupé la plume... hop ! Si vous aviez vu la tête de la dame... *(Sinistre :)* ... Humiliée... humiliée... Je ne peux pas vous dire ce que ça m'a fait... Ce que c'est bête, ce genre de plaisanterie ! *(Hilare :)* Mais la tête de la dame !»

Erreur et confusion

Devos ne maîtrise pas le verbe à seule fin d'en jouer. Ses histoires ont toujours une morale : aux spectateurs de la découvrir. Il n'est pas sûr que ceux, encore rares, des années 1956-1959, comprennent où il les entraîne, mais ils le suivent de confiance. Car le système Devos est déjà en place. Raymond ne se contente pas de peser de tout son poids sur les mots, il nous expose des évidences qui ne crevaient pas les yeux. Il nous montre que le ridicule frappe sans discernement et qu'il n'épargne personne.

«Je construis des dialogues à partir d'une erreur ou d'une confusion. L'erreur, c'est quand un fonctionnaire pose des panneaux de sens interdit à toutes les issues d'une place : pour lui, c'est une erreur, sans plus ; pour les automobilistes qui tournent en rond, c'est l'univers concentrationnaire. La confusion, c'est quand je demande où est la mer, que l'on me répond : "Elle est démontée", et que je veux savoir quand elle remonte [8]. »

Cette confusion, Devos a conscience d'en être aussi bien la victime que l'organisateur : « Je tiens le public par la main. Mais, dans le fond, c'est lui qui me guide. S'il n'était pas là, je déraisonnerais dans l'anarchie. Il faut savoir organiser sa déraison. Je suis un angoissé permanent et un optimiste sans limites. La preuve : j'ai beau être gros, je peux marcher sur les mains. Cela paraît contradictoire. Mais, pour moi, le bonheur naît de la contradiction. J'ai fait une autre découverte : quand on marche sur les mains, il faut enlever sa veste, sinon tout vous tombe des poches. Conclusion : l'homme heureux n'a pas de poches [9]. »

Devos aux Pupitres

En décembre 1961, Devos crée *Les Pupitres* au Théâtre Fontaine. Ni one man show ni comédie musicale, « c'est une fantaisie sérieuse ! précise-t-il. Jetés dans la rue après la dissolution de leur orchestre, les musiciens essaient de retrouver du travail, chacun de son côté. Certains s'enlisent, d'autres ne s'en sortent pas trop mal. D'une série de sensations découlent les situations et les gags : je pars d'impressions générales pour modeler mes personnages [10]. »

Ces « impressions générales », on les connaît. Elles sont communes à maints humoristes. Et elles se résument en quelques mots : le poids de la fatalité. Trois personnages prendront vite de l'importance dans le déroulement des

Pupitres : le chef d'orchestre, qui est le lien permettant aux musiciens de vivre, l'agent de police, qui représente la loi, et un imprésario, qui symbolise le monde des affaires. «Ces trois personnages sont, bien sûr, des persécuteurs, et d'eux viendront tous les malheurs que nous supportons, nous, la foule. Car les musiciens deviendront, peu à peu, des individus très divers, une foule[11].»

Les *Pupitres* ne sont pas, pour Devos, prétexte à tirer la couverture à lui. Il les a écrits et mis en scène, incarne le commissaire de police tout en jouant de la clarinette, mais ceux qui l'entourent n'ont pas à rougir de leur partition (écrite par Georges Delerue). Et ils sont nombreux : Pierre Doris à la flûte, Denise Benoît au premier violon, Léo Noël à la trompette et à l'orgue de Barbarie, Daniel Laloux à la batterie, Michel Colombier au piano. Aux cuivres, Achille, Lydia et Willie Zavatta. Enfin, Michel Roux joue le rôle de l'imprésario et Guy Pierrault celui du chef d'orchestre.

Tous ces comédiens-musiciens viennent de deux horizons différents : l'humour, rive droite ou rive gauche, et le cirque. Les *Pupitres* sont bien à l'image d'un amuseur que l'on a affublé à tort du label, pesant et parfois péjoratif, de clown. Dans ce cocktail détonant, il n'y a pas que jonglerie, mime et pratique talentueuse de multiples instruments de musique.

«Je crois qu'en fait je suis un clown, mais un clown pas déclaré, explique Devos à Guy Silva. Je fais observer que je ne suis pas maquillé. Tout juste un fond de teint. Le maquillage est une convention, afin que les gens s'y reconnaissent. C'est une sorte de point d'appui. Si j'avais été un enfant de la balle, sans doute y aurais-je fait ma carrière. Or, je suis de l'extérieur. Je suis venu au théâtre par une rêverie parallèle. Chaque fois que je me suis produit au cirque, je l'ai fait "exceptionnellement", heureux et flatté qu'on veuille bien m'accepter. Ce n'est pas mon milieu, parce que je n'y suis pas né [12]. »

Dans *Les Pupitres,* c'est pourtant l'observateur moliéresque du comportement humain qui l'emporte sur le pitre. Notamment dans ce sketch : « Moi, ce que j'admire en vous, c'est que vous avez le courage d'être vous-même, avec tout ce que cela comporte de ridicule. – Je maintiens une tradition... C'est tout ! – Vous avez mis du temps pour devenir ridicule ? – On ne devient pas ridicule, on naît ridicule ou on ne l'est pas. – Et vous... vous l'êtes ? – Ah ! oui... de père en fils... Depuis trois générations. »

En 1961, Devos est, consciemment ou non, dans l'air du temps... et ce temps n'est pas si rose qu'on le suppose aujourd'hui. « Y a un malaise ! » s'écrie, à un moment, l'un des personnages des *Pupitres*. Il faut croire que le « malaise » n'est pas seulement provoqué par la guerre d'Algérie, les pourparlers d'Évian (qui n'aboutiront qu'en mars 1962), les attentats de l'O.A.S. dont celui, manqué, contre le général de Gaulle, la crise de Berlin, qui donne lieu à la construction, par l'Allemagne de l'Est, du Mur de la honte. Devos aborde d'autres sujets – le chômage, les sans-logis, l'insécurité –, toujours d'actualité aujourd'hui. « Il me semble que l'humanité tourne mal, dit-il. Je ne suis pas pessimiste. Je pense simplement qu'il faut trouver quelque chose pour rétablir l'équilibre. Peut-être est-ce le rire [13] ! »

La carrière des *Pupitres* se prolonge jusqu'en 1963. Après quoi, Devos retourne à ses premières amours, c'est-à-dire au monologue. On le voit à Bobino, au Théâtre des Variétés et un peu partout en France où il sème la bonne parole et les mots à double tranchant. A Paris comme en province, on s'est accoutumé à sa tournure d'esprit. Ses sketches surprennent, mais ils ne désarçonnent plus. D'autant que, pour mettre les spectateurs dans de bonnes dispositions, il n'hésite pas à les avertir qu'il « parle pour ne rien dire ». Tel est le titre d'un sketch qui se termine par cette réflexion dacienne : « Est-ce en remettant toujours au lendemain la catastrophe que nous pourrions faire le jour même que nous l'éviterons ? D'ailleurs, je vous signale entre parenthèses que si le gouvernement actuel n'est pas capable d'assurer la catastrophe, il est possible que l'opposition s'en empare [14] !»

Entracte cinéma

Devos ne fera que passer furtivement sur le grand écran. Il n'y laissera que peu de traces. En 1956, il tourne dans *Ce joli monde,* en 1958, dans *Le Sicilien.* C'est, ensuite, *Vous n'avez rien à déclarer?* et *Le travail, c'est la liberté.* Ces films n'attirent pas la grande foule. Parce que le public préfère voir un spectacle de Raymond Devos sur scène, plutôt qu'un film avec Raymond Devos.

En 1965, Jean-Luc Godard lui confie pourtant un petit rôle dans *Pierrot le fou.* Brève rencontre avec Jean-Paul Belmondo (dans le rôle de Ferdinand), au cours de laquelle Devos interprète un monologue dont il est l'auteur. En 1972, on le voit enfin dans *La Raison du plus fou,* réalisé par François Reichenbach. Après sept ans d'abstinence cinématographique, pourquoi ce revirement? C'est que Devos est le coauteur, le dialoguiste et l'un des acteurs de ce film dans lequel il incarne un surveillant de maison de repos qui décide d'emmener vers la mer un couple de jeunes pensionnaires follement amoureux l'un de l'autre. Il a pour partenaires Sophie Desmarets, en fille légère, Marthe Keller, en « auto-stoppeuse fofolle », et Roger Hanin en hôtelier exubérant. Conte doux-amer (« charmant », dira la critique) que cette *Raison*

du plus fou, où souffle, d'un bout à l'autre, l'esprit Devos :
« N'est-il pas normal d'avoir envie de voir la mer, surtout
quand on est orphelin ? Est-ce de ma faute si, quand je
cherche ma route, un passant me dit : "Passez par ici !", et
que je comprends "par Issy ?". Quand on m'appelle au
téléphone et que l'on répond : "Il est déjà au bout du
fil...", parce que je fais de l'équilibre sur un fil, ça n'est la
faute de personne. On perd le fil si facilement [15]. »

Charmant ou pas, *La Raison du plus fou* ne restera
pas longtemps à l'affiche. Entre le Devos en chair et en
os de la scène et le Devos, impalpable, de l'écran, le
public a définitivement choisi. Raymond Devos entérine
ce choix. Il ne tournera plus jamais.

Aller trop loin

Ce n'est pas seulement au cinéma que Devos renonce.
Il refuse également toutes les propositions théâtrales. En
1974, il déclare à *Paris-Match* : «Je suis prétentieux, très
prétentieux. Je me considère comme un Scaramouche
par rapport à un Molière futur. Scaramouche était un
improvisateur qui inventait des choses. Mais M. Molière
s'était inspiré de Scaramouche. Dans l'œuvre de Molière,
il y a beaucoup de Scaramouche. Eh bien ! moi, je serais
heureux si, dans l'auteur de demain, le grand auteur de
demain, il y avait un peu de Devos. »

L'orgueil n'explique pas totalement cette décision de
ne plus se consacrer qu'au one man show. Pas plus que
la déception d'avoir vu ses films boudés par le public
(qui continue par ailleurs à venir en foule écouter ses
récitals) ou l'amertume de ne plus être sollicité par des
réalisateurs en quête de monstres sacrés. En réalité,
Devos est l'esclave, en même temps que le maître de son
système. Il l'a engendré, l'a mis en marche, en connaît

tous les rouages ou presque. Mais il a le sentiment de ne pas avoir été assez provocateur dans sa quête du malentendu. « Le tact dans l'audace, c'est de savoir jusqu'où on peut aller trop loin », a écrit Jean Cocteau dans *Le Potomak*. Devos doit, au contraire, poursuivre ses recherches, ajouter les mots aux mots, unir plus étroitement encore l'ambiguïté au franc-parler. Et, ce qui lui paraît essentiel, affiner ses sketches, en faire des textes susceptibles non seulement d'être entendus, mais lus.

En 1974, Devos a cinquante-deux ans. Il lui semble que les années lui sont comptées. Il doit donc éviter toute dispersion, oublier le cinéma et ses grandes illusions, l'art dramatique et ses travestissements. Dans les théâtres qui l'accueillent – La Ville, Hébertot, Antoine, Montparnasse, ou ce Palais-Royal proche de la Comédie-Française qu'il n'aurait pas déparée s'il s'y était aventuré –, le roi Devos se veut nu. Interprète de soi-même et non d'un auteur, quel que soit le respect qu'il lui porterait. Il est enfin libre. Il n'a de comptes à rendre à personne, sinon à son public, qu'il n'a jamais abusé. Devos est humoriste. Il le restera. Fier de parler ce langage auquel il tord pourtant le cou : « On ne s'est pas rendu compte à quel point le rire est une nécessité, confie-t-il à *Libération*. L'homme a eu besoin de se donner cette soupape qu'est le rire. Et cette autre qui est le rêve [16]. »

Délivré de la tentation et de l'aigreur, Devos peut tendre l'oreille, capter ce qui nourrira son propre univers. « Tout ce que j'entends, tout ce que je vois, mon esprit s'en empare, il se met à jouer et s'en va ailleurs, explique-t-il au cours d'un long entretien avec l'économiste Alfred Sauvy. Tenez, tout à l'heure, j'étais au restaurant et, à la table voisine, deux messieurs parlaient en mangeant. Comme si manger n'était pas suffisant et qu'on ne pouvait plus manger sans rien dire. Quel besoin, vraiment ! Et je voyais qu'en parlant tout en mangeant, ils s'envoyaient des morceaux d'aliments dans la figure ! Et, tout à coup, le mot clef qui justifie un sketch m'est venu : "Ils alimentent la conversation." »

Le sketch «Alimenter la conversation» suit fidèlement le déroulement de ce repas. A quelques différences près : les deux hommes mangent du steak haché et Devos prend des notes. Ce qui lui permet de conclure : «L'un d'eux s'est penché vers moi. Il m'a dit : "Monsieur, on n'écrit pas la bouche pleine !" Depuis, je ne cesse de ruminer mes écrits ! Je sais... Vous pensez : "Il a écrit un sketch alimentaire, un sketch haché !" Et alors ? Il faut bien que tout le monde mange [17] ! »

«Narcissisme» relève du même procédé : «J'ai horreur d'acheter des chaussures. Un jour, en tournée, n'en ayant plus, il a fallu que j'aille en chercher. La marchande me propose une paire de vernis. J'ai cru me voir dans ces souliers. Et j'ai fui. » Sur scène, Devos raconte : «Je suis resté là à me mirer dans ma chaussure. Et plus je me mirais, plus je m'admirais ! Je trouvais que j'avais de beaux yeux. J'ai dit à la vendeuse : "Je crois bien que j'ai trouvé chaussure à mon pied." Elle m'a dit : "Vous avez de la chance !" Je lui dis : "Oui, je suis verni." »

«Un ange passe» est la transposition d'un incident de scène qui se produit au cours d'un spectacle que Devos donne à Digne : «Subitement, une mite me tourne autour. Je la salue. "Bonjour !" Le public, alors, sent l'aubaine, il sent aussi que ce n'est pas une soirée comme les autres. Moi, je dis à la mite : "On se tutoie, hein ? C'est gentil d'être venue !" Et puis, elle revient, elle insiste. Alors là, je lui fais des reproches : "Outre que tu bouffes mes effets, tu attires l'attention..." Et chaque fois qu'elle repasse, c'est un éclat de rire dans la salle. Je me fâche : "Ce n'est plus la peine que je parle. Les gens ne regardent que toi et n'entendent plus ce que je leur dis." Ça a duré presque toute la soirée. Pour écrire mon sketch, je suis parti de l'expression "un ange passe". Car un ange, c'est un mythe, n'est-ce pas [18] ?»

Sur scène, la mite de Digne se transforme en ange : «Parce que, mesdames et messieurs, lorsqu'un ange passe, je le vois ! Je suis le seul, mais je le vois ! Évidemment que je ne dis pas que je vois passer un ange, parce qu'aussitôt, dans la salle, il y a un doute qui plane ! Je le vois planer, le doute...»

Pas un des textes écrits et dits par un Devos défiant les lois de la pesanteur n'échappe aux impératifs – qui étaient aussi ceux de Pierre Dac – de la logique mêlée à l'absurde. «Mon chien, c'est quelqu'un», «Le Possédé du percepteur», «Xénophobie» («J'ai un ami qui est xénophobe. Il ne peut pas supporter les étrangers ! Il déteste à tel point les étrangers que, lorsqu'il va dans leur pays, il ne peut pas se supporter !»), tous ces sketches relèvent donc des mêmes procédés humoristiques que «Caen», «Le Plaisir des sens» ou «Le Pied». A ceci près que Devos a dépassé le stade du simple gag destiné à faire rire sur-le-champ. Le jeu a conservé sa règle, mais celle-ci a maintenant des subtilités qui peuvent échapper à la première audition. Elles ont apporté au système Devos un accent – grave – qui en était jusqu'alors absent.

Raymond Devos s'est-il penché sur d'autres auteurs, d'autres textes ? S'en est-il imprégné ? Il y a, en lui, comme en Pierre Dac et en Francis Blanche, un peu d'Henri Michaux, celui de *Passages* et de *Tranches de savoir* : «Quand les autos penseront, les Rolls-Royce seront plus angoissées que les taxis.» Ou : «Le microbe n'a pas le temps d'examiner le biologiste.» On pense également à Robert Desnos, dont ces «Aumonymes» figurent dans *Corps et Biens,* paru en 1930 : «L'art est le dieu lare / Des mangeurs de lard / Et les phares dévoilent le fard / Des courtisanes du Far West qui s'effarent. »

La poésie n'a jamais tourné le dos à l'humour. Pourquoi l'humour se refuserait-il à être poétique ?

Mourir comme Molière...

Le parcours de Raymond Devos est presque sans faute. Sa carrière presque sans anicroche. Il est parvenu au sommet de l'humour. Il y est resté. Il a enregistré plus de cent soixante sketches, dont la plupart, comme les chansons à succès, s'impriment dans notre mémoire pour n'en plus sortir. Dès son deuxième Alhambra, en 1960, où il est la vedette américaine d'un spectacle dans lequel Johnny Hallyday passe en première partie, le public l'a classé en tête de ses humoristes préférés. De *L'Humanité* au *Figaro*, de *France-Soir* au *Monde*, aucune voix discordante dans la presse, qu'elle soit de droite ou de gauche. Cinéastes, écrivains et chanteurs connus célèbrent, sur un ton lyrique, le talent de la nouvelle star du rire. Georges Brassens compare Devos à Molière, Robert Hossein, à Chaplin. Pour Marcel Aymé, Raymond est « une victime du langage, qui se débat dans les malentendus, les homonymes et les figures de rhétorique – comme dans la vie... ».

« Ne vous fiez pas à son air égaré, à son aspect d'honnête buveur de bière, à son sourire bon enfant car, sans le moindre avertissement, sa voix s'enfle, ses bras battent l'air et, avant que nous en ayons pris conscience, nous voilà transportés par le rire dans un univers où il paraît tout naturel que deux et deux fassent cinq, où les contraires se montrent joyeusement identiques... », déclare René Clair dans *Paris-Presse*. Dans *Le Figaro*, Jean-Jacques Gautier évoque « un mouvement endiablé, une voix extraordinaire avec des notes presque étouffées et des éclats subits, de véritables explosions... Devos s'avance, hilare, rigoleur, et son rire intérieur communicatif déclenche celui d'une salle entière...»

Vingt ans plus tard, François Truffaut écrit dans *Les Cahiers du Cinéma* : «Voué à son travail avec une passion têtue, orgueilleuse et exclusive que je n'ai rencontrée, à ce degré d'intensité, que chez un autre faux bon gros, Alfred Hitchcock [...], Devos est devenu, comme disent les Américains, *"bigger than life"*, et, comme disent les Français, plus grand que nature.»

Raymond Devos, citoyen de Saint-Rémy-lès-Chevreuse, fait désormais partie de notre patrimoine culturel. L'État, parfois aveugle, souvent partial dans le choix de ceux qu'il distingue ou qu'il protège, a reconnu ses mérites : en septembre 1994, Jacques Chirac, alors maire de Paris, lui a remis le prix du Brigadier, décerné, très tardivement, par l'Association de la régie théâtrale. Des mains du Premier ministre, Alain Juppé, il a reçu, en décembre 1995, le cordon de commandeur de la Légion d'honneur. Il serait élu sous la Coupole que nul ne s'en offusquerait.

«Je m'arrêterai en 2004 !», affirme Devos. Il aura alors quatre-vingt-deux ans. Aucune raison pour lui de ne pas croire à un avenir, quelles qu'en soient les limites. Mais il a déjà pris ses précautions. A sa manière : «Mourir pour vous» est un message destiné à la postérité : «Mesdames et messieurs, je n'ai jamais osé vous le dire, par pudeur, mais c'est fou ce que je vous aime ! Je n'ai vécu que pour vous, je suis prêt à mourir pour vous. Tout de suite... Sur scène... Si vous le souhaitez ! Je vous savais gens intelligents ! Oui, je voudrais mourir sur scène, comme Molière ! Même pas dans un fauteuil. Un strapontin suffirait à ma gloire [19].»

4

Fernand Raynaud
ou la France rurale

De tous les amuseurs de la scène, Fernand Raynaud aura connu l'accouchement le plus laborieux, la voie la plus incertaine. Quoi qu'en aient dit ceux qui ont suivi sa carrière, on a peine à discerner dans le Raynaud des premiers pas le caricaturiste mordant qu'il devint par la suite. A ses débuts, il se contente de mimer, avec plus ou moins de maladresse, de petites histoires pour lesquelles les mots lui font défaut, comme « Le Voyage en chemin de fer » ou « L'Opération chirurgicale 1830 ». Le comique est là, le métier pas encore. Raynaud n'a pas étudié l'art du mime. Il n'a aucune référence culturelle. Il n'a pour lui qu'un sens aigu de l'observation et le besoin, qui l'a toujours obsédé, de se singulariser. Comme Coluche, Raynaud est un comique instinctif.

Les biographes évoquent volontiers l'enfance de leur sujet pour expliquer leur destinée. Pierre Dac accrochait des harengs saurs à l'habit à queue de son professeur de mathématiques. Francis Blanche écrivait, dès son plus jeune âge, des poèmes plus ou moins comiques. Raymond Devos inventait des histoires pour ses camarades de classe. De là à en conclure qu'ils sont nés humoristes et qu'ils n'auraient pu devenir plombiers ni chefs d'entreprise, il y a une marge. L'humour, certes, est latent en chacun de nous. Les circonstances le font éclore – ces drames de la vie, petits ou grands, sur lesquels on jette un regard «différent».

«Un enfant turbulent», affirment les rares biographes de Raynaud, comme pour attester de ses prédispositions humoristiques. Mais, à Paris comme à Pékin ou à L'Oradou, tous les enfants, rebelles ou non à l'autorité familiale et à l'ordre établi, sont turbulents. L'Oradou, où Fernand naît en 1926, abrite les usines Michelin. A Clermont, les Michelin sont partout chez eux. L'école primaire est une école Michelin. L'école secondaire Charras aussi. La Mission Michelin oriente les adolescents vers un métier Michelin. Il y a également un théâtre amateur Michelin. C'est dans cet univers pesant, où l'on pense Michelin, où l'on vit à l'heure Michelin, où l'on n'est pas loin de prier Michelin, que grandit Fernand, dont le père, Auguste, est contremaître... chez Michelin.

En 1941, âgé de quinze ans, il obtient son certificat d'études secondaires. Son père l'inscrit aux Beaux-Arts dans la section «dessin industriel». Fernand assiste à un seul cours, entre dans une école technique de radio, quitte définitivement la vie scolaire. Son ambition du moment est de faire partie du théâtre Michelin. Il passe une audition avec «Le Chat, la Belette et le Petit Lapin». La direction du théâtre le juge apte à tenir un second rôle de hallebardier. Brève apparition : «Il manque de sérieux dans la création», estime le metteur en scène, qui renvoie Fernand dans ses foyers.

Auguste Raynaud n'apprécie pas que son fils souhaite devenir artiste. «C'est un métier de crève-la-faim ! Dans la famille, il n'y a jamais eu de saltimbanques. Alors, ne sois pas le premier !», dit-il. Fernand ne bronche pas. Expliquer à son père qu'il s'ennuie à Clermont-Ferrand, que sa famille l'étouffe, que le seul nom de Michelin l'horripile ne servirait à rien. Au contraire d'Auguste, Fernand n'a pas l'esprit Michelin. Et il ne l'aura jamais. Mais ce n'est pas en allant gratuitement au cinéma du coin (il y pénètre par la sortie de secours) pour voir des films de Charlie Chaplin et de Sacha Guitry, ou en chantant «Elle pleurait comme une madeleine» pour les copains hilares, qu'il échappera au destin qui l'attend. Le salut réside dans la fuite : échapper à cette ville où la seule conquête possible est celle de la respectabilité.

En décembre 1943, Fernand Raynaud part, à vélo, pour Paris. Il est embauché comme garçon de courses chez un fourreur. Salaire : deux cents francs par semaine. De quoi lui permettre de fréquenter les Folies-Bergère pour y applaudir Dandy, un comique muet ; La Lune Rousse, pour y écouter Jean Rigaux, le chansonnier en vogue ; Bobino, où Roger Nicolas commence à parsemer ses monologues d'«Écoute... Écoute...» qui font invariablement rire un public prêt à s'amuser de tout. C'est ce que Raynaud appelle «la grande école du comique». Il croit y avoir trouvé ses maîtres. Il se trompe. Son véritable maître, c'est Molière.

Les galères de Fernand

En 1947, après avoir effectué son service militaire, dont il ne garde que de mauvais souvenirs, Fernand s'installe à Belleville, rue Piat, dans l'appartement de sa grand-mère, qui a rendu l'âme deux ans auparavant. Il n'a pas un sou en poche et ce n'est pas de Clermont-Ferrand qu'il doit attendre le salut sous forme de mandats. Auguste Raynaud, qui s'est toujours douté de ce que tramait son fils, l'a prévenu : «Tu finiras sous les ponts...» Fernand n'insiste pas. Sans cesser de hanter les agences artistiques, il s'efforce de placer des panneaux publicitaires, des trousses à outils, des rustines...

Panneaux, trousses et rustines se vendent mal. Quant aux imprésarios, ils font la moue. Qu'a-t-il à leur proposer ? A peu près rien. Les personnages de son enfance qui viennent s'agiter dans son esprit comme des marionnettes au bout d'un fil ne lui inspirent pas encore de sketches. Ils sont pourtant bien là, enfouis en lui : Balendar le hallebardier, Mlle Procule, qui nettoyait le derrière des petits à l'école maternelle, et surtout Yolande, de treize ans son aînée, qui vient, elle aussi, d'arriver dans la capitale avec son mari, Marcel Pichon, fonctionnaire au ministère des Finances. Mais Raynaud ne parvient pas à transcrire ses impressions sur le papier. Il n'est pas doué pour l'écriture. Les sketches qu'il tente de rédiger en s'inspirant de Roger Nicolas, qu'il admire, sont informes.

Renoncer ? Raynaud n'y songe pas. Il n'a plus qu'une solution : le mime. Il ne connaît que d'instinct cet art auquel Devos s'est, très tôt, initié. Qu'importe ! Il doit affronter ce public qu'il veut conquérir. Pour faire mentir Auguste qui, là-bas, à Clermont-Ferrand, ne décolère pas. Il rencontre alors un acteur-auteur, André Saulois. Celui-ci écrit lui-même des textes humoristiques, tel « Le Marchand de chapeaux », que Fernand ajoute à son numéro. C'est un pas en avant, mais qui ne mène encore à rien. A force d'auditions, il obtient un engagement au Pacra, un music-hall aujourd'hui disparu. On le voit ensuite à La Boule noire. Il n'y reste que quelques jours : le patron de cette boîte de Pigalle estime que les histoires de Raynaud ne sont pas encore assez corsées pour une clientèle plus friande de salace que de grivois. Ensuite, il passe au Tyrol, où Robert Lamoureux débite déjà ses sketches familiaux.

En 1948, Fernand Raynaud participe au concours quotidien des jeunes espoirs organisé par Robert Beauvais au Central de la chanson. Il en franchit allègrement les

91

éliminatoires ; arrive en finale ; la remporte. Une chance ! Les directeurs artistiques des maisons de disques, les patrons de cabarets fréquentent, en effet, le Central. Ils y viennent pour dénicher le débutant qu'ils pourront enregistrer ou engager dans leur boîte.

Édith Piaf, qui est dans la salle, le félicite à l'entracte. Jacques Canetti lui dit : « Ce que vous faites est très drôle. Nous travaillerons un jour ensemble... » Mais Raynaud ne peut pas guetter indéfiniment Chez La Mère Berthe, un café situé au coin de la rue Piat, l'appel sauveur qui lui permettra enfin de réaliser son modeste rêve : acheter une paire de chaussures en daim et une Motobécane. Il lui faut donc tuer le temps en exerçant son métier d'artiste sans engagement fixe : il se produit dans les cinémas, pendant les entractes. Avec sa dégaine à la Charlot, il réussit à faire rire les enfants, plus faciles à séduire par des mimiques que par des mots. Puis il décroche un petit contrat au Crazy Horse Saloon, chez Alain Bernardin. « Ce public, il fallait l'attraper par la manche ! Les girls, elles, je les faisais rire ! », se souvient Raynaud. Ce n'est là qu'une mince consolation pour qui veut conquérir Paris.

Fernand aux Trois Baudets

C'est alors que la mémoire revient à Canetti. Il engage Fernand aux Trois Baudets. La star du spectacle, dont Raynaud n'est jamais que le bouche-trou, est l'amuseur du Tyrol, Robert Lamoureux, coqueluche de la France profonde. Leçon d'humilité pour Fernand qui, impressionné, renonce à dire les quelques sketches dont il dispose et se contente de les mimer. Les spectateurs rient. Canetti, lui, déclare : « Il est bon, mais il ne fera jamais de disques ! » Raynaud n'a pas encore tout à fait trouvé son style ni ce *look* si recherché par les comiques du cinéma, muet ou parlant, tels Charlie Chaplin, Max Linder, Buster Keaton, Laurel et Hardy ou les Marx Brothers.

Le vrai Raynaud apparaît à l'état d'ébauche en mai 1951, au Crazy Horse. Pour la générale de ce premier show, Fernand a invité ceux qu'il appelle ses «frères en humour». Ces «frères» l'ont accueilli parmi eux. Ils lui reconnaissent un talent qui n'est fait ni d'emprunts ni même de réminiscences. Et, comme on se tient les coudes chez les humoristes, Raymond Devos, Roger Pierre et Jean-Marc Thibault, Jean Poiret et Michel Serrault, Hubert Deschamps, Jacques Dufilho sont venus, anxieux, chez Bernardin. C'est sur eux que Fernand teste «Balendar», «Histoire d'un dur», «Le Dancing», «Jeanne d'Arc», «Charlot» et «Le Train». Examen réussi. Qui aura une suite, en août, à L'Échelle de Jacob, fief de Jacques Brel. «Canetti était dans la salle, écrit-il à son père. Il ne m'avait jamais entendu chanter "Histoire d'un dur" et ça lui a plu. Ça a bien marché : le public a crié "une autre". J'ai fait le "boum". La femme de Canetti m'a félicité et m'a dit que j'avais fait de gros progrès [1]. »

Les portes des Trois Baudets s'ouvrent de nouveau. Sur les affiches du théâtre, le nom de Fernand Raynaud s'inscrit maintenant en grosses lettres. La promotion est évidente et le cœur de Fernand déborde de gratitude : «Ce théâtre est une vraie pépinière de garçons épatants. Grâce aux camarades, grâce à Canetti, j'appris véritablement mon métier. Je soumis mon corps et mon visage à toute une gymnastique comique. Délivré du souci du pain quotidien, j'eus tout loisir pour observer la vie autour de moi. Une vraie mine d'aventures burlesques, de sujets de sketches et de chansons. [...] Avec le succès grandissant, on m'offrit des tournées en province et à l'étranger. Chacune de ces tournées enrichissait mon expérience comique, me fournissait de nouvelles idées drôles, tirées de la vie quotidienne. [...] Cet espéranto de gestes, de grimaces et d'exclamations, je m'efforçais de le conserver de retour à Paris, de n'y rien ajouter que l'essentiel comme paroles[2]. »

Fernand à la télé

Au Central de la chanson, Jean Nohain a, lui aussi, remarqué Fernand Raynaud. Il est allé le voir ensuite aux Trois Baudets. Tout en jugeant Raynaud encore trop inexpérimenté, il s'est promis de l'employer à l'occasion.

Avec Nohain, ce ne sont pas les occasions qui manquent. Parolier de Mireille pour «Couchés dans le foin», «Ce petit chemin», «Quand un vicomte» ou «Papa n'a pas voulu», fondateur, avant la guerre, de *Benjamin*, un journal pour enfants, il est l'homme en vogue des ondes. Sur Radio-Luxembourg, il produit et anime «Reine d'un jour». A la télévision, il s'apprête à lancer une émission de variétés, «Trente-six chandelles», dans laquelle passeront aussi bien des vedettes que des inconnus.

Où se rencontrent-ils pour la première fois? Selon les uns, c'est à Biarritz que Nohain, en tournée dans le Sud-Ouest avec sa troupe, aurait aperçu Raynaud assis, solitaire, à la terrasse d'un café. Il lui aurait alors proposé de remplacer Marcel Amont, victime d'une forte fièvre. Ou bien est-ce à l'ABC, music-hall dans lequel Nohain effectuait ses enregistrements de «Que personne ne sorte», une autre émission de radio, que Fernand lui aurait montré ses sketches? L'entretien aurait été houleux. A Nohain, qui lui prodiguait des conseils sur son ton paternaliste habituel, Raynaud aurait répondu: «Monsieur, vous n'y connaissez rien!»

Ce contact rugueux n'empêche pas Raynaud de figurer, le 27 octobre 1952, au générique de la première de « Trente-six chandelles ». Il n'y fait que de courtes apparitions, tout juste de quoi occuper les changements de décor de l'émission, tournée en direct. L'accueil est favorable. Raynaud retrouve le plateau de « Trente-six chandelles » les 10 et 24 novembre et le 22 décembre.

Début janvier 1953, Fernand donne un spectacle dans un restaurant-cabaret de la rue de la Trémoille. En avril, il est au Crazy Horse Saloon, Chez Ève, à Pigalle, à L'Orée du Bois et à L'Échelle de Jacob. Dès le 1er juillet commence une tournée avec Jean Nohain, au cours de laquelle Raynaud perfectionne certains de ses sketches, tel « Balendar », et en rode d'autres qui lui tournaient depuis longtemps dans la tête. La période la plus prolifique de Raynaud humoriste vient de commencer.

Fernand revient sur son passé

« Toute ressemblance avec des personnages connus serait purement fortuite » : cette formule ne saurait s'appliquer à ceux de Fernand Raynaud. Ils sont bien réels, encore qu'il les ait rendus comiques en les défigurant. Sa sœur, tout d'abord, est la vedette d'une vingtaine de sketches qui commencent souvent par cette phrase en forme de constat : « Vous allez voir comme les gens sont méchants ! » Et Raynaud ajoute : « Je suis ennuyé parce qu'il n'arrive que des catastrophes à ma sœur... »

Catastrophe dans « Ma sœur et son chapeau » : « Le curé voit ce chapeau couvert de petites violettes posé sur un prie-Dieu, et v'là t'y pas qu'il a cru que c'était comme un coussin, vous savez, plein de fleurs, et qu'il le porte sur le catafalque... ». Et, dans « Le Régime sans sel », sketch reposant, comme chez Devos, sur l'homonymie (ici les mots *sel* et *selle*) : « Ma sœur, qui se sent très fatiguée, va voir le docteur, et il lui a prescrit un régime sans selle. Dites donc ! Surtout que son travail est à huit kilomètres de la maison ! Elle dit : "J'en peux plus, j'en peux plus, j'en peux plus, j'en peux plus !" Parce que dans les côtes, ça va, elle monte en danseuse. Dans les descentes aussi. Sans selle ! Sans selle, vous vous rendez compte ! » Dans « La 2 CV de ma sœur », Fernand raconte comment un éléphant de cirque s'est assis sur le capot de la voiture, peinte en rouge, de Yolande. Pour la réconforter, le directeur du chapiteau lui offre de nombreux verres de cognac. La mésaventure la conduit au poste de police où on la retiendra pendant quarante-huit heures. Dans « Le Tronc d'arbre », enfin, la 2 CV de la sœur est défoncée par un tronc tombé d'un semi-remorque. Le chauffeur du poids lourd est prêt à lui faire un chèque : « Écoutez, monsieur, répond-elle, qu'une voiture rentre dans un arbre, cela se conçoit facilement, mais comment voulez-vous que j'aille expliquer à mon mari que c'est un arbre qui m'est rentré dedans ? »

Rescapée de l'école maternelle Michelin, Mlle Procule n'apparaît qu'épisodiquement dans les sketches de Raynaud. C'est une vieille fille desséchée qui vit avec son neveu. Elle tient l'harmonium de la chorale des Joyeux Pinsonnets du dimanche, parce qu'elle a de l'oreille. « Et vraiment, ça, pour pianoter, vaut mieux avoir de l'oreille... Et elle, elle a de l'oreille. C'est même pas de l'oreille, c'est des feuilles de chou... C'est des aérofreins... Quand elle est en 2 CV, Mlle Procule, elle a pas besoin de freiner : elle lève la tête au-dessus de la capote... »

Il y a encore Balendar : « C'est un artiste de théâtre très sympathique que vous avez certainement rencontré dans des coulisses ou au petit café du coin. Il aime bien parler de son métier parce qu'il l'adore... Il commence toujours ses récits par : "Mes chers enfants, je vais vous narrer une anecdote tirée de mes pérégrinations internationales..." »

Pour clore cette série de sketches, Raynaud évoque les brimades subies durant le service militaire, qu'il a effectué à Berlin, dans un régiment de chasseurs alpins. A l'en croire, son séjour aux armées ne lui a laissé que de mauvais souvenirs : « Mon caporal-chef de carrière, il a drôlement existé ! Et il était con comme un balai. Il y avait une chose qui le déroutait : je l'appelais "mon capitaine". C'était mon truc, au régiment : j'appelais tous les petits gradés "mon capitaine". Ça les flattait... Y a qu'une fois où j'ai tapé à côté : le jour où, emporté par l'habitude, j'ai appelé "mon capitaine" le commandant. Ça m'a valu quat' jours... » Et une suite de sketches, « Mon service militaire », dans lesquels Raynaud, quelques années plus tard, prendra sa revanche sur les « petits gradés » dont il a eu tant à souffrir. Écoutons-le commenter son arrivée à la caserne : « Monsieur le directeur [il s'agit, en réalité, du colonel], je lui ai dit, bonjour, je suis navré de vous déranger, mais écoutez, y a un énergumène qui est dans la cour et vous ne pouvez pas savoir ce qu'il nous fait faire. La fantaisie lui prend et il nous dit : "En avant !" Nous, bonnes pommes, on va en avant, pourquoi qu'on aurait été en arrière ? "Demi-tour !" On se dit : "Tiens, il a oublié quelque chose..." "A gauche !" "Tiens, il veut nous faire visiter les anciennes écuries..." »

Le manteau de Fernand

En octobre 1953, Raynaud offre, chaque semaine, des sketches inédits aux auditeurs de « Soucoupes volantes », la nouvelle émission de Nohain sur Radio-Luxembourg. Ils sont tous tirés des tribulations de la vie quotidienne,

tel «Le Tailleur», qui témoigne des préoccupations vesti-
mentaires d'un Fernand dont la garde-robe a toujours été
d'une pauvreté affligeante.

Ce sketch met en scène un client obtus et un tailleur
roublard. Le client prétend que, dans le costume que lui
a coupé le tailleur, «y a comme un défaut...». Le tailleur
démontre que, si le costume paraît avoir comme un
défaut, c'est que le gogo se tient mal. Il le force à relever
la jambe gauche, à s'écraser sur la hanche et à baisser les
épaules... Le client, mi-convaincu mi-sceptique, prend
congé sur ces mots : «Eh bien ! je me tiendrai toujours
comme ça, puisque ça tombe bien ! Je m'excuse de vous
avoir dérangé... Je vais m'en aller puisqu'il n'y a plus rien
à dire ! Au revoir, monsieur le tailleur... Je suis en train
de penser : les gens, quand ils vont me voir passer dans
la rue, ils vont dire : "Il a de la chance, celui-là, d'avoir
trouvé un si bon tailleur ! Faire un costume qui tombe si
bien sur un gars si mal foutu !"»

Les grincheux qui, l'année précédente, se sont élevés
contre *Signé Furax,* repartent en campagne. Ils se disent
choqués par la vulgarité de Fernand. La direction
convoque Nohain. Elle le somme de supprimer de son
émission ce «pâle imitateur de Bourvil». Nohain tient à la
collaboration de Raynaud. Il croit en son talent. Il se
montre si persuasif que l'état-major de la station s'incline :
les «Soucoupes volantes» garderont leur encombrant
passager. Mais Fernand a accusé le coup. Quelle que soit
son admiration pour Bourvil, il n'a jamais cherché à en
plagier ni le ton ni la forme. Après avoir subi l'influence
de Roger Nicolas, puis celle de Robert Lamoureux, il a
maintenant la conviction d'être lui-même.

Un banal incident, qui va mettre un terme à sa mue
professionnelle, transforme la conviction de Raynaud en
certitude. En tournée dans les environs de Madrid, il

reçoit un appel angoissé de Nohain: Roger Nicolas, qui devait participer aux «Trente-six chandelles», est souffrant. Il faut le remplacer. Raynaud prend immédiatement le train. A son arrivée, dans la soirée, à Paris, il constate la disparition d'une de ses valises, celle qui contient son costume de scène. Trop tard pour se procurer une autre tenue: c'est dans son vieux manteau qu'il va donner ses sketches. Il ne les a jamais mieux interprétés.

Concevrait-on aujourd'hui Peter Falk / Columbo sans son imperméable fripé, ses cigares malodorants et sa Peugeot brinquebalante? L'image clownesque de Fernand, petit homme engoncé dans son pardessus défraîchi et coiffé de son chapeau cabossé, sera désormais inséparable des personnages qu'il incarne dans la plupart de ses histoires: celle d'un Français plus que moyen, pas très futé, en butte aux persécutions d'une autorité tatillonne à laquelle il ne peut opposer que sa force d'inertie et le privilège d'avoir le dernier mot.

Fernand règle ses comptes

Cette image de l'opprimé qui se débat contre une hiérarchie kafkaïenne est profondément ancrée en Raynaud. Il a toujours admiré son père, ouvrier modèle qui a su s'élever au-dessus de sa condition. Mais l'adoration que Fernand voue à Auguste ne l'a pas incité à se lancer sur ses traces. Le refus de toute règle établie explique sans doute, plus encore que l'ambition artistique, son départ de Clermont, à dix-sept ans, pour Paris. S'y est ajouté son rejet des servitudes militaires auxquelles il a été confronté quelques années plus tard.

Ce n'est pas seulement la structure Michelin que Fernand semble viser dans ses histoires. La morale des «Animaux malades de la peste» («Selon que vous serez puissant ou misérable...») l'a marqué. Les puissants, ce sont aussi les P.-D.G., les gradés, les présidents de tribunaux, les nantis de toute espèce. Le monde abonde en tyranneaux de village qui se vengent sur leurs proches des humiliations dont ils sont les victimes dans leur milieu professionnel, ou qui font peser sur plus humbles qu'eux l'autorité que l'administration leur confère.

La relecture des sketches de Raynaud semble étayer la thèse d'un règlement de compte habilement adapté pour un théâtre de Guignol. Voici « Bourreau d'enfants » dans lequel Fernand campe quatre personnages : le père, le fils, Toto et la grand-mère. Le père travaille huit heures par jour et « a des chefs toute la semaine ». Esclave au travail, il ne peut être que dominateur à la maison : *« Le père :* Toto, mange ta soupe ! *Toto :* Non, ce soir, j'veux pas manger ma soupe. C'est curieux, ce soir, j'ai pas envie de manger ma soupe. *Le père :* Oh ! ça, je te demande pas de discuter, mon fils. Moi, ton père, je te dis de bouffer ta soupe tout de suite, parce que, tout à l'heure, je vais m'énerver, je prends la soupière, je te la fous sur la tronche, ça va être vite fait... *Toto :* Ouh, ouh, ouh, ouh... Y a mon papa qui veut m'ébouillanter ! *Les voisins :* Bourreau d'enfants ! »

Soyons francs : ce texte est quelque peu vulgaire. Les personnages que Raynaud y incarne – père, enfant, grand-mère – sentent la sueur, le bouillon gras et le saucisson à l'ail. Leurs propos sont insipides et d'une autre époque. On imagine très bien le père en tricot de corps, la grand-mère en robe noire à petites fleurs blanches, Toto avec un béret sur la tête. On ne s'assiérait pas à leur table : la soupe doit être immangeable, la pitance immonde. Mais ces personnages existent. Ils sont bien de chez nous. C'est la France profonde. Celle de Clermont et d'ailleurs. Celle de Fernand Raynaud.

100

Dans «C'est étudié pour!», on retrouve le père, la grand-mère et Toto. Mais un Toto au Q.I. particulièrement élevé, face à un père qui n'a guère évolué depuis «Bourreau d'enfants». Et Toto s'intéresse à tout ce qui échappe à l'intellect paternel : les sous-marins atomiques, les molécules, la pression hydraulique, les théories de Joliot-Curie, etc. Il interroge son père sur les multiples phénomènes qui l'intriguent. Réponse sempiternelle : «C'est étudié pour!» Lorsque l'enfant insiste, le père répond : «T'en as pour longtemps à me soûler avec tes salades, dis, hein? Qu'est-ce que tu veux que je sache, moi, les atomes et les molécules, comment qu'ça fonctionne?» Réflexion pathétique de Toto : «J'aurais tant aimé avoir, dans mon foyer, un réconfort moral. Je n'ai que tribulations. Lorsque Einstein a dit...» Exaspéré, le père lui coupe la parole : «Fous-moi la paix avec Einstein! J'veux pas d'histoires avec les voisins!»

«J'm'amuse» obéit à la stratégie du rire selon Charlie Chaplin : «Placer un individu dans une situation ridicule et embarrassante ; pour doubler l'effet comique, cet individu doit être sérieusement imbu de sa dignité (ce sera un riche ou un représentant de la force publique) et s'appliquer à la conserver à tout prix.» Ici, «l'individu imbu de sa dignité» n'est plus le père borné, ignare et autoritaire, mais un patron d'usine qui, un matin, à peine sorti de sa D.S., s'adresse en ces termes à ses «chers ouvriers» : «J'ai décidé qu'à partir d'aujourd'hui, je ne veux plus entendre ces expressions : "Travailler, bosser...", mais : "Je viens m'amuser. Je ne lime plus, je m'amuse! Je ne tape plus à la machine, je m'amuse!" Le premier qui désire travailler, je le fous à la porte...»

Avec «Ça eut payé», Raynaud effectue une incursion dans le monde rural. Un sketch comique? Si l'on veut, car ce portrait d'un «pauvre paysan» est d'une rare cruauté. A Clermont comme ailleurs, les virées à la campagne, destinées à se procurer de quoi mettre du beurre sur les topinambours ou sur les rutabagas, étaient harassantes et ne donnaient que de maigres résultats. Veaux, vaches, cochons, couvées allaient à ceux qui avaient les moyens de payer. Les Raynaud, eux, n'étaient pas riches. Comme tant de Français, ils devaient se contenter du nécessaire, là où les nantis pouvaient s'offrir le superflu. Lorsque Fernand crée «Ça eut payé», le fossé n'est pas encore comblé entre la ville et la campagne. Des rancunes tenaces subsistent. Elles survivront longtemps après la Libération. Certes, on n'oublie pas les exactions allemandes, les bombes qui dégringolaient du ciel ou celles que les résistants faisaient exploser, les humiliations, les vexations, les tortures, les exécutions, les deuils. On n'oublie pas non plus cette faim qui taraudait les estomacs et que tant de fermiers exploitaient en toute impunité. Avec le «pauvre paysan qui a du mal à joindre les deux bouts», Raynaud continue à régler ses comptes... et ceux d'une France qui n'a pas la mémoire courte: «Je fais un peu le blé... Remarquez, qu'est-ce que j'ai comme blé, j'ai pas grand-chose... Quatre-vingts ou quatre-vingt-cinq hectares de blé, pas plus, mais ça paye pas. Le blé, ça paye pas... Ça eut payé! Mais ça paye plus... Ça paye, oui, si on veut, ça paye, ça paye la semence, quoi! J'suis qu'un pauvre paysan!»

«Les Croissants» inverse les emplois: c'est un client, cette fois, qui prend pour victime un garçon de café. Ce client est-il imbécile ou sadique? A chacun son interprétation: «*Fernand:* Garçon, s'il vous plaît! Je voudrais un café-crème avec deux croissants. *Le garçon:* Je m'excuse, monsieur, on n'a plus de croissants. *Fernand:* Ah! ben, ça ne fait rien. Vous allez me donner tout simplement un café, alors, un petit café... avec deux croissants. *Le gar-*

çon : Mais... Je me suis mal exprimé : je viens de vous dire que nous n'avons plus de croissants. On s'est laissé surprendre, ce matin, et on n'a plus du tout de croissants... *Fernand :* Ah ! Ça change tout, alors, là ça change tout ! Tenez, je vais prendre autre chose. Donnez-moi un petit verre de lait. Vous avez du lait ? Eh bien ! donnez-moi un verre de lait, alors... avec deux croissants. »

« J'suis pas un imbécile » n'a pas vieilli. Son titre est trompeur : sous les apparences de la badinerie, c'est le racisme et l'exclusion que ce sketch dénonce. Interrogé, en juin 1970, par Lucien Bodard, alors journaliste à *France-Soir,* sur l'origine de ce texte, Fernand Raynaud avoue qu'il s'agit là d'une vengeance personnelle : « Un douanier avait porté plainte contre moi. Il n'était pas en service. Mais un douanier, en service ou pas, ne peut jamais avoir tort, il est assermenté. Cet homme me poursuivait avec sa voiture pour m'arracher un autographe. Moi, je filais avec la mienne. Trois fois, il m'a pris en chasse. Excédé, je me suis arrêté net. Il m'a percuté. Caressé, plutôt. Il a eu pour 12,50 F de dégâts. 12,50 F qui m'ont tué la moitié de la vie. Je me souviens encore de ce que j'ai souffert. Ce douanier m'a accusé de délit de fuite. J'avais foutu le camp, excédé. Pour moi, c'est une bagatelle, eh bien ! c'était un crime... Au tribunal, le président a dit au douanier qu'il était un bon Français, bien noté, bien vu par ses chefs. Pour lui, j'étais un sale individu... »

« J'suis pas un imbécile » est un sketch court, et d'autant plus incisif. La vedette en est un douanier d'intelligence médiocre... mais bien certain de ne pas être un imbécile, puisqu'il est douanier ! Il n'aime pas les étrangers, parce qu'« ils viennent manger le pain des Français ». Il peut écrire ce qu'il veut sur des papiers : il est douanier. Il peut porter plainte contre n'importe qui, le bouclier de la loi le protège. Lui, il est français. Et il en est fier. Son nom, c'est Koulakerstersky du côté de sa mère, Piazano-benditti, «du côté d'un copain à [son] père». Dans le village où il habite vit un étranger. De temps en temps, le douanier lui dit: «Fous le camp! Pourquoi qu'tu viens manger le pain des Français?» Quand ils se rencontrent dans un café, le douanier refuse de trinquer avec lui. Il ne se mélange pas avec n'importe qui! Il n'est pas un imbécile, puisqu'il est douanier! «Un jour, il nous a dit: "J'en ai ras le bol! Vous, vos Français, votre pain et pas votre pain... Je m'en vais!" Alors, il est parti, avec sa femme et ses enfants. Il est monté dans un bateau, il est allé loin au-delà des mers. Et, depuis ce jour-là, on ne mange plus de pain... Il était boulanger!»

Ces sketches, auxquels il faut ajouter «Le 22 à Asnières», «Ne me parle pas de Grenoble», «Le Plombier», «Les Deux folles» ou «Allô Tonton!» n'ont guère de valeur littéraire. Mais ils nous montrent ces petites gens sans importance qui, aujourd'hui encore, fréquentent les bistrots, les supermarchés et les jardins publics. Leur réussite est due, en partie, à ce que les Anglo-Saxons appellent des *gimmicks*, formules récurrentes et caricaturales, véritables ritournelles qui ponctuent chacun des sketches de Raynaud et accrochent l'oreille: «Vous allez voir comme les gens sont méchants», «Y a comme un défaut», «Bourreau d'enfant!», «C'est étudié pour!», «J'm'amuse», «Ça eut payé», «Et mon Asnières?», «Donnez-moi deux croissants», «C'est l'plombier!», « Tonton, pourquoi tu tousses?», «J'suis pas un imbécile!» ont pérennisé les histoires de Fernand. Ils ont rejoint les moliéresques «Le petit chat est mort», «Ma cassette!», «Qu'allait-il faire dans cette galère?» et autres «Il n'y a plus d'enfants!» dans la mémoire collective des Français.

Fernand et les navets

Le cinéma, c'est comme la peste. Les humoristes n'en meurent pas tous, mais tous en sont frappés. Que des producteurs, alléchés par le succès d'un amuseur, lui offrent d'entrer dans la peau de personnages dont il ne sortira plus, et il accepte n'importe quel rôle, même le plus médiocre.

Ne parlons donc pas des films tournés par Raynaud. De *La Bande à papa* à *La Marraine de Charley*, en passant par *Fernand clochard, Fernand cow-boy* et *Le Sicilien* (avec Raymond Devos), ils sont tous passibles de ce jugement abrupt émis par un critique habituellement dépourvu de méchanceté : « Raynaud ne pratique qu'une seule culture, celle des navets. »

Fernand Raynaud qui, d'habitude, a les nerfs à fleur de peau (la presse ne le qualifie-t-elle pas d'« écorché vif » ?), ne sourcille pas. Il a d'autres soucis en tête : Renée Caron, une chanteuse qu'il a épousée en 1955, est enceinte. Le domicile de la rue Piat va devenir trop petit, trop inconfortable. Raynaud achète une superbe maison à L'Étang-la-Ville et s'apprête à quitter, non sans regrets, Paris avec sa femme et son futur enfant – ce sera un garçon, Pascal.

Mme Berthe, Mme Ghyslaine, Marcel, les vendeuses des quatre-saisons, Robert, le mari de Mme Berthe, Belleville et sa tour, Raynaud ne les abandonne pas tout à fait. Il garde l'appartement de la rue Piat. Trop de souvenirs, mauvais ou bons, y sont attachés. Et puis, ce Paris des petites gens, il veut avoir un prétexte pour y retourner, jouer à la belote avec les copains, boire l'apéro sur un coin de zinc. Pour que le passé continue à vivre.

Entre music-hall et cinéma, les années suivantes sont bien remplies : tournée sous le chapiteau du cirque

105

Amar, Olympia, Théâtre des Variétés pendant onze mois et, le 18 mars 1960, un Festival du rire organisé à Lyon par Europe 1. Participent à ce spectacle Anne-Marie Carrière, Pierre Doris, Lafleur, Pierre Dac et Francis Blanche dans leur sketch du devin Sar Rabindranath Duval. Raynaud, lui, a Devos pour partenaire. Leur numéro s'intitule : «Fernand Devos contre Raymond Raynaud».

Fernand au théâtre

Que peut-on faire de son argent lorsqu'on est millionnaire, que l'on a l'art de faire rire les foules et que l'on tient Molière pour le plus grand auteur comique français ? La réponse, Raynaud la mijote depuis longtemps : jouer une pièce de ce Jean-Baptiste Poquelin dont il dit connaître par cœur les œuvres complètes.

Quelle pièce ? Réponse à la Devos, mais un peu primaire, de Raynaud : «Je me demande si, au XVIIe siècle, il n'y a pas eu un autre Fernand Raynaud. Molière a dû le connaître. Et c'est à la suite de cette rencontre qu'il a eu l'idée de son *Bourgeois gentilhomme*. Bon, soyons sérieux : j'ai voulu jouer Molière parce que, quand on le lit, on est obligé de rire. Donc, on a envie de faire rire – et puis, aussi, par flatterie pour certaines personnes du public qui prennent les comiques pour des imbéciles, pour des types qui sont sous la carpette. Or, pour comprendre le comique, il faut être extrêmement intelligent, il faut être subtil. Il faut être perceptif. On doit rire toutes les quinze secondes. Molière, quand on le joue, il y a un rire toutes les secondes. Oui, c'est pour cela que j'ai voulu jouer Molière[3].»

Raynaud se met en quête d'un producteur. Pas un n'accepte d'investir dans une aventure aussi périlleuse.

Il décide donc d'autofinancer ce *Bourgeois* qu'il veut «très luxueux, parce qu'un artiste, quand il est sur scène, il donne toute son âme, tout son cœur, et même son argent...». Il ne lésine ni sur les décors ni sur les costumes : pour le seul M. Jourdain, huit chapeaux, six paires de chaussures, quatre costumes et une perruque de trente-deux centimètres de haut. A la mise en scène, Jean-Pierre Darras. Des acteurs solides, telles Monique Chaumette dans le rôle de Mme Jourdain, ou Denise Provence. Raynaud a la malencontreuse idée de commander une partition à Georges Delerue qui, malgré tout son talent, ne réussit qu'à pasticher la musique de Lully.

Le Bourgeois gentilhomme version Raynaud est créé le 11 novembre 1962 au Théâtre Hébertot. Ne citons qu'une critique, celle de Bertrand Poirot-Delpech, dans *Le Monde* : «Des deux rendez-vous promis par l'affiche, un seul est tenu. Fernand Raynaud est bien là, pas Molière. Le tout est de savoir à qui l'on tient le plus. Raimu épousait le personnage au fond de soi, Raynaud est la négation même du rôle. Son ambition devient une donnée absurde, une lubie inexplicable.» Simple exemple de la férocité des critiques pour ce *Bourgeois* – qui n'est certes pas du meilleur goût. Raynaud se contente de faire passer dans tous les journaux un encart publicitaire ainsi conçu : « *Le Bourgeois gentilhomme :* la critique est unanime.»

Ulcéré, mais toujours combatif, il accepte, trois ans plus tard, la proposition de Georges Descrières, de la Comédie-Française, de jouer le rôle de Sganarelle dans le *Dom Juan*. «La belle et bonne surprise, écrit Christian Mégret dans le numéro d'*Arts* daté du 10 mars 1965. Fernand Raynaud, au lieu de se servir de son rôle, le servait. Et avec quelle adresse ! Avec quelle mesure ! Avec quel tact ! Venus pour voir Fernand Raynaud, les spectateurs du Théâtre de la Culture d'Ile-de-France feront connaissance avec Molière. » L'affront du *Bourgeois gen-tilhomme* est effacé.

Fernand roulait trop vite

Après *Dom Juan*, Raynaud reprend ses spectacles traditionnels. De 1965 à 1971, il passe à Bobino, à La Tête de l'Art, aux Variétés – sa femme, qui a eu une petite fille, Françoise, y chante six chansons –, à Bobino de nouveau, au Théâtre de la Ville, à La Tête de l'Art, encore – mais, cette fois, accompagné au piano par son fils âgé de dix ans –, et, enfin, au Théâtre Mogador. Fin 1971, deux ans après la mort d'Auguste, il part pour la Nouvelle-Calédonie où il s'installe. Il ne revient que de loin en loin à Anthéor, dans le Var, où il s'est acheté une maison.

Le vendredi 28 septembre 1972, il s'apprête à donner à Clermont-Ferrand, sa ville natale, une conférence de presse au cours de laquelle il annoncera sa décision de quitter la scène et de partir définitivement pour Nouméa. Le jeudi soir, il a assisté au spectacle de L'Alcazar présenté par Jean-Marie Rivière. Le lendemain, en fin de matinée, il quitte Paris pour Clermont à bord de sa Rolls-Royce décapotable.

Après le village de Cheix-sur-Morge, sa voiture se déporte dans un virage, franchit la ligne jaune, heurte tout d'abord une Volkswagen qui arrive en sens inverse, puis s'encastre sous une bétaillère avant de s'écraser contre le mur du cimetière de Cheix. Fernand Raynaud meurt sur le coup. « Il roulait à toute allure », diront les dépêches d'agence.

5

Bernard Haller,
dérision et solitude

Grock est mort. La voix de Zouc, native de Saint-Imier, paraît s'être éteinte, hélas, et avec elle celles de Mme Fonalmeun, du docteur Stouki, de M. Merveille et de Mlle Bréchet, tous les personnages du R'Alboum. Ne reste donc plus que Bernard Haller pour représenter la Suisse dans le concert humoristique des nations francophones.

On peut s'étonner que les amuseurs nés au bord du lac Léman, si l'on s'en tient à ceux qui ont réussi à franchir notre frontière, soient si peu nombreux. Est-ce parce que les Suisses n'ont pas l'humour communicatif? Parce qu'ils trouvent l'humour inconvenant? Ou encore parce qu'ils n'auraient pas d'humour? Haller, certes, ne fait pas rire à coup sûr. Zouc non plus, du reste. Ils ne professent pas la théorie de Coluche selon laquelle un spectacle est raté s'il ne provoque pas l'hilarité toutes les trois secondes. L'humour de Bernard Haller exige de ses auditeurs un effort de compréhension. Il est presque toujours grinçant. «Je dois souvent lui ajouter un soupçon d'eau de rose pour éviter qu'il ne soit trop noir, dit-il. Soulevez le couvercle de la casserole universelle, vous n'y trouverez pas qu'un jardin[1].»

Ce couvercle, Bernard Haller l'a soulevé dès l'enfance: «Je devais avoir huit ans. Dans les caves de l'hôtel de ma

109

cousine, pleines de vins et de nourriture, je marchais silencieusement, sentant les odeurs, imaginant me trouver dans le repaire d'un ogre, regardant toutes ces bouteilles, ces fûts, ces paquets, ces cageots, lorsqu'un bruit étrange me fit frémir. [...] Il y a donc quelqu'un d'autre que moi dans ce souterrain ? Angoisse délicieuse... Si c'était l'ogre ? Je tourne dans un couloir, puis dans un autre. Maintenant, c'est plus net... Des rires... Des rires d'homme et, entre ces rires, de petits cris aigus[2]. »

« Presque en rampant », le petit Haller débouche dans la cave voûtée, éclairée par une ampoule qui pend au plafond, et voit deux géants vêtus de tabliers sombres. Les deux hommes sont debout autour d'un tonneau. L'un d'eux tient un couteau de boucher et découpe « quelque chose... quelque chose qui sort d'une drôle de boîte en fil de fer. Chaque fois qu'il coupe, avec soin, j'entends ces cris étranges et la boîte se met à vibrer, tenue par l'autre homme ».

Cette boîte est une souricière dans laquelle un gros rat a été pris au piège. Sa queue est coincée par la porte à ressort. Les deux hommes, à tour de rôle, sectionnent un tout petit morceau de cette queue longue et forte, d'où gicle du sang sur le tonneau : « Le rat, la fourrure trempée par l'angoisse, par la douleur, se casse les dents sur les fils de fer de sa prison. Celui qui fera crier le rat le plus fort gagnera une bière... Ce jour-là, j'ai compris que le monde des adultes est... comment dire... complexe. »

La queue de ce rat va transformer le fils d'austères bourgeois genevois en un baladin plus familier du Grand-Guignol que du vaudeville. Dès l'enfance, dès cet épisode du rat, qui sera suivi par d'autres, semblables, dans lesquels son père jouera le premier rôle – celui d'organisateur des festivités –, Haller rêve de devenir artiste. Non pour être célèbre, gagner beaucoup d'argent, donner des autographes, mais pour échapper à ces rats qui hantent ses cauchemars, à l'angoisse qui le conduirait tout droit dans le cabinet d'un psychanalyste, sinon dans un asile psychiatrique. «Je veux être artiste!», annonce-t-il un jour à sa mère. Celle-ci lui répond sèchement: «Dans notre famille, personne n'a jamais fait rire personne, ce n'est pas toi qui vas commencer!»

Le jeune Haller respecte trop l'autorité maternelle pour ne pas s'incliner. Il commence des études vétérinaires puis les interrompt très vite: «J'étais devenu le *panse-bête* de la famille!», dit-il. Il se lance alors dans la gemmologie: «J'ai été expert en pierres précieuses, j'en ai même vendu à des femmes si couvertes de bijoux qu'on aurait dit des arbres de Noël. Mais je n'ai jamais renoncé au théâtre...»

Il y renonce si peu qu'un soir, il débute dans une boîte de Genève, Le Moulin à poivre. Il y reste sept ans. De Genève, il passe à Lausanne, au Coup de Soleil, un cabaret dirigé par Gilles, qui chante en duo avec Julien. «Dans mon répertoire, racontera Haller, il y avait "Alleluia! Alleluia!", un sermon. J'étais un fan des sermons. Élevé dans la confession protestante, les pasteurs m'ont beaucoup marqué! Mais c'était très osé de se livrer à ce genre d'exercice dans un cabaret suisse. Aussi, à la fin du spectacle, Gilles allait de table en table: "Le petit jeune qui est passé tout à l'heure a un sermon à prononcer. Si vous voulez bien l'écouter..." Certains, outrés, partaient, les curieux restaient, on fermait le cabaret comme si on allait projeter un film porno... et je me mettais à prêcher[3]!»

Ce n'est pas à la rencontre du Seigneur que le sermon de Haller nous entraîne, mais à celle de Pierre Dac: «N'est-il pas étrange qu'avec la betterave, qui est si rouge, on obtient du sucre, qui est si blanc, dont on se

sert pour le café, qui est si noir ?» Question soluble !
«L'enfer est pavé de bonnes intentions, mais les pavés
sont l'enfer du Nord, sans aucun doute... Alors, devant ce
doute, que faisons-nous ? Rien ! Faibles et lâches, nous
nous tendons, les uns aux autres, la cuvette de Ponce
Pilate, qui passe de main en main comme le flambeau
du coureur antique, car il est plus facile de se laver les
dents dans un verre à pied que les pieds dans un verre
à dents[4]...»

A nous deux, Paris...

Harcelé par les siens, qui le somment d'abandonner
ses activités nocturnes de saltimbanque et de rentrer
dans le droit chemin, celui de la gemmologie, poursuivi
par les rats, qu'il a l'impression d'entendre couiner sans
arrêt dans la cave de la demeure familiale, Bernard
Haller décide d'exercer à temps plein le métier d'artiste.
Mais où ? Si la Suisse romande peut, à la rigueur, donner
naissance à des humoristes, elle est plutôt bornée – géo-
graphiquement – et n'a pas les moyens d'entretenir
un bataillon, même réduit, d'amuseurs qui s'en prennent inconsidérément à la morale, à Dieu et à l'État
fédéral.

Un matin de janvier 1958, Haller profite d'une courte
période de vacances et part en 2 CV pour Paris. Non en
conquérant, mais en explorateur. Non pour s'y installer,
mais pour tâter le terrain. Il connaît par cœur l'itinéraire
humoristique de la capitale, que d'autres ont suivi avant
lui : un carré sur la rive gauche, une parcelle sur la
rive droite. Il auditionne dans une quinzaine de boîtes.
Dont la moitié retiennent sa candidature. Il en choisit
deux : L'Écluse et Chez Gilles (l'ex-directeur du Moulin à
Poivre), avenue de l'Opéra. Il y sera en famille, la vraie,

celle des affinités et, en l'occurrence, celle du rire. Il a vingt-cinq ans.

C'est le 8 mars que commence sa carrière officielle en France. Ses textes morbides, son masque d'empereur romain de la décadence, sa vague ressemblance avec François Mitterrand, qui, calvitie aidant, va s'accentuer au fil des années, rebutent les spectateurs de L'Écluse, plus friands des mines ahuries de Raymond Devos, des dialogues farfelus des Frères Ennemis, du face à face royal de Darras et Noiret. Le sketch du « Concertiste » qui, treize ans plus tard, fera accourir le public, n'éveille qu'une attention tout juste polie. Ce concertiste – minable – pense beaucoup. Mais il est muet. Il a enregistré sa voix sur une bande magnétique, en même temps que la *Sonate au clair de lune* de Beethoven : « Monsieur Beethoven, je vais clairdeluniser pour la trois cent quatre-vingt-septième fois !... Mais qu'est-ce qu'ils m'ont mis là comme piano ?... J'avais demandé une queue complète, quel culot !... J'avais payé pour ! Ah ! les salauds... Voilà ce qui arrive quand on répète pas avant le concert... C'est pas de ma faute, si mon vélo a crevé deux fois avant d'arriver ici !... Ce piano, mais quelle casserole !... Enfin... Une casserole pour des patates ! Patates ? Tiens !... Ça me donne faim !... Est-ce qu'on pourra manger ce soir ? »

Il y a quand même deux invités attentifs dans la petite salle de L'Écluse, et qui reviendront voir Haller au Cheval d'Or : Jacques Canetti et Jean Nohain. Après Dac, Blanche, Devos et Raynaud, Haller est à son tour engagé aux Trois Baudets. Quant à Nohain, il lui propose de participer à la tournée d'été du cirque Spirou dont il est le Monsieur Loyal : « J'y ai fait le clown pendant quatre ans... », dira Haller.

C'est sous le chapiteau du Spirou que Bernard Haller rencontre Christian Fechner, jeune homme de dix-huit ans déjà expert en magie, qui produira notamment Antoine et les Charlots, *L'Aile ou la Cuisse,* avec Louis de Funès et Coluche, *Marche à l'ombre,* de Michel Blanc, avec l'auteur et Gérard Lanvin, *Camille Claudel,* avec Isabelle Adjani et Gérard Depardieu, *Elisa,* avec Vanessa Paradis. Fechner engagera Haller pour le rôle du cardinal de Richelieu dans *Les Charlots mousquetaires* et mettra au point les numéros de magie de *Frégoli,* que Bernard créera au Théâtre de Chaillot. Au royaume des illusions, humoristes et magiciens portent le même uniforme, s'ils ne se servent pas des mêmes armes.

Treize ans de réflexion

En cette fin des années 50, les humoristes en quête d'un hypothétique engagement sillonnent la rive gauche en tous sens. Le cachet, on le sait, n'est pas important lorsqu'on est un inconnu : entre quinze et cinquante francs pour un numéro d'une vingtaine de minutes. A peine de quoi survivre ! «Les cabarets, raconte Haller, je les ai tous faits, de neuf heures du soir à six heures du matin. Il m'est arrivé de donner mon spectacle deux fois dans le même établissement... et plusieurs fois dans la même soirée. La fatigue me rendait amnésique. Les cabarets m'ont beaucoup appris, mais treize ans, c'est long. Le pire, ce sont ceux où l'on dîne. Les spectateurs ont le nez plongé dans leur assiette. La meilleure heure, c'est celle du café. Là, ils vous écoutent. Au-delà, c'est trop tard, ils digèrent[5].»

Bernard Haller n'est pas un stakhanoviste heureux. «Pessimiste rigolo revenu de tout sans être allé nulle part», il ne parvient pas à se constituer une clientèle de fidèles. Pas plus que l'engagement de Raynaud dans un cabaret égyptien, la tournée de Bernard dans les universités américaines et son passage en première partie d'un spectacle de Marlene Dietrich, en Afrique du Sud, n'attirent l'attention de la presse.

Pendant treize ans, Haller est un mal aimé. Peut-être ne s'aime-t-il pas lui-même. Peut-être ne se supporte-t-il pas, dans la mesure où il n'est pas encore guéri des maux du passé. Pour se soigner, un seul remède, bien connu des humoristes : l'autoanalyse. Les spectateurs sont visiblement allergiques au rire de Bernard : ses maux ne sont pas les leurs. A cette époque, sa définition de l'humour tient en quelques phrases : « Mes thèmes ne sont pas gais, mais j'essaie d'être drôle. Je dis ce que je vois autour de moi, j'exprime ce que je ressens. Cela m'évite de subir le monde qui m'entoure, cela me soulage et, ainsi, je ne me ruine pas chez les psychanalystes. Un humoriste, pour moi, c'est un enfant un peu paumé qui traverse une cave sans lumière et qui sifflote pour se donner du courage[6] ! »

En 1970, Bernard Haller est aussi inconnu du grand public qu'il l'était en 1958. C'est en 1971, enfin, que le miracle se produit. Engagé pour une semaine par Maurice Alezra, le patron de La Vieille Grille, Haller y reste pendant six mois. Les sketches qui, hier encore, n'obtenaient que de tièdes applaudissements, deviennent des classiques. Plus de notes discordantes dans « Le Concertiste ». Plus aucun faux pas avec « Igor Pouchkine », vieux maître de ballet à la véhémence slave, qui fait répéter ses élèves sur la musique de *Casse-Noisette* : « Qu'est-ce que c'est pas de deux c'est ? Rien ! C'est pas pas de deux ! On dirait qu'est-ce que les jambes, tu as comme fleur trop cuite et nouille fanée ! Si tu veux pas faire danse, je retiens pas... Tu pars... Tu pars... Tu veux faire comédie comme toutes les filles paresse ? Alors va... Va faire comédie, va faire Comédie la Française ! Va faire Ma'son Culture ! Talavision mousicale... Va ! Alors va faire star cinéma... Va faire tout tes grimaces chez la Béjart... Et si tu es chez la Maurice, tu payes cours une fois semaine... »

Au prédicateur, au pianiste et au maître de ballet ringards, Haller ajoute une marchande d'esquimaux, un prestidigitateur agitant frénétiquement un lapin mort, le Captain Bitch, pirate hollywoodien. Ce one man show s'intitule *Et alors !* On pourrait en croire la carrière terminée, mais Pierre Fresnay et Yvonne Printemps réclament *Et alors !* pour La Michodière, qu'ils dirigent, et qui est près de la faillite. Haller accepte leur proposition. Donner son show dans un théâtre, un vrai, au cœur de Paris, c'est une grande première pour un humoriste !

Pendant un an, il joue, devant des salles combles, son spectacle dont il dit : « Il est drôle, il n'est pas gai. » Et, lucide, il résume ainsi le parcours accompli – et celui qui reste à accomplir : « 1. Au début, le public, à l'aube de sa célébrité : "Mais qui est Bernard Haller ?" 2. "Connaissez-vous Bernard Haller ?" 3. "Pour mon film, il me faut Bernard Haller." 4. "Nous ne pouvons pas nous passer de Bernard Haller." 5. "Pourquoi ne pas prendre Bernard Haller... au troisième acte ?" 6. "On pourrait prendre Bernard Haller..." (déjà, l'amorce de la descente). 7. "C'est fou ce qu'il me rappelle Bernard Haller..." 8. "J'aurais besoin d'un Bernard Haller jeune..." 9. "La recette intégrale de ce spectacle sera versée au profit de Bernard Haller..." 10. "Mais qui était Bernard Haller ?" »

Faisant fi de ce déclin que l'humoriste prétend – pour rire – irrémédiable, Bertrand Poirot-Delpech commente ainsi *Et alors !* : « On croit que l'on va finir par cerner un visage et une leçon, mais Haller se loge tout entier dans chaque incarnation avec la plasticité du ballon d'enfant qui hante plusieurs de ses numéros, et, quand il retourne à la malle d'où il a surgi deux heures plus tôt, c'est avec la souplesse effacée de l'homme-serpent dont il se dit quelque part le fils, accessoire parmi les accessoires[7]. »

Le rire jaune

Le 31 octobre 1974, Bernard Haller reprend *Et alors!* à La Michodière. Mais il a déjà un autre tour en préparation : *Un certain rire incertain,* qu'il donne fin novembre 1975 au Théâtre de la Ville, après l'avoir rodé en province. Un one man show qui provoque un rire jaune. « L'Agression » évoque le drame d'un employé qui, pour échapper aux bruits de la ville, se bouche hermétiquement les oreilles. Les battements de son cœur deviennent si obsédants qu'il finit par en mourir.

« Ascension politique », transformé, pour le disque, en « Chers concitoyens et hyènes », relate la résistible ascension d'un Arturo Ui apparemment dépourvu d'envergure et d'ambition. Leader d'un petit parti sans importance, il conquiert le pouvoir, impose sa dictature et finit sous les balles d'un peloton d'exécution. Refrain, chanté par des enfants : « Am Stram Gram / Bonsoir messieurs dames / Vous m'avez mis dans le trou / La prochain' fois, méfiez-vous... / Méfiez-vous ! » Avertissement lugubre à tous ceux qui seraient tentés par les propos démagogiques de ces hommes providentiels dont on sait, hélas, vers quelles catastrophes ils peuvent nous entraîner. Voilà pour le fond : tragique, sinon apocalyptique. La forme, elle, est comique, avec quelques réflexions daciennes, mais revues et corrigées par Joseph Prudhomme. Premier discours, le départ pour la course au pouvoir : « Il nous faut suivre l'exemple de nos aînés. Pour cela, il suffit de marcher sur leurs traces en les précédant à petits pas dans leurs empreintes. » Deuxième discours : notre politicard appelle le peuple à voter pour lui : « Il n'y a aucun doute. Notre nation est le seul pays au monde où il y ait autant de problèmes qu'ailleurs qui existeront tant qu'ils ne seront pas résolus. » Conférence de presse, placée sous le double signe de Charles de Gaulle et de Pierre Dac : « La condition féminine ? Mais, madame, je ne suis ni pour ni contre, bien au contraire. Ceci est mon opinion, même si je ne la partage pas souvent. [...] La vie n'offre d'intérêt que pour ceux qui ont les moyens de l'apprécier. [...] Pour les autres, je ne vois pas pourquoi ils auraient de la peine à en être privés. Et n'en tirez aucune conclusion à faire dresser les cheveux sur la soupe. » Dernier épisode, le crépuscule de celui qui se prenait pour un dieu : « Tant que le visage de votre chef sera assis sur le siège de l'État, nous resterons debout pour continuer notre action et son exécution... »

A la vie, à la mort...

Haller reprend à plusieurs reprises, après l'avoir remanié, *Un certain rire incertain*. Il s'y montre sarcastique, jovial, burlesque, avec sa tête de mime sur son corps désarticulé, son univers kafkaïen illustré par Daumier. Ils sont déroutants, ces contes philosophiques qui mettent en scène un marchand d'amis, un paradis où Dieu père et fils refusent de répondre au téléphone. Cette nouvelle mouture comprend beaucoup d'autres textes, dont « Cloche-mots », qui présente la particularité d'être uniquement composé de mots mis bout à bout et qui résument le voyage auquel nous sommes tous condamnés : l'existence. Haller s'est inspiré d'un texte écrit par un chansonnier, Félix Gallipot, pour composer une sorte de symphonie macabre : la vie d'un être humain, de sa naissance (« Minuit, douleur, taxi, clinique, mégots, garçon ?, guili, berceau... »), à sa mort (« Un jour, soudain, douleur, minuit, calmant, curé, béni, fini... »).

En janvier 1979, Haller doit jouer, au Théâtre national de Chaillot, *Le Bourgeois gentilhomme,* dans une mise en scène de Jérôme Savary. Mais le ministre de la Culture de l'époque, Jean-Philippe Lecat, refuse à André-Louis Perinetti, directeur de Chaillot, le budget nécessaire à la création de ce *Bourgeois* dont tout humoriste, qu'il s'appelle Raymond Devos ou Fernand Raynaud, rêve de donner sa propre interprétation.

Perinetti ne peut laisser son théâtre afficher relâche. Haller a un one man show tout prêt : *Salmigondivers* va prendre la place du *Bourgeois.* Bernard l'a, comme d'habitude, essayé en province. Il est composé d'anciens sketches, tels « Cloche-mots » et « Alléluia ! Alléluia ! », et de nouveaux dans lesquels, toujours flanqué de sa malle à accessoires et d'un portemanteau, l'humoriste revient sur son enfance genevoise, sa famille, la difficulté de vivre, l'être et le néant. Un monde cocasse, inquiétant, tout en changements de tons. Ainsi, dans « Le Boulier », il s'adresse à ce père dont l'image, des années après sa mort, continue, semble-t-il, à le terroriser : « Mon père ! Tiens... Voilà un homme dont je parle rarement, à tort d'ailleurs, parce que c'était un homme très intéressant. Voici ce qu'il reste de lui... Sa jaquette de mariage... 1928. Dans un état parfait ! Il faut dire que papa était d'une génération d'hommes qui ne se mariaient pas souvent ! Il l'a portée une fois et, hop ! à la naphtaline. Bonne qualité, je m'en sers encore. Rien ne se perd... »

Le texte se termine sur l'évocation du boulier dont le père se servait pour marquer les fautes commises par l'enfant : « Papa, papa, je t'en supplie, écoute-moi, papa... Alors ? Y avait pas de rats dans la cave ? Moi non plus, je ne suis pas si méchant... C'est le dernier jour... du boulier !

119

Papa, c'est tout... Rien de plus... Je le brûle, aujourd'hui, le boulier... Je brûle toute l'enfance que tu m'as faite... »

Naissance de l'humour

Dans l'un de ses sketches, Haller expose sur un ton lyrique sa théorie sur l'humour : « Un jour, un très beau jour, alors qu'il faisait un temps variable, Humour a rencontré Mélancolie. Elle lui semblait superbe, avec ses grands yeux qui ne regardaient rien dans le lointain. Tout de suite, il lui a fait la cour, à sa manière. En lui contant quelques plaisanteries sérieuses de son cru. Mélancolie en a pleuré de joie ! Elle a trouvé Humour très séduisant. Elle était soudain toute détendue. Il faut dire qu'elle ne demandait que ça ! Très vite, ils décidèrent de s'unir pour le meilleur et pour le rire [8]. »

Hors scène, Haller complète plus prosaïquement sa définition de l'humour : « Je ne guette pas, comme Raymond Devos, le langage au fond des bois pour lui faire rendre l'âme. J'essaie de provoquer un rire sans arrière-pensée avec ce qui donne peur dans la vie. Évidemment, il y a dans ce comportement du narcissisme, un orgueil démesuré et un sacré besoin d'identité ; il y a la solitude de l'acteur de fond, la confrontation permanente avec soi-même, avant, pendant et après le spectacle. Ce qui conduit chacun d'entre nous à rechercher un exorcisme. »

Haller-Janus

A partir de 1980, Bernard Haller se partage entre films, téléfilms et one man shows. Dans le *Signé Furax* cinématographique de Marc Simenon (fils de Georges), il incarne le commissaire Fouvreaux, alias Furax. Il a pour partenaires Mylène Demongeot (Malvina), Jean-Pierre

Darras (Socrate), Michel Galabru (Black), Paul Préboist (White), Jean Le Poulain (Klakmuf) et, dans des emplois secondaires, Daniel Gélin, Jean Carmet, Pierre Tornade, Pierre Tchernia, Yves Robert, Jean-Claude Brialy, Coluche. Succès mitigé, malgré cette brochette de vedettes. Blanche et Dac ont rendu l'âme. Furax s'est éteint avec eux : le mythe s'est évanoui.

On voit Haller dans *L'Age bête,* de Jacques Ertaud. Il y joue le rôle d'un médecin trop pris par son travail pour s'occuper de son fils. Puis, en mars 1981, dans *Le Bouffon,* programmé sur TF1, et qui représente la France au Festival d'humour de Chamrousse. Il aura fallu six ans à Haller et Jean-Claude Carrière pour intéresser les producteurs à leur scénario. Et quarante ans à Haller pour faire un film de cette phrase qu'il avait écrite en tête d'un cahier d'écolier : «Haller Bernard, bouffon d'homme d'affaires.» Le bouffon s'appelle Lajoie. Animateur dans un club de vacances, il fait la connaissance de M. Georges, l'un des hommes les plus riches du monde. On ne peut pas dire que M. Georges soit jovial. Pour tout dire, il s'ennuie prodigieusement. Il engage alors Lajoie comme bouffon. Peu à peu, une étrange complicité s'ébauche entre l'amuseur, qui collectionne farces et attrapes, et le financier qui entasse des fortunes. La complicité ira jusqu'à la folie. Le bouffon et son maître se retrouveront enfermés à vie dans un asile où ils communieront dans le même culte : celui de l'or.

Haller tourne, toujours pour la télévision, *Les Aventures extraordinaires de Robert Michon,* avec Jean-Pierre Darras, *L'Art de la fugue,* d'Alain Boutet, *L'Accompagnateur,* de Pierre Boutron, *Credo,* avec Jean-Louis Trintignant. Puis vient *Ce monde est merveilleux,* de Guy Jorré, dans lequel il campe un musicien au chômage qui devient célèbre en s'appropriant le crime d'un autre ; et, pour le cinéma, *Le Braconnier de Dieu,* réalisé par Jean-Pierre Darras, d'après un roman de René Fallet.

Le grand écran ne le dédaigne pas. Le petit écran le courtise. Précisons que ce n'est pas à Bernard Haller amuseur que producteurs et réalisateurs font appel, mais à Bernard Haller comédien. Contrairement à Devos et Raynaud, Haller, face à la caméra, fait oublier le maître ès one man shows pour devenir le personnage qu'on lui demande d'être – cardinal, commissaire, médecin, bouffon ou garde du corps. « Au théâtre, dit-il, je pars de zéro, je monte la mayonnaise. A la fin, j'ai fait mon œuf. C'est une boucle complète. Au cinéma ou à la télévision, je dois transmettre mes sentiments sans "jouer". Il faut qu'ils viennent du plus profond de moi-même, que ce soit fort, authentique, sans transposition. Comme dans la vie[9]. »

Haller-Janus tient à garder ses deux visages. En novembre 1982, il donne un nouveau spectacle à Bobino. Son titre ? *Vis à vie.* Son point de départ : « Une dame sans laquelle mon existence n'est pas concevable décide de s'en aller, de me quitter. Que faire ? Tâcher de la retenir... la divertir, l'émouvoir, l'attendrir. »

D'emblée, Bernard Haller annonce la couleur. Ou, plutôt, les couleurs : du noir, avec un soupçon de rose. La dame, c'est la vie elle-même. Pas toujours drôle, cette vie, à moins de la prendre à rebrousse-poil ! Haller ne s'en prive pas. Pour qu'une autre dame, bien plus lugubre, la mort, ne la remplace pas au pied levé, il use de tous les artifices. Du comique le plus échevelé au tragique le plus absurde, il ne recule devant rien : il se fait, tour à tour, bateleur, clown, garçon coiffeur, pêcheur, sergent-major, il passe en revue les étapes de l'existence humaine et, de l'état de fœtus, finit à celui de cadavre. A peine rit-on que, déjà, il faut retenir son souffle. Le malaise plane ? Haller le dissipe par une pirouette.

Les spectacles de Bernard Haller ne sont jamais de tout repos. Il nous montre le monde tel qu'il est, avec ses pleins et ses déliés, ses grandeurs et ses servitudes : un univers psychologique dans lequel il faut pénétrer sans arrière-pensées. Une fois le courant établi, on s'abandonne à ce délire verbal dont Haller a le secret. Et, lorsqu'il disparaît dans les coulisses, il ne laisse au milieu de la scène qu'un masque qui tourne sur un portemanteau aussi décharné qu'un arbre en plein hiver. « Le public, écrit le critique de L'Express, s'en va alors avec le sentiment poignant d'être en deuil d'un ami [10]. »

« On doit rire de tout ! », disait Coluche. Sauf des homosexuels. Sauf du sida. Sauf des camps de concentration. Sauf de la religion. Un des sketches de Vis à vie, intitulé « Si j'étais Jésus », passe, un soir de février 1983, dans une émission de variétés télévisée. Après les auditeurs de Paris-Inter, qui avaient réclamé la suppression de Signé Furax, et ceux de Radio-Luxembourg, qui s'étaient élevés contre la vulgarité de Fernand Raynaud, les lecteurs de La Croix voient dans ce sketch, détaché, il est vrai, de son contexte, une atteinte à leur foi.

Quelle eût été leur réaction s'ils avaient lu ou entendu la fin d'« Alléluia ! Alléluia ! » : « Demain, frères et sœurs, vous et moi, nous dirons : "Seigneur, dans ce long combat contre le doute et la violence qui commence... Seigneur... Toi seul auras le droit d'exterminer Ton semblable... Heureusement, Tu nous as faits à Ton image... et, dès aujourd'hui... dès aujourd'hui... l'horreur est humaine... Amen !" »

A la mémoire de Fregoli

En 1987, Haller ajoute sur sa carte de visite quelques téléfilms, dont *Le Prix d'un homme,* de Guy Jorré. Au Théâtre Grévin, il est le récitant de *L'Histoire du soldat,* œuvre de son compatriote Charles-Ferdinand Ramuz mise en musique par Igor Stravinski. Enfin, il écrit un nouveau spectacle dont certains sketches s'apparentent à ceux de Raymond Devos : «J'ai mon pied droit qui fait la grève. Son soulier ne lui plaît plus, il refuse d'y rester davantage. Et comme je ne veux pas en acheter un autre, il menace de ne plus marcher. Alors, je cède. Mais, pour acheter une paire de godasses, il faut que je sorte...»

Ce spectacle, qu'il crée en octobre au Théâtre Édouard VII, a pour titre *Époque épique.* Épique à raconter, peut-être, mais pas tellement drôle à vivre. Et même plutôt sinistre, au présent comme dans ce futur qui se profile à l'horizon des années 90 : pollution, dépression, corruption, concussion... Il n'y a pas de quoi rire.

Et pourtant, justement, Haller en rit. Il en ricane, surtout. Rongeur de frein, avaleur de couleuvres, passeur de muscade, casseur de pipes, travailleur du chapeau, fantaisiste intérimaire, chantre – ironique – du camping à domicile, chauffeur de taxi bavard, il tire-bouchonne la réalité et la travestit à sa manière. Exemple, proche de la «confiture de nouilles» de Pierre Dac, cette recette politique concoctée dans le secret de sa cuisine infernale : «Vous prenez le plus faisandé. Vous le trempez dans les affaires louches. Vous le décorez de la Légion d'honneur. Ce plat – d'élection – se déguste froid ou chaud.»

Pêche en eau trouble, sans doute. Mais, surtout, dénonciation par l'humour. Un humour sur fond gris, et non plus sur fond rose, que notre clown sarcastique distille avec la gravité d'un pape. Pour la première fois de sa carrière d'humoriste, Haller arbore le chapeau et le nez rouge de l'Auguste, un personnage qu'il a fréquenté sur la piste et dans les coulisses du cirque Spirou. Il s'est toujours senti proche de cette figure, burlesque en apparence, pathétique sous son maquillage. Le nez rouge porté par Haller n'est pourtant, le temps d'un sketch, qu'un simple clin d'œil à tous les clowns du monde. Bernard Haller n'a jamais eu besoin de faux-semblants, de poudre aux yeux ni de déguisement pour unir Dérision et Solitude, et incarner, à chaque spectacle, vingt personnages qui ne sont jamais que lui-même.

En avril 1991, Haller, «transformiste psychologique», consacre un spectacle à un autre transformiste, uniquement visuel, celui-là : Leopoldo Fregoli. «Il a représenté le sommet du music-hall de 1895 à 1925, dans une discipline qu'il pratiquait en virtuose : l'art de modifier son aspect physique en un temps record, explique Haller. Il pouvait, au cours d'une seule représentation, jouer une centaine de personnages rien qu'en changeant de costume ou d'accessoire[11].»

Bernard Haller a écrit *Fregoli* avec Patrick Rambaud, auteur de *Marguerite Duraille* et des *Mirobolantes aventures de Fregoli, racontées d'après ses Mémoires et des témoins*. La pièce est montée par Jérôme Savary au Théâtre de Chaillot. Elle se situe en 1900, dans les coulisses du Trianon-Concert, lequel fut détruit par un incendie au cours duquel Fregoli perdit ses huit cents costumes et ses mille deux cents perruques.

Fregoli, c'est bien sûr Bernard Haller. Plus modeste que le transformiste italien, l'humoriste se contente de vingt-huit costumes, trente-deux perruques, dix-sept chapeaux, quatorze faux nez, plusieurs dizaines de moustaches. Pour une centaine de métamorphoses qui le font devenir Victor Hugo et Thénardier, Loïe Fuller, Edmond Rostand ou Sarah Bernhardt.

Clou de *Fregoli* : alors que Haller est à l'avant-scène, on voit, sur une toile de fond, des images en noir et blanc, style Méliès. Haller décide brusquement de participer au film, entre dans l'écran et disparaît. Les effets spéciaux sont imaginés par Christian Fechner et réalisés par un autre magicien, James Hodges.

« Nous sommes des vendeurs de vent, dit Haller. Peu importe les moyens employés, la parole ou la magie. L'essentiel est que, lorsque les spectateurs sortent de la salle, ils aient des étoiles dans les yeux. Nous sommes là pour les étonner, les faire rire et les émouvoir [12]. »

Tandis que *Fregoli* se joue à Chaillot, là-bas, sur la rive gauche, Alain Mallet, directeur du café-théâtre Le Grand Edgar, présente *San Antonio,* d'après Frédéric Dard, mis en scène par Bernard Haller. Ce ne sont là que de simples escapades. Haller reste fidèle à Jean-Claude Carrière qui, en 1994, participe, avec Pierre Étaix et Patrick Rambaud, à l'écriture de *Comment ça commence ?,* que Haller crée aux Bouffes du Nord et présente au Festival d'Avignon 1996. Un spectacle mythologique dont Charon, le nocher des Enfers, est la vedette. C'est lui qui fait traverser le Styx aux morts en transit. « Parmi eux, un mégalo qui se prend pour Jésus, un névrosé du téléphone avec fax et répondeur incorporés, et même mon remplaçant qui chante *Ramona*... » : quarante ans après ses débuts, Haller, commandeur des Arts et Lettres, continue ce que Jean-Claude Carrière, coauteur de la plupart de ses sketches, appelle « une exploration de l'indéfinissable ».

« Naufragé, chaque soir, sur son radeau de planches / Avec tout dans ses mains, avec rien dans ses manches /

Il appelle son monde, il peuple son cercueil. / Accourent aussitôt les grimaces, les rires, / Les rages, les hoquets, les rictus, les délires, / Univers d'caoutchouc (le comique, hélas, tique). / Et la main sur le cœur, et le cœur sur la main, / Il ne rit qu'à sa peine, il ne boit qu'à sa faim [13]. »

6

Guy Bedos,
l'humour engagé

Lorsqu'un animateur de télévision convie Guy Bedos sur son plateau, il connaît les risques qu'il court. Dérapages plus ou moins contrôlés, boutades cinglantes, acidités en tout genre : Bedos ne se contente pas d'être humoriste, il se veut aussi polémiste. « Chez moi, l'action précède souvent la réflexion, explique-t-il en 1992 dans *L'Événement du jeudi*. Je ne suis pas un intellectuel. Mettre les pieds dans le plat des grands, c'est très gai. Après, les conséquences, on verra bien... »

Bedos a toujours eu les mots pour rire ou pour faire grincer des dents. Peu lui importe qu'ils soient blessants. Producteurs et présentateurs passent outre. Parce que, avec Guy Bedos, le spectacle est garanti. Pas un temps mort, pas un silence. Le public aime les redresseurs de torts et les diseurs de quatre vérités.

Guy Bedos n'a jamais pu se défaire de sa réputation sulfureuse. Né en 1934 au pays de Ben Bella et d'Albert Camus, il y a passé son enfance et une partie de son adolescence. Il y a appris la faconde, l'exagération, la colère : les racines mêmes de son humour.

Le clan des humoristes

1951. Bedos commence sa carrière par le répertoire. Le grand. Celui que l'on enseigne au Centre d'art dramatique de la rue Blanche. Ses professeurs s'appellent Berthe Bovy, Robert Manuel et Jean Meyer, sociétaires de la Comédie-Française. Parmi les apprentis comédiens, Emmanuelle Riva, Catherine Samie, Jean-Paul Belmondo, Jean Rochefort, Jean-Pierre Marielle, Michel Aumont.

A vingt ans, Bedos apparaît au théâtre dans *Monsieur chasse*, avec Renée Saint-Cyr (mère du cinéaste Georges Lautner) et Jacques Morel, puis dans *Les Pas perdus*, avec Valentine Tessier. En 1955, il tourne dans *Futures Vedettes*, de Marc Allégret, avec Brigitte Bardot et Jean Marais. Il part ensuite en tournée avec Renée Saint-Cyr et Jean Le Poulain : sept pièces en alternance, de Prosper Mérimée à Georges Feydeau, en passant par Jean Giraudoux.

En 1959, après un service militaire qui, s'il n'avait pas été réformé pour maladie mentale – simulée –, aurait conduit Guy Bedos droit en Algérie, non pour y boire l'anisette, mais pour y faire la guerre, il se replonge dans la vie civile. Il n'habite plus chez sa mère mais vit seul, dans une petite chambre de la rue Bonaparte. En plein Saint-Germain-des-Prés. Tout près de la rue de Seine.

Au 55 de cette rue, il y a La Galerie 55. Guy Bedos vient y écouter des humoristes dont il connaissait les noms, mais pas les textes. Jean Yanne, Jacques Dufilho, Henri Virlojeux, Jacques Fabbri s'intéressent à ses sketches. Raymond Devos, avec tact, donne des conseils à Bedos et l'encourage à persévérer : l'Association des humoristes existe, même si elle n'a pas déposé ses statuts à la préfecture de police. Ils sont concurrents, pas adversaires. « A La Galerie, écrit Bedos, c'est la grande aristocratie des solistes. Je découvre, émerveillé, que tous ces gens-là ignorent la jalousie, les petites mesquineries des comédiens[1]. »

Guy Bedos entre dans le clan des humoristes. Il abandonne, pour une trentaine d'années, celui des «théâtreux», le boulevard et ses conventions, le théâtre et ses querelles plus ou moins feutrées. Malgré son succès avec *Bon week-end, Mr Bennett*, dans lequel il est «un romancier qui devrait être grand et blond, alors qu'il a toutes les allures d'un petit voyou méditerranéen[2]», Bedos commence à rêver d'une autre échappée belle : celle de l'humour en solo.

Productrice à la télévision d'«Histoire de sourire», Michèle Arnaud entend parler de ce nouveau venu dans l'univers de l'humour. Elle peut mettre un visage sur son nom : après *Futures Vedettes,* Guy Bedos a joué dans *Les Tricheurs*, de Marcel Carné, *La Millième fenêtre*, avec Pierre Fresnay, *Ce soir ou jamais*, avec Anna Karina, *Le Caporal épinglé*, avec Jean-Pierre Cassel. En 1961, elle invite Bedos à participer à son émission. Le rédacteur des textes d'*Histoire de sourire*, Jean-Loup Dabadie, vient de partir au service militaire. Quelques jours après le passage de Bedos sur le petit écran, Dabadie, de la caserne, lui envoie un sketch intitulé «Bonne fête, Paulette». Le succès est immédat. Bedos a désormais «son» Dabadie, comme Haller a «son» Carrière. Au premier coup d'œil, Dabadie a su comment tirer parti de la belle petite gueule de play-boy pied-noir de Bedos, de son accent pied-noir, de son bagout pied-noir, de son «regard sauvage». L'association Bedos-Dabadie est née. Elle ne se rompra jamais.

De Bab el-Oued à Trafalgar Square

Michèle Arnaud est également chanteuse. Accompagnée par Serge Gainsbourg, elle interprète Jean Ferrat et Georges Moustaki chez Milord l'Arsouille. Elle n'a aucune peine à persuader Francis Claude, le patron de ce cabaret situé près du Palais-Royal, d'engager Guy Bedos. En octobre 1962, il y monte une revue, *Allegro ma non troppo*, dans laquelle il joue quelques-uns de ses sketches – notamment la fausse interview d'un jeune acteur de la nouvelle vague, qui se termine ainsi : « Vous avez d'autres projets ? – Oui... J'enchaîne avec deux autres films. Un film sur le problème noir... – Et... ça vous plaît de tourner ces films ? – Oui ! Ça se tourne en extérieur, dans des pays chauds. Je vais pouvoir bronzer... »

Tous les personnages que crée alors Bedos se ressemblent par leur côté mi-hypocrite mi-débile. Le comédien qu'il incarne dans ce sketch est cousin du petit jeune homme cynique de « Bonne fête, Paulette ». Cousin, aussi, du poids plume des « Mauvais Coups », qui fait penser à Alphonse Halimi (celui qui a vengé Jeanne d'Arc). Reposant sur le procédé de la fausse interview chère à Poiret et Serrault, ce texte de Jean-Loup Dabadie met en scène un boxeur pied-noir mis K.O. « par un adversaire très antipathique ». Ce qui ne l'empêche pas de rendre hommage à son « manadjaire » : « M. Ramirez, y m'a tout appris... » Et quand on lui demande combien de temps a duré le combat, il répond : « Deux minutes et demie... – Votre femme a dû être déçue ! – Elle va être surprise. Elle ne m'attendait pas si tôt ! » Nous savons, nous, qu'elle le cocufie avec « M. Ramirez »...

Cousins germains ou cousins à la mode de Bab el-Oued, Bedos a récupéré dans la rue comme dans les colonnes des journaux ces personnages écrasés par la vie, les femmes ou leur propre stupidité. A travers eux, il caricature tous les Bedos qui s'agitent en lui. Sauf un, qui n'est pas encore au rendez-vous de l'indignation. Les autres sont là, douteux, fragiles, machos et m'as-tu-vu.

Par exemple, le jeune dandy qui, parapluie en main, débarque d'Angleterre où il a découvert l'élégance, les traditions et les auteurs typiquement «british» : il est allé au théâtre, il y a applaudi *Richard II* ou *Richard III,* il ne s'en souvient plus. Il ajoute : «William Cha-kess-péare, impeccable ! » Et ce snobinard algérois émigré à Trafalgar Square avoue : «C'est bien simple, les gens du Sud, je ne les comprends plus... »

Théâtre et spectacles obligent, Bedos a perdu son accent de Bab el-Oued, qu'il se contente de reprendre pour les besoins d'un sketch : «Je suis né en Algérie, confie-t-il alors à *L'Express.* Je connais les Français de là-bas. Bien ! C'est tout ! Si le berceau de ma famille était le Cantal, je parlerais aussi bien le patois auvergnat. Je ne veux, pour rien au monde, être le Enrico Macias de l'humour [3] ! »

Poivre et sel

Autre rencontre marquante pour Guy Bedos, en 1961 : celle de Sophie Daumier. Sous le pseudonyme de Betty Lane, Sophie a dansé dans une boîte de Pigalle, La Nouvelle Ève. Sous celui de Betty Daumier, elle a joué un rôle de Cadet dans *Cyrano de Bergerac.* Puis elle a troqué son prénom contre celui de Sophie, la Sophie Daumier que l'on remarquera dans *Patate* de Marcel Achard. Ils ont le même âge – vingt-sept ans –, les mêmes fous rires, les mêmes ambitions. C'est le coup de foudre. Avec une seule idée en tête pour Bedos : unir amour et humour.

En 1963, Bedos et Daumier jouent dans un film burlesque, *Dragées au poivre*. Synopsis de Guy Bedos, réalisation de Jacques Baratier, il s'agit d'un *Hellzapoppin* à la française au générique duquel figurent Francis Blanche (sans Pierre Dac), Jean Richard, Jacques Dufilho, Claude Brasseur, Jean-Pierre Marielle, François Perier et Georges Wilson. Côté féminin, des vedettes nouvelle vague, telles Françoise Brion, Anna Karina et Alexandra Stewart.

Jean-Paul Belmondo et Simone Signoret apparaissent également dans *Dragées au poivre*. Ils y interprètent «Adieu Raymond», texte de Bedos écrit, quelques années auparavant, pour Belmondo. C'est un dialogue téléphonique entre une femme du monde et un légionnaire : la première évoque les souvenirs d'une nuit d'ivresse avec le second, Raymond, qui, lui, est pressé parce qu'il a ses «patates à faire». Et lorsqu'elle lui demande s'il n'a rien à lui dire, Raymond répond : «Ah ! oui... Merci pour le petit cadeau !»

En mai 1965, Bedos, qui n'a pas encore réussi à convaincre Sophie de lui donner la réplique à la scène comme à la ville, passe seul en fin de première partie du spectacle d'Amalia Rodriguez, la star du fado. Il interprète sept sketches dont quatre en forme d'interviews. «Paris a un besoin urgent de se marrer», a déclaré Fernand Raynaud avant de passer à L'Alhambra, en octobre 1964. Paris se marre avec Bedos. Paris l'a pris dans ses bras. Lui, il a pris Sophie dans les siens : après deux ans de vie commune, ils se marient.

Au début de l'automne 1965, Bedos revient en vedette à Bobino. On ne voit toujours pas Sophie à son côté, mais on entend sa voix enregistrée sur magnétophone dans «Cinéma», dialogue entre un producteur et une starlette qui se prend à la fois pour Brigitte Bardot et Jeanne Moreau. Sorte de répétition générale avant *Tête-Bêche*, une suite de sketches que le couple a rodés à Bruxelles, puis joués à la Comédie des Champs-Élysées, et que Marcel Bluwal a filmés pour la première chaîne.

Le 14 mars 1966, la France entière assiste aux deuxièmes noces, télévisées celles-là, des deux amoureux que l'on appelle maintenant «les Bedos-Daumier». C'est l'entente parfaite : pas de scène de ménage sur le plateau («Je ne bats ma femme qu'en public!», dit Bedos), mais une évidente complicité. Guy campe tour à tour un ouvrier, un gigolo, un clown, un journaliste, un industriel. Sophie, un chauffeur de taxi, une petite fille modèle, une vamp, une star italienne, un blouson noir.

Dans «Adieu, Raymond», ils font oublier Simone Signoret et Jean-Paul Belmondo. Avec «L'Adagio», ils nous introduisent chez un couple de petits-bourgeois médiocres qui écoutent Albinoni en parlant de la pluie, du beau temps et, surtout, de la bouffe du lendemain. «Conversation prosaïque sur fond lyrique, qui, dit Bedos, universalise les défauts de l'humanité [4]. »

Du possible au dérisoire

Le succès des Bedos est complet. Il leur a apporté l'aisance. Ils habitent, au Trocadéro, un neuvième étage avec terrasse. Une vie de bohème dans un cadre bourgeois. La réussite parfaite. Le bonheur. La joie de jouer ensemble, à Bobino, au Théâtre de la Ville, au Théâtre de la Renaissance. Guy, vêtu de noir, moitié caniche enrhumé moitié Don Juan du dimanche, et Sophie, en robe de cocktail rose bonbon, créent des sketches écrits par Jean-Loup Dabadie, Francis Veber et Bedos lui-même. Tableaux de la vie quotidienne, comme tous ceux que Guy interprète alors.

Tout d'abord «La Drague», variation en quatre minutes et vingt secondes sur l'incompréhension entre les deux sexes. La draguée est probablement coiffeuse ou secrétaire, le dragueur, un séducteur de banlieue. Sur une musique de slow, on entend ce qu'ils pensent en voix *off*. Lui est persuadé que son charme opère. Elle est asphyxiée par son parfum.

«Les Vacances à Marrakech» commence dans un avion qui transporte des cadres moyens vers le Maroc. Réflexions au retour de cette virée touristique : «On a été déçus, c'était plein d'Arabes... Même le roi est arabe...» Racistes et antiracistes applaudissent, chacun voyant midi à sa fenêtre, les racistes surtout. «Un soir, raconte Bedos, une bonne femme m'a dit : "Qu'est-ce que vous leur avez mis, aux ratons !" La première fois, on reste pétrifié. La vingtième fois, vous avez compris : attention à l'humour qui prête à équivoque [5]...»

D'autres personnages, parfois insolites, apparaissent dans ce spectacle : le curé showbiz qui transforme l'église de Saint-Tropez en club privé et demande à ses ouailles : «Votre hostie, vous la voulez nature ou aux herbes de Provence ?» ; le cadre, licencié par sa direction, qui murmure : «C'est tout de même plus facile de dire au bureau qu'on a été renvoyé de la maison que de dire à la maison qu'on a été renvoyé du bureau !» ; le lecteur de magazines érotiques qui, devant chaque photo de femme nue, s'écrie : «Toutes des salopes !» ; la mère de Chapon Gilbert, dont le délicieux bambin gifle ses professeurs, quand il ne leur botte pas les fesses, et qui achète, à coups de chèques, le proviseur du collège où Gilbert est censé étudier. Dernier de la classe, Chapon Gilbert sera désormais le premier.

«Chantal, Nixon et compagnie» est interprété en soliste par Sophie : «J'ai rêvé que j'étais avec Nixon... Enfin, on était... Vous voyez... Bien, Nixon! Très bien! J'aime la puissance... Même les artistes, c'est pas pareil. L'été dernier, j'ai vu Alain Barrière, au casino de Cabourg... J'étais tout près de lui, hein... Eh ben! rien... Zéro.»

La comédie humaine mise en scène par Bedos et Daumier n'est pas tellement différente de celle de Raynaud, sinon que Bedos ne craint pas, déjà, d'improviser : «Je m'inspire d'une phrase entendue, d'une chose vue, et j'avance de réplique en réplique. Je pars du possible pour arriver à l'absurde et au dérisoire. Je me penche aussi sur mon passé. Sur ce que j'ai failli être : un raté. Au fond, je suis un rescapé. Je me dois tout. Simone Signoret me disait que, nous, les comédiens, nous avions besoin d'être rêvés par les autres. Sophie et moi, nous avons de la chance : nous pouvons nous rêver nous-mêmes[6].»

La tragédie des adieux

Tout a une fin, même les amours que l'on croit éternelles. Le dernier spectacle des Bedos s'intitule *Ce n'est qu'un au revoir*. Dans cette Comédie des Champs-Élysées où, dix ans auparavant, en 1966, ils avaient donné *Tête-Bêche*, c'est, en réalité, la tragédie des adieux que Guy et Sophie interprètent.

La nouvelle de leur séparation se répand dans Paris. Les journaux à sensation s'en emparent, la commentent. Au besoin, ils affabulent. Pour tous ceux qui détestent Bedos – et ils sont nombreux –, sa jalousie professionnelle et sa méchanceté foncière expliqueraient la faillite du couple : Sophie Daumier lui fait de l'ombre. Sur scène, elle l'éclipse. Dans le privé, elle le domine. Il a donc préféré l'écarter de son horizon, plutôt que de se laisser dévorer par cette Bardot-bis qui a infiniment plus de talent que lui.

Guy Bedos laisse dire. Il a trop de chagrin. Son travail est trop absorbant. Il rédige des sketches destinés à un spectacle de deux jours qu'il donnera en janvier à l'Olympia. L'un d'eux, «Y a quelqu'un?», est semé de réflexions «mélancomiques» sur la solitude. «D'accord, les Bedos-Daumier avec un trait d'union, c'est terminé, dit Guy à *L'Express* en 1976. Les Stone et Charden de la rigolade, c'est fini. Et nous ne serons jamais les Merkès-Merval des amuseurs. Mais qu'on me condamne pour cette rupture ou qu'on m'approuve, ça m'agace... Je... nous ne l'avons pas fait exprès. Ça m'est... ça nous est arrivé.»

Bedos craquerait-il? C'est en tout cas ce qu'il affirme dans son premier livre, *Je craque*, cocktail de souvenirs et de sketches. Façon de faire le point sur le passé, le présent et, à l'occasion, l'avenir. Il se souvient de cet «ouvrier arabe ensanglanté, employé de la scierie dirigée, dans les années 1940, par le mari de ma mère, et qui gémissait, brandissant sa main droite dont deux doigts venaient d'être sectionnés par la scie électrique. A ses cris de douleur, le contremaître européen, qui gueulait en même temps, répondait: "Regarde-moi cet abruti. Tu peux pas faire attention? Fous-moi le camp!" Ma prise de conscience politique, c'est là, à huit ans, sur ce tas de sciure écarlate, qu'elle a eu lieu, camarades marxistes.» Marxiste plutôt rose que rouge! Idéaliste, surtout: «J'ai cette candeur de croire que, derrière le rire, et au-delà du succès et des sous que l'on me jette, il y a une force critique, une certaine manière de tendre le miroir dans lequel je me reconnais quelquefois, et l'espoir utopique de changer la vie. Nous, les saltimbanques, nous pouvons y contribuer[7].»

En novembre 1976, Bedos donne un nouveau one man show au Théâtre de la Renaissance. La Renaissance ? Un symbole ! Lui que l'on croyait fini après le séisme conjugal («Ben oui, quoi, une séparation, ça en fiche une secousse !»), lui à qui on disait : «Sans Daumier, tu es cuit, c'est comme si on t'avait amputé !», il est revenu. Apparemment intact.

Après *Je craque*, déjà vendu à plus de cent mille exemplaires, après le triomphe d'*Un éléphant, ça trompe énormément*, film d'Yves Robert, scénario de Jean-Loup Dabadie, dans lequel Bedos joue aux côtés de ses copains Jean Rochefort, Claude Brasseur, Victor Lanoux et de sa «mère», Marthe Villalonga, voici donc le dernier numéro de ce tiercé gagnant : trente sketches au vitriol et quelques poux qu'il va chercher dans ses têtes de Turc favorites. Pour ne pas perdre la main : «Ouais, des crochets et des directs. Ça va faire mal, houla ! ça va faire mal. Celui qui dit qu'il n'aime pas ma gauche, je lui flanque ma droite ! Et pas une minute de repos, hein ! Deux heures sur le ring, face au public, sans le laisser reprendre son souffle. Des jeux de jambes et des jeux de scène. Ouais, j'ai fait de la boxe, mais j'ai abandonné dès que mon nez s'est mis à saigner [8] !»

Le champion toutes catégories qu'il est devenu ne retient pas ses coups sur le ring de la Renaissance. Mais il y a quelque chose de changé en lui : s'il a perdu le sourire de Sophie Daumier, il a trouvé le sien : «Je m'aperçois, depuis quelques mois, que les gens m'aiment. Du coup, et mon écriture et mon attitude dans la vie se sont modifiées [9].» Pas seulement : en dehors des sketches dans lesquels il traque le ridicule, le Bedos 1976 renoue, en la modernisant, avec la tradition satirique des chansonniers.

138

Il a décidé de jouer le jeu du «je» pour donner son opinion sur la politique qui, selon lui «ne doit pas être annexée par les politiciens et les éditorialistes».

Les idées de gauche que Guy Bedos émettait dans le privé bien avant que Giscard d'Estaing n'entre à l'Élysée, il se met à les exposer maintenant sur la place publique, sans se réfugier, comme un ventriloque, derrière des personnages qui ne seraient jamais que ses créatures. Aux spectateurs éberlués par sa mutation, il distribue, par grappes, les raisins de la colère. Que ces raisins soient encore trop verts pour la majorité silencieuse, que celle-ci en ait les gencives agacées, Bedos s'en fiche. Il fait de la politique à la manière d'Aristophane, Molière ou Charlie Chaplin. Et de Lenny Bruce, cet humoriste satiriste américain mort en 1960, dont il est le pendant français.

«Si je m'écoutais, je me tairais», affirme-t-il en 1978, quelques semaines avant son passage à Bobino. Bedos ne s'écoute pas. Il se contente de converser à bâtons rompus en abordant tous les sujets, surtout les plus scabreux. On le compare à un prêcheur, il avoue que son spectacle est une «messe humoristique». Indifférent aux attaques de «membres de sa famille» (la gauche), qui lui reprochent de gagner du fric quand les petites gens économisent pour s'acheter des fringues, il persiste à parler selon son cœur et son tempérament. Et il écrit dans *En attendant la bombe*: «Si l'on veut être exact vis-à-vis du public et de soi-même – piégé entre, d'un côté, l'insignifiance, et, de l'autre, la désespérance –, le créneau est mince[10].»

Ce livre – comme le nouveau one man show donné à Bobino fin 1980 – passe l'actualité en revue. Celle du monde où nous vivons et, surtout, celle de Guy Bedos, père d'un divin enfant, Nicolas, un an et demi: «Mon livre, c'est une façon de lui parler d'une terre sur laquelle je lui demande pardon de l'avoir fait venir. [...] La bombe, c'est aussi bien la vie que la mort. La bombe au cobalt et la bombe atomique. La première ne rachète pas la seconde. On lui consacre, hélas, beaucoup moins d'efforts et beaucoup moins d'argent[11]. »

Depuis vingt ans qu'il exerce le métier de peintre de mœurs, Guy Bedos a mené sa barque avec opiniâtreté. Mais, s'il a le sentiment d'être un vieux monsieur qui recommence tout à chaque instant, il sait maintenant « qu'il est minuit moins cinq à l'horloge de l'Apocalypse ». Deux solutions : tuer le temps à ne rien faire, ou lutter de toutes ses forces contre les tragédies qui se préparent : « Moi, c'est depuis 1974 que je pratique la politique sur scène. De là à me présenter à quelque élection que ce soit... » Bedos s'insurge contre la candidature de Coluche à la présidence de la République, qu'il trouve « culottée, violente, marrante », mais dont il affirme qu'elle « ne va nulle part ! » : « Coluche m'a déclaré un jour : "Ce n'est pas notre rôle !" Je disais aux gens : "On est cons, il faudrait que ça change !" Lui, il s'écrie : "On est cons, buvons un coup !" S'il peut se présenter sans rire et voir des beaufs prendre ça au sérieux, c'est qu'il y a quelque chose de pourri au royaume de l'humour[12]. »

Bedos, homme de spectacle avant tout, se contente, comme ses confrères humoristes, de désigner les ridicules de son époque. Et les siens. Ceux d'un ancien pied-noir qui, enfin, accepte sa « méditerranéité », après, dit-il, que « beaucoup de larmes ont coulé sous les ponts qui, du reste, ont sauté ». Ceux d'un mari qui ne sut pas toujours assumer ses épouses. Ceux d'un père de famille, avec quelques enfants éparpillés un peu partout, dont le petit dernier, dans lequel il paraît enfin se reconnaître : râleur, assoiffé de tendresse, braillard.

Ce Bedos-là, il le met aussi en scène devant un berceau. Humble, phraseur, grotesque et touchant à la fois, il lit à son fils terrorisé les aventures horribles de Gueule-de-Rat, un monstre extraplanétaire. Lui donne le biberon. Change ses langes. Prend, avec lui, un avion piloté par un Arabe. Et campe, ainsi, toutes sortes de personnages, de ceux qui, dans la journée, confient leurs peines à Ménie Grégoire sur R.T.L., et, le soir, à Macha Béranger sur France-Inter.

La victoire en riant

L'élection de François Mitterrand, le 10 mai 1981, embarrasserait presque Bedos : «Je n'aurais pu dire quoi que ce soit d'intelligible, dira-t-il. J'étais comme un chanteur québécois après la victoire de René Lévêque : vidé de toute colère, donc de toute substance. Il y avait eu un gigantesque coup de balai. Ne risquais-je pas d'être réduit à l'état de poussière, comme Giscard et Poniatowski [13] ?»

La réponse ne se fait pas attendre : costume noir, chemise blanche, cravate noire, rose au poing, c'est le même Bedos que naguère qui, à l'automne 1981, entame six mois de tournée à travers la France. Ceux qui croyaient retrouver un Guy Bedos indulgent pour la gauche en sont pour leurs frais. «J'ai beau être devenu un artiste officiel et faire partie de l'élite intellectuelle de ce pays [...] au même titre que Dalida, rien n'a changé pour moi. Le combat continue.» Quel combat ? Et contre qui ? Contre une droite reléguée dans une opposition étriquée ? Pas du tout. «Ce serait, ajoute-t-il, lui donner une importance qu'elle n'a plus... pour le moment. Je préfère, comme je l'ai toujours fait, m'en tenir à certains phénomènes sociologiques.» C'est-à-dire au racisme, au fascisme, au bellicisme et autres «ismes». Sont visés Reagan l'Américain, Khomeyni l'Iranien... et Nostradamus [14].

Ce serait mal connaître Bedos que le supposer capable de flagornerie. Certes, il prend quelques précautions oratoires pour dénoncer les imperfections qu'il décèle dans le «nouveau régime» : «Maintenant que la gauche est passée, à défaut de lui décerner le Goncourt, on pourrait peut-être lui lâcher les baskets. Il faut lui laisser le temps de se roder. Dans vingt-trois ans, elle sera au point.» Ou encore : «En ce moment, c'est tout ce qu'on a en magasin. Faut faire avec! Dès qu'il y a du neuf, on se rappelle [15]...»

N'empêche. Hormis quelques sketches anciens, Bedos reste le commentateur d'une actualité qu'il ne peut s'empêcher de disséquer avec férocité. Entre autres thèmes, il aborde celui de la décentralisation : «La plupart des maires étaient persuadés que décentraliser, cela signifiait supprimer les centrales atomiques. Vaste erreur!» La télévision : «C'est comme dans les prisons. On a changé les ministres, on n'a pas changé les matons!» Le syndicalisme, représenté surtout par la C.G.T. : «Si l'on découvrait le remède contre le cancer, la C.G.T. serait capable de décréter la grève générale, sous prétexte qu'on lui a supprimé son outil de travail.»

Et puis, il y a ceux qui arpentent les allées du pouvoir. Aussi fidèle dans ses amitiés que dans ses inimitiés, Bedos s'exclame, hilare : «Heureusement, ils m'ont laissé Gaston Defferre!» Il se moque de Dalida : «Quand elle chantait chez Guy Lux, elle faisait donc de la résistance passive? Enfin, tout va bien : "Gigi l'Amoroso" est maintenant un chant révolutionnaire.» Et il admoneste affectueusement le Président : «François, pourquoi t'affiches-tu avec Thatcher? Pourquoi es-tu allé au mariage de Lady Di?» Irrespect bien naturel de la part d'un amuseur. Mais, en aucun cas, il ne retournera sa veste : «Je suis le supporter idéal. J'ai le droit de critiquer mon équipe, je ne vais pas me mettre à lancer des canettes de bière sur elle, alors qu'elle a gagné. Le jour où elle perdra, je ne me priverai pas de lui dire son fait [16]. »

Un an et demi après l'élection présidentielle, Bedos n'hésite pas à dénoncer, dans son «journal parlé», certains comportements de la gauche au pouvoir qui lui rappellent trop ceux de la droite, quand elle régnait sur le pays : «J'aime bien me bagarrer avec les gens puissants en place, quels qu'ils soient.» Il pourrait ajouter qu'un humoriste n'appartient à aucun parti, sinon celui de l'humour. Que l'humour est, à lui seul, une bombe qui n'épargne personne. Et qui ne tue – en principe – personne.

Madame Mère

En 1983, au Théâtre du Gymnase, Guy Bedos emboîte le pas à Raynaud. Fernand parlait de sa sœur, Guy, lui, parle de sa mère. Passons sur les mauvais traitements qu'elle lui infligeait quand il était petit. Sur ses bijoux qui font tant de bruit «que l'on croirait entendre tout l'orchestre d'Enrico Macias en répétition». Sur les chapeaux et les galures qu'elle se trimbale, notamment «un bitos à large bord, style Zorro». Par le biais des sketches consacrés à cette vieille dame indigne dont il est le digne fils, Bedos s'en prend, sur le ton de la plaisanterie et non sur celui de la diatribe, à quelques hommes politiques qu'il ne porte pas dans son cœur, à des vedettes dont les travers l'agacent. C'est ainsi qu'il rêve que sa mère prend le pouvoir, ici, en France. «Le cauchemar ! J'en ai repissé au lit... »

Sur les ordres de Mme Bedos, les citoyens qui continuent à cultiver des roses dans leur jardin sont abattus par les brigades spéciales du S.A.C.. Mitterrand est exilé à l'île d'Yeu et l'on ramène les cendres de Pétain au Panthéon : commentaires de la cérémonie par Léon Zitrone, «un des vieux béguins de la Présidente, qui prend Chirac comme vice-président». Puis comme amant. «A partir de là, elle m'obligeait à l'appeler tonton et à venir dîner tous les soirs avec eux.» Lui, Guy, est contraint de se remarier en quatrièmes noces avec Line Renaud et de fonder une compagnie théâtrale qui, horreur, joue en alternance toutes les pièces de Françoise Dorin...

Bedos reprend ce spectacle au Gymnase quelques mois plus tard. Toujours avec sa mère. Et avec quelques autres personnages auxquels, visiblement, il est allergique : Max Gallo, un bon écrivain... niçois ; Giscard, «le diamantaire» ; Hervé Vilard, «qui est rentré du Chili, parce qu'il trouvait Pinochet trop mou» ; Le Pen («Quand il dit : "Je ne suis pas fachisse", moi, je frichonne.») ; Patrick Sabatier («Il n'existe pas. En fait, c'est Danièle Gilbert en travesti.») ; le sida («On dit que ça vient d'Haïti ou du Zaïre. On dit aussi que le gazole, c'est cancérigène. Vous imaginez le type qui se fait enculer par un nègre dans un taxi diesel ? Non, maintenant, il faut s'enculer entre Blancs... hétérosexuels... dans des voitures à essence.»)

Comme pour se faire pardonner cet excès digne de Coluche, Bedos, qui continue à osciller entre tendresse et véhémence, termine par «Public, mon chéri», écrit par Jean-Loup Dabadie. Une véritable déclaration d'amour qui fait penser à «Mourir pour vous», de Raymond Devos, entrecoupée de drôleries à la Bedos : «Tu sais que tu me plais, public ? Tu le sais que tu me plais, hein, dis, public ? Je te sens, là, dans le noir, à me regarder...

Quand je vous vois tous... Les femmes, les hommes, les jeunes, les vieux... Tous ces gens qui font la queue pour me voir... Leur petit pognon dans leurs petites pognes... Les pieds dans la boue pour oublier leur vie de merde... Ah! putain de bordel d'enculé de con, moi, ça me fait bander... »

A ce public qu'il dit aimer, Bedos donne une preuve de son attachement en lui offrant un cadeau – désintéressé – auquel personne ne s'attendait : il pousse Pierre Desproges, dans lequel il reconnaît non un dauphin, mais un pair, à tenter le grand saut, à monter sur scène. Guy n'a pas oublié les conseils de Raymond Devos et ses encouragements, du temps de la Galerie 55. « Les humoristes, dit-il, ont le privilège d'être les dépositaires des malheurs du monde. Nous ne sommes ni des censeurs, ni des flics, ni des juges, ni des assassins. Nous faisons partie d'un mouvement de résistance : la résistance par le rire [17]. »

Les mauvaises pensées

Les années passent. Coluche est mort. Thierry Le Luron est mort. Pierre Desproges vient de mourir. Le spectacle continue. Les one man shows de Bedos se succèdent. Et les films. Et les livres. En décembre 1988, Mireille Dumas, pour TF1, lui pose une question qu'elle a déjà posée à d'autres déracinés : « Faut-il retrouver son passé ? » A cinquante-quatre ans, Bedos prend donc son fils cadet, Nicolas, dix ans, par la main, et l'emmène en Algérie, à Constantine, où il est né, pour y recoller les débris d'une enfance troublée par le divorce familial. Il ne s'y reconnaît pas. Tout a changé, les choses et les gens. Et lui, que lui est-il resté ? De vagues images, une pointe d'accent... et cette réflexion qu'il s'empresse de noter dans ses

Petites Drôleries et Autres Méchancetés sans importance :
« Ça s'est bien passé, mon voyage en Algérie. Dommage, le ciel était un peu gris, certains jours. J'ai dit à mon fils : "Tu vois, mon chéri, du temps des Français, il faisait beau..." »

Dans son spectacle du Zénith, en novembre 1989, Bedos évoque l'Algérie en redonnant « Les Vacances à Marrakech », où il tordait le cou au racisme en ayant l'air de lui emboîter le pas. Simple bouffée de nostalgie, noyée entre ses « méchancetés sans importance ». Il tire « à vue et à dia » sur tout ce qui va de guingois et tout ce qui dérange, la gauche molle et la droite dure, les homos et les hétéros, les affranchies et les porteuses de tchador : « Que ce soit dans mes sketches ou dans mon bloc-notes quotidien, j'ai de quoi exercer ma verve. » Sur Bernard-Henri Lévy, par exemple, « le Julien Clerc de la philosophie, qui se demande, avant d'aller chez Pivot, s'il va dégrafer le premier et le deuxième bouton de son chemisier » ; sur « Mireille Mathieu, qui n'est ni à gauche ni à droite, mais là où on la pose » ; sur les hommes politiques face à la presse : « Ce n'est pas en crachant dans les miroirs que l'on guérit de l'eczéma. Ça les démange et ils se grattent sur la peau des autres. » Cynique autant que scénique, il déclare : « Il y a des indignations sélectives. Moi, j'ai des indignations successives. »

C'est pour une de ces indignations que, le 10 mai 1989, Jean-Marie Le Pen le traîne en justice. Au cours d'un « Ciel, mon mardi ! », l'émission de Christophe Dechavanne, Bedos s'est exclamé : « Il y avait des tracts de Le Pen sur le trottoir. J'ai marché sur sa gueule, mais c'était du pied gauche. Heureusement, il paraît que ça porte bonheur ! » « Diffamation », argue Le Pen. « Humour », réplique Guy. Et de citer le proverbe inventé par Francis Blanche : « Les paroles s'envolent, les aigris restent. »

146

Bedos reste, pas si aigri qu'on le pense. Il continue sa résistance, et pas seulement par l'humour : il lance une souscription nationale pour la création d'un musée-mémorial à Izieu, le village d'où, le 6 avril 1944, quarante enfants juifs ont été déportés. «Je ne décolère pas depuis que je suis né, dit-il. Ce sont des colères fondamentales, existentielles, cosmiques...» Mais il revient vite à cet humour qui est sa raison d'être. Il passe à l'Olympia, avec Muriel Robin. Pour ceux qui, vingt ans auparavant, l'ont vu avec Sophie Daumier, c'est une déception. La faconde de Robin ne fait pas oublier le charme acidulé de Daumier.

Dans *Libération*, Bedos publie chaque semaine ses *Mauvaises Pensées*. Bloc-notes qui lui permet d'ajouter quelques noms à son *Who's Who* personnel : «Jean-Edern Hallier déclare sa sympathie pour Jean-Marie Le Pen, qui le lui rendrait bien. Solidarité de borgnes. Aux dernières nouvelles et comme il en fait toujours trop, Hallier pousserait l'aveuglement jusqu'à la cécité.» Il traite le pape de «vieil obsédé», Hassan II de «roi-gangster». Il verse une larme sur Jacques Chazot, «homo de droite» dont lui, «l'hétéro de gauche, était l'ami». Et sur Tapie, représenté par le «Bêbête-Show» sous la forme d'un taureau, et traqué aujourd'hui par toutes sortes de «picadors», «magistrats, flics ou journalistes de droite et de gauche».

Avec Smaïn et Michel Boujenah, Bedos donne un spectacle antiraciste, *Le Rire contre la haine*. Puis il aide une douzaine de jeunes en difficulté de Vaulx-en-Velin à fonder une troupe et monter un spectacle, *Quartier libre*. En mars 1995, il refait l'Olympia. Mais seul. Et toujours en mélangeant les genres : les sketches, bien sûr, et le bloc-notes, avec ce croc-en-jambe à Balladur : «Qu'est-ce qu'elle lui trouve, Marie-Josèphe ? C'est parce qu'il porte ses couilles sous le menton ?» ; l'autodérision, avec

« Happy Birthday », dédié à tous les sexagénaires et, peut-être, à lui-même : « Elle m'offre une canne de randonnée, cette conne... Avec une gourde accrochée au bec... Qu'est-ce qu'elle croit ? Que je vais me taper l'escalade de la roche de Solutré ? Pour remplacer l'autre, au pied levé ? Pauv' vieille folle ! Ooh ! Je déteste les vieux, surtout quand c'est des vieilles... Celles-là, faudrait les piquer à la ménopause... »

En novembre 1996, Bedos publie un nouveau livre, *Merci pour tout*. « Ce n'est pas un adieu au music-hall, ce n'est qu'un au revoir, mes frères », dit-il à Philippe Gildas et à Laurent Baffie qui le reçoivent à « Nulle part ailleurs », sur Canal +. « J'ai envie de revenir au théâtre et au cinéma. Mais je donnerai mon spectacle dans l'Hexagone jusqu'à la fin décembre. J'adore énerver les gens. Je les aime, mais je ne peux pas m'empêcher de les faire chier. »

L'au revoir a été bref : Bedos est revenu chez Savary, à Chaillot, où il a incarné Arturo Ui. Avec ses coups de gueule et son combat, non contre la droite, mais contre toutes les injustices ; avec son intolérance de l'intolérance. Nous ne sommes pas au bout de nos peines, il n'est pas au bout de ses fureurs. « L'humour devrait être remboursé par la Sécurité sociale... », dit-il. Après *L'Amour médecin*, de Molière, c'est « l'humour-médecin » de Bedos.

DEUXIÈME PARTIE

LES ANNÉES
CAFÉ-THÉÂTRE

Sous les pavés, l'humour

En 1965, la réélection du général de Gaulle à la présidence de la République est mal accueillie par une jeunesse universitaire qui a l'impression d'être négligée, sinon méprisée, par le pouvoir. Pour l'instant, elle s'ennuie.

D'année en année, la colère succède à l'ennui. Le 8 janvier 1968, Daniel Cohn-Bendit lance à M. Missoffe, ministre de la Jeunesse, venu inaugurer la piscine de la faculté des Lettres de Nanterre : «J'ai lu votre Livre blanc sur la jeunesse. Six cents pages d'inepties. Vous ne parlez pas des problèmes sexuels des jeunes... – Avec la tête que vous avez, répond le ministre, vous devez avoir, en effet, des problèmes de ce genre...»

Le 6 mai, le Quartier latin est en état d'insurrection. La Sorbonne est occupée. C.R.S. et étudiants se font face. Le sang coule. Et, sur les murs, des graffiti anonymes fleurissent : «Je participe, tu participes, il participe, vous participez, ils profitent.» Ou : «Tremblez, bourgeois vicieux, jouissez avec les enragés.» Ou ce slogan qui résume à lui seul l'esprit de Mai 1968 : «Sous les pavés, la plage.»

Les cabarets ont été contraints de fermer leurs portes. Peu les rouvriront le 30 mai, lorsque l'ordre républicain sera rétabli. De toute façon, les jeunes sont allés chercher ailleurs la solution – humoristique – de leurs problèmes sexuels et existentiels. Les premiers cafés-théâtres, moins guindés, moins chers et plus conviviaux, présentent à leur clientèle des spectacles qui répondent à son besoin de changement. Des comédiens encore inconnus jouent des pièces à deux ou trois personnages qu'ils ont écrites eux-mêmes et qui ne visent qu'à faire rire : entre marivaudage, libertinage et érotisme, elles excluent tous les tabous et toutes les hypocrisies. Les humoristes des cafés-théâtres ne parlent pas forcément un beau langage. Ils ne visent qu'à l'efficacité.

Entre cabarets et cafés-théâtres, il n'y a pas eu révolution, mais évolution. Ce qui explique que des amuseurs comme Bernard Haller, Alex Métayer ou les frères Jolivet aient pu passer, sans difficulté, d'un univers à l'autre.

7

Changement de décor

Vers le milieu des années 60, les lumières des cabarets s'éteignent peu à peu. Leur clientèle s'est faite plus rare. Elle a pris d'autres habitudes. Elle passe ses soirées devant l'écran d'une télévision qui ne cesse de prendre de l'importance. Elle prolonge des week-ends qui commencent plus tôt et se terminent plus tard. Les recettes de ces laboratoires de l'humour qu'étaient nos boîtes à rire se sont donc démodées. D'autant que l'État, qui n'est jamais bon prince pour les histrions, les accable de taxes si lourdes qu'il les accule à la faillite.

Que certains amuseurs ne bénéficient ici que d'une place réduite ne signifie pas que leur humour doive être mésestimé. La plupart se sont orientés vers le théâtre et le cinéma. Quelques-uns ont laissé peu de traces. D'autres ont disparu prématurément. Mais cette première époque du comique de one man show aura été florissante. De la dérision à la satire, elle a abordé tous les genres.

Richard et Lanoux, un langage abstrait

Le couple Richard et Lanoux aurait mérité de connaître un destin durable. Il n'a obtenu qu'un succès d'estime. Explication de Pierre Richard à Marc Chevalier : « Notre numéro, d'un esprit plus anglo-saxon que français, reposait sur le comique de situation. Ainsi, debout côte à côte, tous deux tirant sur des rênes fictives, je demandais par exemple à Victor Lanoux s'il y avait longtemps qu'il montait à cheval. Il me répondait dans la logique ce qu'il était en train de faire : du ski nautique. L'absurdité du dialogue naissait de cette situation. Un genre d'humour qui, malheureusement, était peu transposable sur disque, ce qui a été un gros handicap dans notre carrière [1]. »

Le rire, c'est certain, n'éclate pas spontanément dans les cabarets où Richard et Lanoux se produisent dans les années 50. L'hermétisme de leur imaginaire, leur traque d'un absurde qui n'appartient pas au quotidien, leur langage abstrait déroutent le spectateur à qui ils demandent peut-être un trop grand effort de compréhension. Richard et Lanoux écrivent des textes qui tournent résolument le dos au burlesque, alors en vogue. « Le comique, dit Richard, traduit souvent le désarroi profond de celui qui le joue et de la société dans laquelle il évolue. La vie est, la plupart du temps, sinistre, mais, en décalant un peu, on en fait ressortir tout ce qui est drôle : drôle méchant, drôle triste, drôle tout court [2]. » La théorie tient debout. Les intentions sont bonnes. Mais Richard et Lanoux sont en avance sur leur époque.

On retrouvera plus tard, dans les films dont Pierre Richard sera l'auteur, le réalisateur et la vedette – à commencer, en 1970, par *Le Distrait* – toutes les recettes qu'il a mises au point pour le cabaret. La carrière de Lanoux, elle, ne paraît pas avoir reposé sur l'expérience acquise à La Polka des Mandibules ou à L'Écluse. Il est allé du comique au tragico-comique en suivant sa propre nature : celle d'un comédien qui avait les pieds sur terre, mais pas la tête dans les nuages. Richard et Lanoux n'ont jamais tourné ensemble.

154

Avron et Évrard,
une dialectique constante

«Le comique réclame une écoute attentive du public, explique Philippe Avron[3]. Il en découle une connaissance progressive de ses propres possibilités : êtes-vous sympathique ? Faites-vous peur ? Comment provoquez-vous le rire ? Pouvez-vous aller dans tel sens ? Jusqu'où ne débordez-vous pas de ce que vous savez faire ? Ainsi s'établit un accord avec le public qui permet un écho juste, par une dialectique constante.»

Philippe Avron et Claude Évrard éprouvent quelque peine à passer de la théorie à la pratique. Leur «dialectique constante» ne provoque que de vagues sourires dans la petite salle de L'Écluse. Comme Richard et Lanoux, ils sacrifient trop souvent à un intellectualisme poétique qui va jusqu'à l'hermétisme. La communication s'établit difficilement entre eux et les spectateurs : Évrard et Avron sont dépourvus de cette truculence dont débordent Jean-Pierre Darras et Philippe Noiret, leurs camarades du T.N.P. Ils seront plus convaincants lorsqu'ils reviendront au théâtre sous le masque de la tragédie : Philippe Avron dans *L'Avare* avec le T.N.P., et surtout dans *L'Idiot*; Claude Évrard dans *La Cerisaie*.

Roger Pierre et Jean-Marc Thibault,
un rire sans détour

Roger Pierre et Jean-Marc Thibault ne visent qu'à faire rire. Comiques plutôt qu'humoristes, ils rassemblent, comme Robert Lamoureux, un grand public plus sensible à la bonne humeur qu'aux états d'âme. Qu'ils jouent des sketches dont ils sont les auteurs («Le Guitariste», «La Rencontre du zéro et de l'infini», «Rééducation nationale », « Au nom de Zeus »), qu'ils chantent des chansons comme « A Joinville-le-Pont » ou, écrite en 1954 par Roger Pierre, « Rendez-vous au Pam-Pam » (« Un rendez-vous au Pam-Pam / Devant un jus de banane, / C'est ça qu'est bop, / C'est ça qui fait interlope »), ils sont dans l'air d'un temps aujourd'hui révolu : celui des guinguettes, des bals musettes, des poinçonneurs de métro. Celui de la joie de vivre. Ils se séparent en 1975. En 1984, ils donnent, au Théâtre Antoine, *Mes premiers adieux*, un spectacle qui rassemble d'anciens sketches ayant fait leurs preuves et de nouveaux ne manquant pas de poids.

C'est à L'Amiral, cabaret de la rive droite renommé pour ses revues, que nos deux fantaisistes s'étaient associés, un temps, avec Jean Richard. Natif de Niort, provincial bon teint, Richard s'est fait connaître par un sketch, « Le Chef de gare de Champignolles », qu'il interprète avec un savoureux accent campagnard. Acteur dans de médiocres comédies « à la française » comme on en produit tant dans les années 50, Richard tourne, pour le petit écran, dans la série tirée des *Maigret* de Georges Simenon. Il passe ensuite de l'autre côté de la barricade : le clown devient directeur de cirque.

Aux Trois Baudets, à L'Échelle de Jacob, à L'Écluse, chez Milord l'Arsouille, on voit également Hubert Deschamps dans des sketches (« Les Huns » et « Oui... mon adjudax ! ») signés Jean-Pierre Darras et Jean Cosmos ; Henri Garcin et son « Mariage avec B.B. » (Brigitte Boussac, et non Brigitte Bardot) ; Pierre Doris, conteur d'histoires cruelles ; Pierre Repp, chansonnier bafouilleur ; Roger Comte, chansonnier scientifique ; Gérard Séty, humoriste-transformiste ; Bernard Lavalette, auteur de sketches comme « La Maîtrise de la danse » coécrit avec Pierre Tchernia ; François Billetdoux, alors collaborateur du Studio d'essai de la radio d'État avant de se convertir à l'écriture théâ-

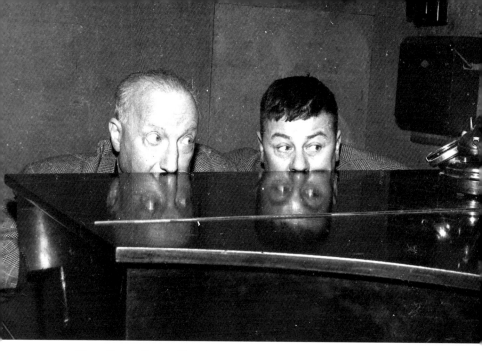

Pierre Dac et Francis Blanche, une paire d'as *(ph. Roger-Viollet).*

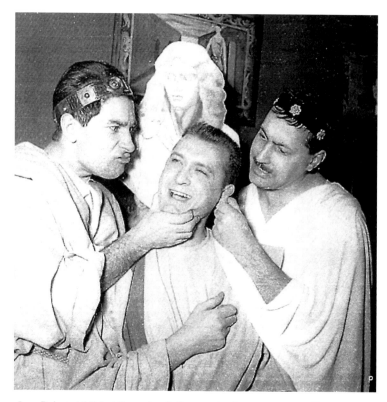

Jean Poiret et Michel Serrault, gladiateurs du rire, torturent un Claude Piéplu
hilare dans « Folies Richelieu », en 1965 *(ph. Universal Photo).*

Raymond Devos,
homme-orchestre
au théatre Montparnasse, en 1982
(ph. universal Photo).

◀ Fernand Raynaud,
un Auvergnat à Paris
(ph. Sygma).

Bernard Haller, lire entre les
lignes de la vie... et de la mort,
à Bobino en 1982
(ph. universal Photo).

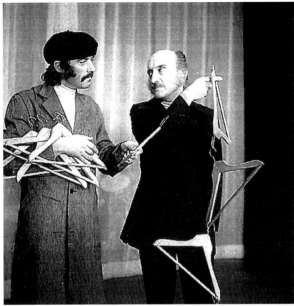

Les Frères ennemis, ni frère
ni ennemis, mais à tu et à to
répétant à Bobino en 1973
(ph. Universal Photo).

Roger Pierre et Jean-Marc
Thibault. Rions sous la pluie !
Chez Boussac dans les années 60
(d. r.).

Coluche : « Je suis né dans la rue ! », (à Pantin en 1983 *ph. Universal Photo*).

Thierry Le Luron... ou Luis
Mariano ? Au palais
des Congrès en 1980
(ph. Universal Photo).

Pierre Desproges,
le poseur de bombes
(ph. W. Karel/Sygma).

Guy Bedos et Sophie Daumier
dans « La drague », en 1973 :
un faméux couple
pour un fameux sketch
(ph. Universal Photo).

Les Inconnus : boire ou faire rire, ils ont choisi *(ph. Éric Robert/Sygma)*.

Pierre Palmade a des ennuis téléphoniques à La Cigale, en 1992 *(ph. James Andanson/ Sygma)*.

Muriel Robin : une bouille de clown *(1990. ph. James Andanson/Sygma)*.

Élie et Dieudonné, dangeureux humoristes « en garde à vue », le titre de leur dernier spectacle au Casino de Paris (ph. François Caillon).

Valérie Lemercier ? Géniâââle !
(ph. Laforêt/Gamma).

Les Vamps, ou la beauté intérieure
(ph. Noël Quidu/Gamma).

Alex Métayer, un G.O. à l'humour noir (ph. Universal Photo).

trale ; et, dans des monologues naïfs ou truculents, Jean Carmet, à qui, en 1974, Yves Boisset offre un des principaux rôles de *Dupont Lajoie* (au côté de Victor Lanoux).

Les troupes débarquent

Dès avant 1968, des comédiens au chômage et des auteurs prétendument injouables imaginent de résoudre la crise du théâtre en la niant. Ils changent de quartier et d'environnement. Fini les bonbonnières telles que la Galerie 55 ou L'Échelle de Jacob : ils transportent leurs pénates dans des salles qui, la veille encore, étaient des bistrots en ruine ou des ateliers désaffectés. Ils improvisent des scènes rudimentaires et, à la bonne franquette, devant des publics aléatoires entassés sur de simples banquettes, rodent leurs idées neuves. Sans chichi ni tralala, sans décors ni apparat, ils travaillent également sans filet. Une révolution. Qui va durer. Et qui n'est pas récente : « On joue la comédie dans les cafés, dans les caves, dans les greniers, sous des hangars. C'est une véritable épidémie[4] », écrivait un journaliste en 1838. A plus de cent trente ans de distance, c'est la même création sauvage, foisonnante, multiforme qui, dans un incessant renouvellement et à coups d'expériences éphémères, a enraciné une institution permanente : le café-théâtre. Toutes les audaces y sont permises, puisque, dans l'aventure, personne ne prend beaucoup de risques : banc d'essai, le café-théâtre pratique l'économie de bouts de chandelles. Il ne paie pas ses comédiens : ce sont eux qui, après le spectacle, passent parmi les spectateurs. Pas de charges sociales et, par conséquent, moins d'aléas financiers que dans les cabarets.

Des spectacles de copains, bricolés avec plus d'ingéniosité que de sous, de l'humour et un mépris flagrant des conventions font souffler un vent nouveau. On n'en est pas encore au one man show tel qu'il se conçoit aujourd'hui : pour l'instant, ce sont des troupes qui, sous l'apparence du théâtre, ne font qu'emboîter des sketches les uns dans les autres.

C'est La Vieille Grille qui donne, en 1964, le signal du départ. Puis Le Fanal. Le Café de la Gare, la Pizza du Marais, le Café d'Edgar, la Cour des Miracles et d'autres suivront. On n'en finit pas d'y recenser les succès imprévisibles – à commencer par celui du Splendid – qui, ensemble et dans le désordre, forgent une espèce de phénomène d'époque.

Le Splendid ? Lorsque les Inconnus montent sur la scène du Palais-Royal, il y a longtemps qu'Anémone, Josiane Balasko, Marie-Anne Chazel, Dominique Lavanant, Michel Blanc, Christian Clavier, Roland Giraud, Gérard Jugnot, Thierry Lhermitte, Bruno Moynot ont quitté leur quartier général de la rue des Lombards et investi leurs bénéfices dans le Splendid Saint-Martin. « Nous sommes un collectif d'individualistes ! », proclamaient-ils fièrement. Chacun d'entre eux roule aujourd'hui, avec des fortunes diverses, pour son propre compte.

Le café-théâtre n'aurait vraisemblablement pas existé sans eux. Pas plus que tous les comédiens qui ont pris leur suite. Mais il en est un qui aura, en plus, donné le ton à toute une génération d'humoristes : il s'appelle Coluche.

8

Coluche :
le zonard épanoui

«Si je devais être victime d'un accident de la route, je préférerais que ce soit en été, "sous le soleil exactement", comme le chante mon camarade Gainsbourg», avait dit un jour Coluche. Et il avait ajouté : «Le sang sur la neige, c'est peut-être décoratif, mais ça fait désordre[1].» A quelques heures près, son vœu aura été, en quelque sorte, exaucé.

Nous sommes le 19 juin 1986, dans l'arrière-pays cannois – ce n'est pas encore l'été. Il est 17 heures. Le soleil commence à décliner à l'ouest, vers le massif de l'Estérel. Il fait beau et chaud. Un agréable après-midi de fin de printemps, entre courtes averses et ciel lumineux.

Sur l'étroite route départementale n°3 qui, de lacet en lacet, conduit de Valbonne à Châteauneuf-Grasse, Coluche va bon train sur sa Honda 1100 rouge (75 km/h prétendront certains témoins, 55 km/h rectifieront les enquêteurs). Il approche d'Opio, un village sur les hauteurs, où il a loué un ancien monastère pour préparer le spectacle qu'il doit donner au Zénith en octobre. Une courbe, une ligne droite et là-bas, au bout, un semi-remorque qui barre littéralement la départementale. Coluche a-t-il vu le véhicule dont le conducteur effectue une manœuvre ? A-t-il cru pouvoir le contourner ? S'est-il retourné pour jeter un coup d'œil vers ses amis Didier

Lavergne et Ludovic-Marc Paris, qu'il a doublés quelques minutes plus tôt ? Il ne s'arrête pas. Il ne ralentit même pas. Lorsque Didier et Ludo arrivent sur les lieux, Coluche est mort, tué sur le coup, d'une fracture des vertèbres cervicales.

A Ludo qui l'a pris dans ses bras et le berce doucement, Coluche n'aura pas eu le temps de lancer un adieu, genre : «Je pars avec un gros poids lourd sur la conscience...» Il n'aura pas murmuré un de ces mots de la fin que l'on prête aux grands de ce monde, et, parfois, aux écrivains ou aux saltimbanques. Pas une de ces paroles définitives que l'on se plaît à colporter en prétendant que l'on a été le dernier à les avoir entendues.

Mort sans humour que celle-là ! Parce que trop tristement quotidienne. «Si la mort est à la fois une injustice et le premier symbole de l'égalité, déclare Thierry Le Luron, celle d'un comique nous émeut davantage encore en donnant un violent coup d'éclairage sur la dérision de l'existence. L'accident bête et méchant qui a coûté la vie au premier humoriste de France a frappé de stupeur le pays entier, pour une fois réuni dans une certitude : le roi du rire est mort et il n'aura pas de successeur[2].»

A force de tirer à vue sur tout ce qui bougeait, le «premier humoriste de France» avait fini par déranger les pisse-vinaigre qui ne pouvaient supporter qu'il s'attaquât ainsi à l'ordre établi, aux bonnes mœurs, au bien-disant. Il avait tourné en dérision les Belges comme les Arabes, les flics comme les curés, les pauvres comme les nantis, la gauche comme la droite. Avec le ton qui lui était propre. Issu du peuple, Coluche parlait peuple. Il n'avait jamais employé la langue de bois. Il n'épargnait rien ni personne. Beaucoup en avaient ri. Nombre d'autres en avaient été choqués.

Dès le 20 juin, les médias, dans leur quasi-totalité, rendent hommage au disparu. La presse lui consacre autant de manchettes qu'à Joseph Staline en 1953, ou à Charles de Gaulle en 1970. Elle ne ménage, dans sa grande majorité, ni les éloges ni les regrets. Huit colonnes à la une pour le «Spécial Coluche» de *France-Soir.* Treize pages dans celui de *Libération,* qui ouvre son numéro exceptionnel par une immense photo accompagnée de ce titre : «C'est un mec, y meurt...» L'éditorial de Serge July débute ainsi : «Accident de moto, mort sur le coup : coluchienne de vie, c'est la mort dans toute sa monumentale connerie. Et quel monument, celle de Coluche[3].»

Seule fausse note dans ce concert de louanges délivré par les quotidiens, la réaction, mi-figue mi-raisin, du *Figaro.* Un simple appel au bas de la une, renvoyant, page 36, au point de vue de Jean Cazeneuve, membre de l'Institut, qui écrit : «Des goûts et des couleurs ne cherchons pas à discuter. Les histoires graveleuses courent les rues depuis des siècles. Ce qui est nouveau, c'est qu'elles soient diffusées sans vergogne par la radio et la télévision.»

La plupart des «news magazines» privilégient, quant à eux, les aspects sociologiques du phénomène Coluche. Pour *L'Événement du jeudi,* «le message que l'artiste Coluche transmettait n'était ni de droite ni de gauche, ni provocateur, ni anar, ni soixante-huitard. Il était, au sens propre du mot, profondément réactionnaire dans la mesure où c'est au nom d'un passé nostalgique qu'il dénonçait – avec quelle truculence ! – notre civilisation d'aujourd'hui, climatisée, ripolinée, aseptisée...» «C'était Sancho Pança, avec les élans de Don Quichotte et un sens de la générosité pratique qui lui évitait de rompre des lances contre de chimériques moulins à vent», écrit René

Bernard dans *L'Express*. Et, dans *Le Point*, Pierre Billard résume ainsi les avatars de l'humour coluchien : «Le rejet du discours politicien, le désarroi d'une société sans valeurs, la digestion des utopies post-soixante-huitardes, le glissement vers des actions de solidarité [allusion aux Restaurants du cœur] et de défense des droits de l'homme : Coluche exprimait tout cela avec la verve, le cynisme et l'exceptionnel bon sens qui étaient les siens... »

Misère !

28 octobre 1944. Une grande partie de la France vient à peine d'être libérée lorsque Michel Colucci fait son entrée en scène dans un immeuble en brique noire de la rue Émile-Boutroux, à Montrouge, à deux pas de la mairie et à quelques encablures du boulevard Brune, qui marque la frontière entre ce que l'on appelle encore «la zone» et la capitale.

Les débuts de Coluche ne sont guère ceux d'un enfant gâté. Papa Colucci, maçon et peintre en bâtiment, meurt en 1947 : Michel a tout juste trois ans. Pour élever Michel et Danielle, sa sœur aînée, maman Colucci, Monette dans l'intimité, doit travailler. Marchande ambulante de fleurs à la station de métro porte d'Orléans, elle a tout juste de quoi joindre les deux bouts. «La misère, dira Coluche à Philippe Labro, c'est comme un grand vent qui vous déferle sur toute la gueule et qu'arrête pas de souffler toujours dans la même direction[4]. » Dans son sketch intitulé «Misère», il chante : «Misère, Misère... / C'est toujours sur les pauvres gens / Que tu t'acharnes obstinément... / L'argent ne fait pas le bonheur des pauvres. » Et il murmure amèrement : «On a plus de contacts avec un chien pauvre qu'avec un homme riche. »

162

Cette misère ne ressemble pas à celle, toute relative, qu'ont connue Devos ou Raynaud. Coluche est orphelin et pupille de la nation. Il n'a pas de père à admirer – ou à détester – qui pousse des coups de gueule lorsque son fils s'écarte du droit chemin. Le père, Coluche l'a remplacé. Par des potes. Des Montrougiens, comme lui. De vrais gars de banlieue. La banlieue d'avant. Avec, déjà, ses fractures sociales et les bagarres entre bandes rivales. On brise des vitrines. On vole à l'étalage. On se retrouve, en groupe, dans des commissariats où l'on côtoie d'autres voyous présumés – qu'ils soient paumés ou fils de pauvres.

Comment se faire respecter lorsqu'on est gros et que l'on souffre de l'être ? On apprend le judo ou on fait marrer les copains. Coluche choisit de les faire marrer. Il traîne avec eux toute la journée et ne rentre que tard le soir à la maison. Sa mère ne lui pose même pas la question rituelle : «Quoi de neuf en classe ?» Elle sait qu'après avoir participé à l'épreuve de dictée du certificat d'études, Michel a déserté l'école et que rien ni personne ne l'y feront retourner. Ce qui ne l'empêche pas de s'interroger sur la condition humaine et, par conséquent, sur la sienne : «Un jour, on s'est aperçu qu'on avait quinze ans. Qu'est-ce qu'on allait foutre de notre vie ? A Montrouge, on ne voyait que des cheminées d'usines et des H.L.M. C'était pas gai-gai. Les uns pensaient à devenir voleurs, les autres, commerçants, parce que les commerçants sont des voleurs qui ont le droit de l'être. Moi, je raisonnais à l'envers : je voulais devancer l'appel pour être revenu plus vite du service militaire, épouser illico une petite et posséder un frigidaire sur la cour. Ça ne tenait pas debout... Alors, j'ai dit aux copains qu'on était des cons, qu'il fallait faire comme les gens intelligents. C'est-à-dire, aller au cinéma, jouer aux échecs et parler art. Ça a impressionné tout le monde[5]. »

Avec l'ami Bouteille

Entre 1960 et 1965, Coluche se conduit comme un « mec intelligent » : il ne va pas seulement au cinéma, il travaille. Il est télégraphiste, vendeur de journaux, marchand de légumes, puis de fleurs (avec maman), photographe, serveur, chanteur de rues – comme Piaf. Quatorze boulots en tout. Qui ne rapportent que des clopinettes. Il faut croire que l'intelligence ne paie pas. Pas encore, en tout cas. Car on en apprend beaucoup, à essayer de vendre des roses ou à tendre sa sébile à la terrasse des cafés. On enregistre des tas de détails, gais ou tristes, qui peuvent, à première vue, sembler sans importance. Il arrive même qu'on les note sur un petit carnet. Ils serviront plus tard.

Un soir de mai 1965, Coluche entre chez Bernadette, un cabaret de la rue des Bernardins, pour faire la manche. « On m'a finalement gardé pour la vaisselle, le ménage, les courses, la cuisine. Et comme il y avait un cabaret et que personne ne voulait commencer, c'est moi qui ai assuré le lever de torchon, avec une guitare et deux chansons de Brassens ou de Bruant[6]. » Il a choisi un pseudonyme, celui, du reste, qu'il porte depuis l'enfance, Coluche. Ça sonne mieux que Colucci, trop rital : certains Français ne peuvent pas s'empêcher d'être racistes et xénophobes. C'est donc sous ce nom que, en 1966, il se fait engager par le patron d'un autre cabaret, La Méthode, situé rue Descartes. Il en assure la programmation. Et s'empresse d'engager un traîne-savate qui écume, lui aussi, les boîtes du quartier et se nomme Romain Bouteille. Il a d'épaisses lunettes et une voix rocailleuse. Sa spécialité :

l'humour grinçant, tel qu'on le pratique sur une rive gauche qui commence à battre de l'aile. L'un après l'autre, les chanteurs et les amuseurs de talent, hier inconnus, sont parvenus à la notoriété. Ils ont été happés par le music-hall.

Bouteille s'ennuie à La Méthode. Il a senti le vent tourner. Le cabaret, tel que leurs anciens l'ont connu, a vécu. Il est déjà remplacé par cette autre forme d'établissement que l'on a baptisé «café-théâtre». Bouteille brûle de créer son propre café-théâtre. Il convainc Coluche de quitter La Méthode et de le suivre. En juin 1968, les deux compères s'installent dans un local désaffecté de la rue d'Odessa, près de la gare Montparnasse. Huit mois de travaux leur valent 80 000 francs de dettes. Mais il ont réussi à former une petite troupe d'amateurs composée de Patrick Dewaere, Sotha, la compagne de Bouteille, Henri Guybet, Renaud, le futur chanteur, et Sylvette Herry, la fiancée de Coluche.

Sylvette est titulaire d'un diplôme d'ouvrière tapissière. Coluche l'a rencontrée place de la Contrescarpe, un soir de bal. Il l'a trouvée un peu gnan-gnan, un peu «miou-miou», comme il dit. Elle a gardé ce surnom. Gênée, au début, elle finit par s'accommoder de la nouvelle identité dont Coluche l'a affublée. Comme elle va, tout doucement, se glisser dans la défroque de comédienne que Michel et Romain lui imposent. Ils joueront, avec Dewaere et Sotha, deux pièces écrites collectivement : *Robin des quoi* et *Allume, j'étouffe*. Miou-Miou découvre la scène. Coluche découvre l'écriture. Miou-Miou est devenue actrice. Elle continue à tourner. Coluche écrira jusqu'à la fin.

L'aventure de ce premier Café de la Gare, «théâtre en anarchie» selon Bouteille, dure deux ans. Fin 1970, tout le monde finit par s'engueuler. «Coluche était un grand bonhomme, pas nécessairement par vertu, dit Romain. La générosité, c'est le salaire de l'autoritaire : Michel avait l'intransigeance qui correspond à cette autorité. Mais la démocratie régnait dans notre équipe. Toute la troupe vivait dans l'égalité absolue. Personne ne commandait, personne n'avait à obéir. Coluche a voulu en être le leader. Ce n'était pas le genre du Café de la Gare[7].»

Coluche a toujours été peu à l'aise en équipe, à moins de la diriger. Mais il n'est pas facile à vivre. Sous l'empire de la colère, il lui arrive de tenir des propos qui dépassent sa pensée et qu'il regrette aussitôt. «C'était un employé un peu surprenant, raconte un fleuriste qui avait fait travailler Michel, alors âgé d'une vingtaine d'années. Il jaugeait son client : s'il était à son goût, il passait une heure à lui composer un bouquet. S'il ne l'était pas, il se réfugiait dans l'arrière-boutique. Avec ses collègues aussi, il était capricieux. Il travaillait au côté d'une dame âgée qui faisait un régime à base de biscottes sans sel. Un jour, il a brisé tout le paquet de biscottes d'un grand coup de poing. Allez savoir pourquoi ! Lorsque j'ai eu des problèmes financiers assez graves, j'ai annoncé à mon personnel que je ne pourrais garder tout le monde. Michel est venu me trouver. Il m'a dit : "Gardez la vieille dame, elle a besoin de travailler. Moi, je suis jeune. Je me débrouillerai[8]."»

Le Coluche nouveau est arrivé

Viré – ou parti de son plein gré, Miou-Miou sous le bras –, Coluche quitte donc le Café de la Gare. Le cœur plus gros qu'il ne veut l'avouer, mais la tête bien remplie. Il n'est pourtant pas encore prêt pour l'aventure du one man show. Avant de monter sur une scène digne de ce nom, il lui reste des étapes à franchir. Ce n'est pas l'humilité qui le rend prudent, c'est l'orgueil. On entrevoit déjà ce que sera Coluche, lorsqu'il aura atteint à la célébrité : « Un monument sur lequel il ne faudra pas venir chier. » Pour imiter Bouteille, qu'il continue à admirer, il crée sa propre troupe, Le Vrai Chic parisien, qui prend, rue d'Odessa, la place laissée vacante par le Café de la Gare, émigré rue du Temple. Coluche offre au Vrai Chic un répertoire. Des pièces sur lesquelles les comédiens, Gérard Lanvin, Martin Lamotte ou Véronique Kantor, qu'il épousera en 1975, ont l'autorisation de broder à volonté. Tout d'abord, *Thérèse est triste* (Coluche, au dernier moment, a supprimé la deuxième partie du titre : *« parce qu'elle rit quand on la baise »).* Viennent ensuite *Ginette Lacaze 1960,* comédie rock inspirée des années yéyé sur fond de guerre d'Algérie, *Ils sont arrivés à pied par la Chine* (contrepèterie devenue classique) et *Introduction à l'esthétique fondamentale :* « Il s'agissait de six mecs qui passaient le réveillon de Noël ensemble devant une table bien garnie. C'était, chaque soir, une bouffe gigantesque. On ne disait que des banalités. Le texte était insignifiant, la mise en scène était plate et les gens se marraient tout le temps. Un truc étonnant. Dans la pièce, tout le monde était con. Hélas, il y en avait un que les cons prenaient pour un con [9]... »

Le dîner de cons se termine à peu près comme *La Grande Bouffe :* par une indigestion. Dont Coluche est l'une des premières victimes. Très vite, il ne peut plus supporter sa troupe. En 1973, il tire sa révérence sur ces mots : « Attention, les gars ! C'est moi, maintenant, qui vais être la vedette, et vous l'aurez dans le cul. Je vous laisse donc le théâtre, les costumes, la pièce, tout. C'est simplement Coluche qui s'en va [10]. » Coluche revient pourtant, au printemps 1974, avec un spectacle pour lui tout seul, *Mes adieux au music-hall*, que Paul Lederman et son associé, Claude Martinez, lui proposent d'enregistrer. « On en vendra 25 000 ! » s'esclaffe Coluche. « Ce sera un best-seller ! », répond Lederman. 250 000 disques s'arracheront en quelques semaines.

Martinez et Lederman entrent dans la vie de Coluche, alors que *Ginette Lacaze 1960* passe en première partie du spectacle de Dick Rivers à l'Olympia. Lederman, eximprésario de Claude François et de Françoise Hardy, est le manager d'un imitateur, Thierry Le Luron, et de Green et Lejeune (dont le *Pot pour rire, Monsieur le Président* s'est vendu à un million et demi d'exemplaires). En Coluche, il voit le futur grand comique français. A ce comique, il faut un décor. Début septembre 1974, Lederman débaptise un restaurant des Champs-Élysées, Jour et Nuit, qu'il renomme Caf'Conc'. A-t-il sacrifié à l'une de ces modes rétro souvent destinées à masquer le manque de créativité des artistes ? Pas si sûr... Car si la formule rire + variétés ne doit rien au café-concert de nos aïeux, elle n'est pas née de parents inconnus : elle constitue un compromis entre les cabarets de la rive gauche, atteints par la limite d'âge, le café-théâtre, réservé aux débutants, et le music-hall, frappé, déjà, d'anémie pernicieuse. Lederman n'a cherché qu'à offrir à sa star un lieu original pour un talent qui ne l'est pas moins.

Une star incontrôlable, imprévisible. Dont les sketches entretiennent, de bout en bout, l'équivoque. Coluche attaque les petits épargnants ? On en veut à cet ancien pauvre de jouer les nouveaux riches. Il crache sur les banquiers ? Le voilà taxé d'hostilité envers le capital. Il s'en prend aux juifs, aux Noirs, aux Arabes ? L'extrême droite rit. Et la gauche l'accuse aussitôt de racisme. Se moque-t-il des anciens combattants ? Les objecteurs de conscience y voient une prise de position antimilitariste. Et les médaillés de 14-18, comme ceux de 39-45, sortent leur escopette.

En réalité, Coluche est, comme le revendiquait *L'Os à moelle*, « contre tout ce qui est pour et pour tout ce qui est contre ». Mais il cache bien son jeu. Il ne cède qu'à ses impulsions du moment. Et au besoin de ratisser large en faisant rire, coûte que coûte, toutes les franges de la population. N'importe ! Le Coluche nouveau est arrivé. Protégé du sérieux par son énormité et son talent. Séparé du public par ses lunettes rondes, sa salopette rayée, son jean bleu, son tee-shirt jaune qu'il arbore depuis le Vrai Chic. Une véritable tenue de clown, inséparable de ce Coluche très vinaigré.

L'andouille qui fait l'imbécile

Voici Coluche, tel qu'il se dépeint dans son « Autoportrait » : « Avec mon air qu'on connaît partout, / Mes salopettes râpées aux genoux / Et mes lunettes sur mon gros nez, / C'est pourtant vrai que j'ai l'air con. / Quand je tombe par hasard devant une glace, / Il m'arrive de me faire marrer. / J'suis l'andouille qui fait l'imbécile... / Mon nom sonne comme une maladie, / Mais, grâce à ça, je traîne au lit, / L'air con me fait la vie facile. / J'n'ai pas d'message ni d'méchanceté [11]. »

« Pas d'méchanceté » ? Non ! Tout juste une certaine inconscience qui, parfois, lui fait porter des jugements plutôt cruels. Quelques semaines avant son premier spectacle dans un music-hall, l'Olympia, en 1975 : « Je connais plein de types bourrés de talent qui n'exploseront jamais, parce qu'ils refusent le vedettariat. Prenez Romain Bouteille. Il est, à mon sens – et j'ai beaucoup de bon sens, soit dit sans me vanter –, le meilleur directeur d'acteurs de France. De chez lui, du Café de la Gare, sont déjà sortis Miou-Miou, Patrick Dewaere et votre serviteur. Bouteille part du principe que tout le monde naît comédien et qu'il suffit de corriger son jeu au besoin. Eh bien ! il préfère végéter dans son café-théâtre plutôt que de triompher sur une grande scène, car il veut pouvoir continuer à faire son marché sans qu'on lui demande de signer des autographes alors qu'il a cinq kilos de patates dans une main, six bouteilles de vin dans l'autre. Moi, j'ai choisi[12]. »

Coluche choisit la télévision, la radio, les interviews : Lederman, son éminence grise, est là pour lui rappeler à tout moment le rôle que jouent les médias dans la carrière d'un artiste. Michel ne se fait pas prier pour satisfaire aux règles de la promotion, tout en continuant à se méfier des journalistes, de leurs critiques, de leurs jugements, de l'interprétation qu'ils donnent à des propos pas toujours mûrement pesés.

Coluche se laisse aussi tenter par le cinéma. Il accepte de tourner, avec Jean Rochefort, dans un film signé Gotlib, l'auteur de bandes dessinées, et Patrice Leconte, qui l'a réalisé, *Les vécés étaient fermés de l'intérieur.* « Michel est incontestablement un homme de génie et, comme tous les génies, il est à la fois odieux et passionnant, dit Jean Rochefort à la sortie des *Vécés*. Il a su sortir de son personnage de music-hall, faire une véritable création de comédien. Je suis sûr qu'il réussira au cinéma... » Un critique anti-coluchiste écrit : « Coluche, c'est tout le contraire de Raynaud. La vulgarité ? Loin de la fuir, il s'en régale. L'effet tonitruant, il ne l'adoucit pas. Il le vocifère. Il simule une diction pâteuse. [...] S'il se borne à jouer du seul comportement verbal, il risque de lasser plus rapidement le spectateur[13]. »

Le navet – car c'en était un – de Patrice Leconte ne sort qu'en janvier 1976. Entre-temps, il y a eu Bobino...

La moulinette Coluche

Depuis l'été 1975, «Le Schmilblick», parodie du jeu télévisé de Guy Lux, a tout emporté. Fait exceptionnel, il a devancé tous les tubes sur les juke-boxes de l'Hexagone. Les radios débitent du Coluche pour distraire l'auditeur entre les laïus moralisateurs des préposés à la vertu du petit matin et la réclame pour les merveilleuses vacances au soleil tropical. Coluche, imperturbable, suit le train. Pendant les deux heures de Bobino, il va faire hurler de rire – toutes les trois secondes – en déballant sa panoplie de personnages taillés sur mesure par lui et pour lui. De temps à autre, il reprend son souffle, murmure : «Arrête tes conneries...», rappel lancinant de ses limites, qui sont aussi les nôtres. Les spectateurs, complices, s'esclaffent. Ils réfléchiront plus tard, lorsqu'ils auront regagné leur foyer.

Les personnages du «Schmilblick» étaient légion en 1974. Ils sévissent toujours aujourd'hui : Moulinot, marchand d'articles de pêche à Cajarc ; Émile Dumoulin, compagnon de la Libération ; Ben Salim, ouvrier maghrébin ; Jean-François, coiffeur à Paris ; Van Krout, un Belge ; et surtout, papy Moujot, le héros gâteux que la France entière a appris à connaître, avec son béret, sa mine ahurie, son mégot à la bouche et son cabas. Une silhouette. Une vérité en un clin d'œil. C'est la boutique de province, la guerre et ses décorations, le racisme que l'on n'avoue jamais : le petit monde du «Schmilblick» est un concentré de l'Hexagone.

Ce sketch marque le passage d'un Coluche, simple conteur d'histoires un peu lourdes ou vachardes, à

171

un Coluche témoin fidèle de ce fragment de siècle. Comment a-t-il eu l'idée, fin mai 1975, d'aller chercher dans les oubliettes de la télé le jeu de Guy Lux qui en avait acheté le titre à Pierre Dac? «Moi, ce jeu m'avait toujours fait marrer. Des bonshommes qui défilaient devant les caméras de la téloche, s'emberlificotaient dans leurs phrases, injuriaient Guy Lux – baptisé Minux –, s'expédiaient leurs petits messages personnels. Incroyable! Un jour, je me suis dit : "Je vais en faire un sketch!" Je suis allé voir Guy Lux. Il a pigé tout de suite. Il a voulu me faire entendre les bandes de l'époque. J'ai refusé net. La vérité n'est pas la reproduction. Fallait que je passe mes bonshommes à travers mon propre filtre. Le seul moyen pour qu'ils deviennent criants de vérité [14].»

Va pour «Le Schmilblick»! Mais après? Une fois le petit million de disques écoulé, M. Moulinot et papy Moujot seraient vite retournés au néant d'où Coluche les avait sortis. Encouragé par ses producteurs qui croient plus en lui que lui-même (la formule est de Coluche), il se met à regarder la France. Pas au fond des yeux, mais à bras-le-corps. Il la saisit dans ses gestes, ses vanités, ses préoccupations. Et nous livre ses réflexions, en nous lessivant à grande eau de notre hypocrisie, de nos uniformes, de nos certitudes approximatives.

La France de Coluche? Dès qu'un personnage fait rêver ou rire, il se trouve un zozo pour lui coller la République sur le dos. Il y a, paraît-il, la France de Sheila, celle de San Antonio, celle de «La Pêche aux moules»... Michel est trop avisé pour tomber dans ce piège. Il va exhumer de son passé les créatures qu'il a pu observer de près ou de loin, piquer, ici ou là, des silhouettes qui l'amusent ou l'irritent, puis les coller, toutes ensemble, dans la moulinette Coluche. Il en sortira de minuscules bonshommes qui peupleront l'immense théâtre où, à lui tout seul, il fait défiler, avec ses yeux, son nez, son ventre, ses bras, ses jambes et son rire grasseyant, des nuées de types que nous rencontrons dans le métro, sur les routes, à la campagne. Nous-mêmes, en somme. Mais il ne se contente pas de raconter. Il émet, pour les spectateurs et, sans s'en douter, pour la postérité, des opinions qui sont les siennes et dont il ne démordra pas. Comme Guy Bedos, il se met en avant et ne se réfugie pas derrière des personnages dont il ne serait que l'interprète. Il parle en son propre nom. Lorsqu'il arbore un nez rouge, ce n'est point pour nous avertir qu'il ne faut pas le prendre au sérieux, mais pour nous signifier que les temps que nous vivons sont devenus clownesques.

Numéro un à Bobino : le flic. Plus bête que nature, le représentant de la force publique évoque ses rapports acerbes avec les automobilistes, les hippies, les Arabes («Plus ils sont basanés, plus ils sont louches !»). Et Coluche ajoute : «On est entre jeunes, qu'est-ce qu'on se fend la gueule !»

Numéro deux : l'ancien combattant, Émile Dumoulin, qui figure dans «Le Schmilblick». Accessoires : une béquille, un béret, une médaille. Juron préféré : «Nom de Dieu !» Il adore les «commémo» parce que l'on peut y boire gratuitement, aux frais du contribuable.

Numéro trois : le cancer. Sketch tristement d'actualité vingt ans plus tard. Coluche y met en effet dans le même sac Sécurité sociale, médecins et malades. Et ajoute : «La cirrhose, ça c'est une maladie bien de chez nous.» Une phrase que l'on retrouve sous une autre forme dans «Tel père tel fils», où un père alcoolique s'en prend à son fils drogué : «Nous, les anciens, nous sommes des patriotes. On picole pour éponger l'excédent de pinard.»

A l'occasion d'un sketch mettant en scène un loubard, Michel se penche sur son passé d'enfant de la zone.

Habillé en rocker, blouson clouté et santiags noires, il détaille les théories fumeuses du «ringard rocker» sur Dieu. C'est l'Évangile selon Coluche. Avec cette conclusion en forme de calembour : «Jésus crie et la caravane passe.» Il se moque également des Belges, des Suisses («Quand on rencontre un vrai con en Suisse, c'est un Belge») et des racistes («Il y a moins d'étrangers que de racistes en France»).

Et puis, plus de grimaces, plus de tics. Les mains enfermées dans des gants de boxe, Coluche se met à jouer sur un violon miniature. Deux minutes de douceur, la poésie du vieux Grock, celle de Raymond Devos. Un autre monde à l'intérieur de son propre monde. La salle essaie de se composer une attitude recueillie. Trop tard ! Coluche a déjà repris sa panoplie d'Auguste. Et nous balance en pleine figure d'autres sketches qui, des années après, ressemblent furieusement, quoi qu'il en dise, à des messages. «Je suis le premier comique engagé, bien que, politiquement, je ne sache plus où j'en suis, dit-il. Je ne suis plus communiste et je ne suis pas encore anarchiste. De toute façon, je suis de gauche comme tous les comiques, à commencer par Molière. Et puis, je suis plus agressif que les comiques des générations d'avant. Mes vrais maîtres sont Bouteille, Rufus et Higelin – quand il voulait encore faire rire. Je parle d'une façon marrante de tout ce qui n'est pas drôle. Le racisme, les infirmités, la guerre, la misère, etc. Ce qui me fait rire, ce sont toutes les dingueries du monde moderne. Ainsi, par exemple, on n'a jamais constitué autant de comités pour la paix que maintenant. Or, il n'y a jamais eu plus de guerres. Même chose pour le racisme. Personne n'est raciste, bien sûr, mais juifs, Arabes, Noirs, Blancs, tout le monde se déteste. Personne non plus n'est de droite, mais nous vivons en régime gaulliste [15].»

174

Coluche reviendra à plusieurs reprises sur cette étiquette de « comique engagé » : « On ne va pas tarder à me le reprocher. Il paraît que je suis démagogue. La diplomatie ressemble beaucoup à la démagogie. La première est une qualité, l'autre est un défaut. Cause toujours. J'ai des idées politiques, c'est vrai. Quand on est de gauche, on est toujours partagé entre deux possibilités : est-ce qu'on vote pour Mitterrand, puisque c'est le seul qui peut faire bouger quelque chose ? Est-ce qu'on ne vote pas, puisque, de toute façon, rien ne bougera ? Au fond, je suis arrivé à la conclusion que tout est incompréhensible, que la vie est triste, qu'il vaut mieux rire de tout et tourner en dérision ce qui nous choque. J'ai choisi la politique du pire, celle que j'ai apprise, lorsque j'avais quinze ans, à Montrouge, en cassant les carreaux [16]. »

A Bobino, Coluche, « premier comique engagé » et premier humoriste à passer du café-théâtre au music-hall, a trouvé ses marques. Il faut, comme on dit, saluer l'artiste, car la partie n'était pas jouée d'avance. « Ce n'est pas difficile d'être une vedette, dit-il maintenant. Ce qui est difficile, c'est d'être un débutant... »

L'homme qui rit

Bien malin le docteur ès humour qui, en 1974, aurait osé comparer Coluche à Fernand Raynaud, voir en lui le petit frère de Robert Lamoureux, le beau-frère de Jean Yanne, le cousin de Jacques Martin. Les jeunes branchés qui se tordaient de rire en voyant *Ginette Lacaze* ou l'*Introduction à l'esthétique fondamentale*, et criaient « Coluche ! Coluche ! » sur l'air des lampions, ne pouvaient prévoir que la stature de ce costaud à chaussures jaunes et aux petites lunettes de trois sous deviendrait « hénaurme », que Coluche deviendrait irrésistible.

Deux ans auparavant, Michel courait de-ci de-là, essayait de faire rire, cherchait de l'argent pour payer les costumes ou l'ordinaire de son petit foyer où Véronique et leur fils, Romain (hommage à Bouteille), vivaient parmi une collection de machines à sous. Il parait au plus pressé, comme un plombier qui constate que son tuyau est une passoire. A Bobino, chaque soir, la foule est en délire. Il entre en scène. Elle rit. Il porte la main à sa poche. Elle rit. Il se penche. Elle rit. Il ne fait rien, il fait quelque chose, il s'en va, il revient. Elle rit.

L'homme qui rit, c'est lui. Le père Hugo avait cousu la bouche de son rescapé avec un fil et une aiguille. Coluche n'a eu besoin ni de l'un ni de l'autre. Il s'est fait la tête du monde qui l'entoure. Il a un petit peu forcé le trait. Et le théâtre a commencé à s'écrouler.

Son univers est pareil à un puzzle : la tête de Giscard à la télé, les tickets-restaurant, les petites amies qui se barrent, les jules qui se font la malle, papy Moujot qui ressasse les tranchées de 14-18, Moulinot qui débite ses articles de pêche, le rocker qui voudrait filer à mille à l'heure pour s'épater lui-même... Alors, Coluche les délivre tous. Il est l'aboutissement logique de Mai 68 : un formidable éclat de rire. Ubu sorti de sa trappe et grimpé sur scène pour annoncer au peuple assemblé qu'Ubu est désormais partout : « La criiise... »

Le soir du 31 décembre 1974, Coluche vient, sur Antenne 2, présenter ses vœux aux téléspectateurs. Ce soir-là, des millions de Français interrompent leur réveillon pour voir le « bon gros qui n'veut pas s'laisser emmerder par les cons... », ces cons dont il affirme faire partie. La télé, Coluche en tâtera souvent : c'est Canal + qui popularisera le célèbre « Enfoirés ! » lancé à la face de ceux qu'il aimait – ou qu'il n'aimait pas.

Fils de Louis de Funès

Du one man show de Coluche à Bobino à sa mort en 1986, il ne s'écoulera qu'une décennie. Dix années peu moroses, encore que, pour paraphraser Henri Rochefort, « la France compte environ cinquante-trois millions de sujets, sans compter les sujets de mécontentement ». Entre la droite qui gouverne depuis trop longtemps, la gauche qui fait semblant d'être unie, l'inflation qui vide les porte-monnaie, les attentats terroristes, la guerre froide et le péril jaune, le pays se laisse aller à l'inquiétude. En attendant de s'abandonner à l'angoisse obsessionnelle.

Les seuls médecins capables de déterminer avec précision l'origine de nos douleurs et de nous administrer des remèdes sont les humoristes. Ils ne manient pas la langue de bois, mais la langue de vipère. Sans trémolo dans la voix, sans contorsion de langage, sans ces formules toutes faites qui sont l'apanage des hommes politiques, ils nous soulagent de nos maux à nous avec leurs mots à eux. Des mots qui leur viennent, quoi que l'on puisse penser, autant du coeur que de l'esprit.

Mais le petit monde de Don Colucci n'englobe pas encore cette énarchie qui encombre les allées du pouvoir. Coluche, pour l'instant, penche vers Fernand Raynaud. Il ne rejoindra que plus tard Guy Bedos qui, lui, ne craint pas de tirer dans toutes les directions, principalement sur sa droite. Les deux amuseurs se connaissent bien. Depuis *Le Pistonné*, film réalisé par Claude Berri en 1969, dans lequel Coluche avait tenu un petit rôle. « Je me souviens d'un souper avec Jacques Martin et lui, raconte Bedos. Ils s'adressaient à moi comme des grands frères, me conseillaient de ne pas parler des gens du métier, de la politique... Plus tard, ça m'a fait rigoler quand j'ai vu l'un créer "Le Petit Rapporteur" à la télé, l'autre devenant Coluche tel qu'en lui-même [17]. »

Jusqu'en 1978, Coluche ne touche que rarement à la politique. Non qu'il la respecte, ou la redoute, mais peut-être exhale-t-elle une odeur si nauséabonde qu'il préfère se contenter de ce dont il se nourrit habituellement : les bonheurs et les malheurs quotidiens des Français. Et puis, comme il le proclame, il a d'autres chats à fouetter : « Moi, pour les sketches, cette année, je passe mon tour. Lorsque vous verrez Pierre Péchin ou les frères Jolivet, dites-leur de se magner ! Je me sens un peu seul. S'ils ne prennent pas la relève, hors Devos qui restera notre maître vénéré à tous, le music-hall va finir par être un peu triste [18] ! »

Coluche « passe son tour » parce que, en cette année 1976, il doit tout d'abord tourner dans *L'Aile ou la Cuisse*, produit par Christian Fechner et réalisé par Claude Zidi. Avec Louis de Funès, qui se remet d'un infarctus survenu le 21 mars 1975. Coluche face à de Funès (son père, dans le film), c'est le Palais-Royal contre Bobino, le vif-argent contre le nonchalant, le rire un peu guindé contre le comique truculent. On attendait des heurts, sinon des brouilles... Miracle ! Les deux amuseurs n'arrêtent pas de se faire rire. Mieux encore : Louis de Funès exige que le nom de Coluche figure sur l'affiche du film en aussi gros caractères que le sien. En six semaines, *L'Aile ou la Cuisse*, sorti début octobre – mois où naît Marius, le deuxième fils de Michel –, enregistre 700 000 entrées à Paris.

Le 28 octobre, pour son trente-deuxième anniversaire, Coluche ressuscite *Ginette Lacaze* à l'Élysée-Montmartre. « Je me rattrape, parce que le rock, j'ai tout raté, dit Coluche. Quand les mecs, en 60, se sont mis à monter leurs mobs, de la gomina sur les cheveux, j'avais quinze berges...» Et il résume ainsi l'intrigue de *Ginette Lacaze 1960* : «L'histoire d'amour banale de Bobby (c'est moi !) qui tombe dingue de Ginette Lacaze (Myriam Mézières, du Grand Magic Circus de Jérôme Savary) qu'il a connue chez les scouts. Ils décident de se lancer dans l'aventure du twist de banlieue. Bobby chantera, Ginette sera secrétaire du groupe. Survient, pour une audition, l'imprésario Romblum. Il n'écoute personne, mais, à la fin, il embarque Ginette. Alors, les mecs de la bande se reclassent. Qui épicier, qui pharmacien. Mais, comme ils sont quand même potes, ils se retrouvent le samedi soir pour faire balloche. Et le spectacle se termine là-dessus. Sur l'image crasseuse de Gus qui joue des cha-cha-chas. [...] Dans les autres rôles, il y a Josiane Balasko, Thierry Lhermitte et Christian Clavier, du Splendid. On est entre nous, quoi [19]...»

L'année 1977 voit Coluche se partager entre cinéma et music-hall. A Monpazier, entre Cahors et Bergerac, en plein pays du foie gras, il tourne *Vous n'aurez pas l'Alsace et la Lorraine* («qui aurait pu s'appeler, dit-il, *Les ours se suivent*»). Il en a écrit le scénario en huit jours, les dialogues en un mois. Et c'est lui qui réalise, au grand scandale des gens du métier, cette pochade qui connaîtra le même flop que *Les vécés étaient fermés de l'intérieur*. «Grospif est un roi tyrannique qui opprime ses sujets. Un jour, ses ministres, des hommes de gauche, le jettent en prison. Il en est délivré par une espèce de Don Quichotte, style Châtelet, qui, à chaque fois qu'il apparaît, chante, avec la voix de Luis Mariano sur une musique de Gainsbourg, *Je suis le chevalier blanc*. Ce chevalier convainc le roi des Belges, son cousin, d'envahir l'Alsace et la Lorraine pour faire diversion et se réinstalle sur le trône, acclamé par son peuple. Ça vous rappelle quelque chose ? Ouais ! C'est possible. On n'échappe pas à la politique, hein[20] ? »

Comme dans *Ginette Lacaze*, Coluche, qui a endossé la tunique brodée et la culotte bouffante de Grospif, a fait appel à sa famille du café-théâtre – Anémone, Gérard Lanvin, Martin Lamotte. Ce qui ne l'empêche pas, en plein tournage, de proposer ses services à Jean Richard : « Je me suis monté un numéro de clown. Je suis prêt à partir en tournée avec lui. Il y a longtemps que je voulais le lui proposer, mais je n'ai jamais osé l'appeler. Je me tiens à sa disposition[21]. »

Jean Richard ne donnera pas suite à cette proposition. C'est au Théâtre du Gymnase que, en décembre 1977, Coluche exerce des talents de clown dont il semble que le créateur de *Champignolles,* devenu directeur de cirque, n'ait pas voulu.

La galerie des cons

L'histoire de Coluche humoriste aurait pu s'arrêter à son Bobino de 1975-1976, sans qu'il faille ajouter le moindre commentaire. Tout Coluche était déjà résumé dans ce deuxième one man show – après celui du Caf' Conc' –, avec son éternelle salopette rayée, ses baskets jaunes, ses lunettes à trois sous, son violon, sa trompette, sa bouille ronde, son nez d'épicurien, son rire, ses mimiques qui n'appartiennent qu'à lui et qui sont celles d'un Auguste de grande classe. Dans cette lignée de comiques – Devos, Raynaud, Bedos, Haller –, Coluche, physique aidant, s'est taillé une place que personne ne lui dispute.

Au Gymnase, Coluche a conservé ses tics et ses trucs, mais en les multipliant. En les grossissant. C'est dans la charge qu'il excelle et non dans l'allusion. Ses cibles n'ont pas varié, seuls les mots et les situations diffèrent. Comme chez Bedos et, bientôt, chez Desproges, la galerie des cons est bien fournie. Les militaires, d'abord : «Autant j'suis pas là pour dire du mal des cons quand ça se voit, autant on va pas parler des cons sans faire un détour par les militaires...» Il y a aussi les sportifs. Beaucoup plus cons encore que leurs supporters : «Le temps qu'ils passent à courir, ils le passent pas à se demander pourquoi ils courent. Alors, après, on s'étonne qu'ils soient aussi cons à l'arrivée qu'au départ...» Ce qui ne l'empêche pas d'ajouter : «Mais si on veut trouver plus con, on peut. On peut toujours trouver plus con que soi, hein ! Regardez... moi !»

Coluche n'est pas tendre non plus pour la télévision : «La question qu'on se pose, c'est pourquoi les gens sont devenus cons. Eh ben ! c'est parce qu'on les abrutit avec la télé, les journaux, la publicité... La publicité ! Alors t'as ma lessive qui lave plus blanc que la télévision qui déjà lavait plus blanc – la même, quoi !»

En 1975, dans «Tel père, tel fils», il mettait en scène deux autres cons : un père alcoolique par patriotisme et son fils qui passe ses journées à écouter «Mic Jégère et les Bitelles», fume du «hackique avec des biknites» et ne s'intéresse pas à ces bons Français qui jouent au football, comme «Ujlaki, Kopa et Wisnieski». Dans «Mon papa», le fils fume toujours du «hackique», le père continue à regarder les matches de football à la télé et crie «Allez les Verts !»... pour s'en servir un autre.

Coluche livre enfin cette profession de foi qui résume l'état d'esprit des Français, individualistes dans le malheur comme dans le bonheur : «Moi ça va ! Ça va, moi ! Les autres, je sais pas, mais moi ça va ! Les autres, je sais pas et puis j'm'en fous ! Chacun se démerde. Chacun s'occupe de soi, on sera bons copains. Moi, j'demande rien aux autres, tout ce que je demande, c'est qu'on m' demande rien. Sans blague ! »

La cérémonie des adieux

1980. Entre roche Tarpéienne et Capitole, drôle d'année pour Coluche. Avec des rires et des larmes, des pas en avant, d'autres en arrière. Engagé par R.M.C. pour animer la tranche de 12 à 13 heures, il est « remercié » au bout de deux semaines. Ses propos et ses plaisanteries n'ont plu ni à la direction de la station ni aux auditeurs, toujours vigilants lorsqu'il s'agit de dénoncer, par des injures, les accrocs à la bienséance et aux bonnes mœurs.

En février, la section locale de l'Union locale des parachutistes de Montpellier prévient Paul Lederman que, si Coluche donne son spectacle dans leur ville, ils offriront « une bonne soirée » à celui qui caricature sans vergogne « les militaires, les parachutistes et les anciens combattants ». Ils en feront autant avec Gainsbourg lorsqu'il entonnera sa *Marseillaise* reggae.

En juillet, Coluche se produit au Café de la Gare, chez Romain Bouteille. Il aborde des sujets auxquels il s'était, jusque-là, interdit de toucher : « Attention, des déclarations politiques très importantes cette semaine. Raymond Barre a dit : "Il faut d'urgence mettre un frein à l'immobilisme." J'l'invente pas... Je vous le dis, parce que si y a des mecs qu'ont des freins qui servent à rien, même rongés, ils peuvent les amener, hein ! » Dans « Votez nul », il enfonce le clou : « C'est pas dur, la politique, comme métier ! Tu fais cinq ans de droit et tout le reste, c'est de travers... » « Les hommes politiques, si vous voulez, c'est comme les trous dans le gruyère. C'est indissociable :

plus y a de gruyère, plus y a de trous, et, malheureusement, plus y a de trous, moins y a de gruyère... »

En septembre, Coluche passe au Gymnase. Titre de
son spectacle : *Mes adieux au music-hall.* Il est composé
des sketches du Café de la Gare, plus quelques autres,
dont « Si j'ai bien lu tout Freud », leçon de psychanalyse
émaillée de termes sortis du vocabulaire habituel de
Coluche – « cul », « bite » et « couilles » –, « concupiscence,
convergence, Uranus et orbite » n'étant pas, s'étonne-t-il,
des gros mots.

Ses adieux au music-hall, Coluche les a déjà faits, en
1974. Il s'agissait, bien sûr, de faux adieux. Une façon
d'appâter le chaland. Cette fois, promis, juré, c'est du
sérieux. Coluche, trente-six ans, s'en va. Il déserte. Le
Coluche des planches quittera la France en septembre
1981 pour des eaux moins troubles et des cieux plus
limpides : les Antilles. Il y a acheté une villa et projette
d'y aménager des aires de jeux, d'animation, de spectacle. Le tout assez vaste pour abriter la famille et les
amis. Coluche a toujours aimé avoir du monde autour
de lui. Dans sa maison proche du parc Montsouris, il a
fait creuser une piscine. Lui ne s'y baigne pas, mais
les autres, oui. Ainsi, les copains, qui disposaient déjà
d'assez de chambres pour passer la nuit, n'ont désormais
plus de raisons de s'en aller au petit matin, sinon pour
suivre Michel dans ses déplacements. Coluche a toujours
royalement traité ses hôtes. Aux Caraïbes, ils retrouveront leurs aises, soleil en plus, ananas en prime.

Est-ce à dire que Michel se lance sur les traces de Brel ?
Comme le grand Jacques, il veut rompre avec les galas,
les horaires, ce qu'il appelle le « travail forcé » : un jour
vient où l'on se lasse des triomphes acquis d'avance.
Surtout lorsque le cinéma vous appelle. Un contrat de

quatre films a été signé avec Claude Berri. *L'Inspecteur la Bavure* vient d'être achevé sous la direction de Claude Zidi. Trois autres suivront.

Coluche, qui a longtemps arpenté, souliers troués et poches vides, le pavé de Paris, dispose désormais d'un téléphone dans sa voiture. Il s'est pris au jeu du cinéma et de la liberté. Le voici en route pour le rêve. Le cinéma l'aidera à franchir l'océan avec armes, bagages et compagnons de route. Que la métropole se débrouille sans lui! A l'ombre des cocotiers, il travaillera à ses scénarios et ne reviendra plus en France que le temps d'un tournage et d'un enregistrement, le temps d'un pèlerinage. Le Paris de la rue verse une larme. Le Paris de la politique, lui, se réjouit: au mois de juin, Coluche a émis la possibilité de participer à la campagne pour les présidentielles. Une candidature «sérieuse», même si elle portait le label Coluche. Il affirmait alors: «Je me présente et je dirai ce que j'ai sur le cœur!»

La France coupée en deux et pliée en quatre

Le 30 octobre 1980, sur la scène du Théâtre du Gymnase, qu'il arpente chaque soir avec le même entrain, Coluche donne une conférence de presse au cours de laquelle il affiche sa détermination. «Je suis, assure-t-il, le candidat le plus sérieux, car je suis le seul qui représente les opinions d'un certain nombre de Français qui en ont marre. Je m'arrêterai au premier tour. Ce que je veux, c'est semer la merde, parce que je suis convaincu que la merde que je sème est bonne et qu'il faut la semer.» Entre autres amabilités à l'intention des politiques, il s'écrie: «Les dessous-de-table sont si remplis qu'ils ne savent plus où mettre les pieds[22]!»

On a encore de la peine à croire que Coluche va se présenter. D'autant plus qu'il fait ainsi valoir le côté canularesque de son entreprise : «La France était coupée en deux, je veux qu'elle soit pliée en quatre.» Mais le philosophe Gilles Deleuze et le psychiatre Félix Guattari estiment, eux, que «cette candidature sincèrement de gauche va véhiculer les désirs et les espoirs d'un certain nombre de Français désorientés»; ils lancent un appel en sa faveur[23]. Une nuée de personnalités – intellectuels, écrivains, chercheurs, magistrats – le signent sans se faire prier. Des auteurs-compositeurs-interprètes, tels Alain Souchon, Eddy Mitchell ou Maxime Le Forestier, accordent d'avance leur voix à Michel. Jean-Paul Belmondo, Gérard Depardieu, José Artur et le réalisateur Michel Deville applaudissent des deux mains. *Libération* et *Charlie-Hebdo* lui ouvrent leurs colonnes.

Hélas, Coluche, «candidat sérieux», se prend soudain au sérieux. Tous les soirs, à la fin de son spectacle, il se pare d'une écharpe tricolore et d'une queue-de-pie, à la grande joie des spectateurs du Gymnase qui crient : «Co-luche président! Co-luche président!» Il fait imprimer une affiche sur laquelle on peut lire : «J'appelle les fainéants, les crasseux, les drogués, les alcooliques, les pédés, les femmes, les Arabes, les Français à voter pour moi. Tous ensemble pour leur foutre au cul!» Le 18 novembre, il déclare à France-Inter : «Les gens qui font la politique, ils nous font chier!» Et, le 24 : «Comme je suis là pour faire chier, j'irai jusqu'au bout...» Au *Quotidien de Paris*, il déclare : «Ceux-là nous emmerdent, c'est-à-dire Giscard, Chirac, Marchais, Mitterrand. Si ces quatre imbéciles vivent centenaires, on l'aura dans le cul toute notre vie.»

Les énarques qui nous gouvernent sentent le danger : si les saltimbanques piétinent leurs plates-bandes, s'ils se mêlent de politique, alors la République est déconsidérée, donc elle est en danger. Selon certains sondages, 16 % des Français seraient prêts à voter pour l'humoriste. Lederman s'inquiète. Il ne reconnaît plus son artiste. Coluche ne le fait plus rire. Coluche le magnifique a disjoncté. Que se passe-t-il ? On ne voit pas Véronique à son côté. Préfère-t-elle rester dans l'ombre ? Désapprouve-t-elle Coluche de la négliger, elle et leurs deux enfants, Romain et Marius ? A moins qu'il ne se soit lancé dans cette farce – à laquelle Dac avait, très tôt, mis fin – pour récupérer sa femme, qui s'éloignait de lui, et non « pour se faire de la pub » ?

Le 15 mars, le clown renonce. Il n'explique pas les vraies raisons de cette volte-face. On peut les deviner : il n'a pu réunir les cinq cents signatures indispensables à sa candidature ; les radios et la télévision refusent de le recevoir ; les politiques, de la droite à la gauche, ont décrété l'union sacrée contre lui. Sans interrompre le spectacle du Gymnase, Coluche commence alors une grève de la faim. Il n'a plus beaucoup d'illusions sur le monde de la politique : « Le rire est suspect, s'écrie-t-il dans *Le Monde*. Être gai, c'est être subversif. Nous vivons le temps de la télévision gnan-gnan, de ces émissions somnifères faites les unes sur les autres avec du papier calque. Les forains sont interdits dans les villes et dans les campagnes. Les bals sont fermés : ils faisaient trop de bruit. Tout le monde s'emmerde. » Le 1er avril, il est hospitalisé pour une « brutale déficience de l'organisme et un surmenage important[24] ». Du coup, son spectacle s'arrête. Les adieux de Coluche semblent définitifs.

De 1981 à 1986, pas de one man show. Non que l'humour de Coluche soit en panne. Mais le pitre n'a plus envie de rire que dans la vie. On l'entend quelque temps sur R.F.M. Et puis, à l'été 1985, Philippe Gildas, l'ami de toujours, lui offre une heure et demie d'antenne sur Europe 1. C'est «Y en aura pour tout le monde», que Coluche anime en compagnie de Maryse – Mme Gildas pour l'état-civil. Plus de 44 % d'écoute pour cette émission dans laquelle l'humoriste raconte des histoires que certains trouvent d'un goût douteux («Pourquoi Noah ne monte-t-il jamais au filet? Parce que ça lui rappelle sa capture!») C'est encore Gildas qui le convie à Canal +: pendant un quart d'heure, de 20 h 15 à 20 h 30, Coluche donne, en direct et en clair, un mini-journal télévisé aussi provocateur qu'«Y en aura pour tout le monde»; «Coluche pouvait tout faire et tout dire lorsqu'il se sentait aimé, déclare Gildas. Et il était aimé.» Entre-temps, Coluche joue dans des films dont, surtout, *Tchao Pantin*, de Claude Berri. Il crée les Restaurants du cœur. Et, à l'automne 1985, il se «marie» avec son frère d'humour, Thierry Le Luron. Ce mariage est le dernier chapitre de son histoire. Il ne se termine pas par un *happy end*.

9

Thierry Le Luron, collectionneur de timbres

Avant Thierry Le Luron, poulain, à ses débuts, de Claude Martinez et de Paul Lederman, l'imitation n'avait pas bonne presse. On reprochait à ce talent, dit «de société», de ne vivre que d'emprunts. Certes, un familier d'Henri IV amusait toute la cour en parodiant le roi, mais, jusque dans les années 1930, l'histoire du music-hall ne mentionne que rarement le nom d'un imitateur. On sait que Steve Hall, frère de la «comique troupière» Jeanne Bloch, imitait Sarah Bernhardt, Adelina Patti et Yvette Guilbert, que Jane May parodiait la même Yvette Guilbert. Entre les deux guerres, Paul Meurisse, Maurice Teynac et Jacques Meyran lancent enfin ce qui pouvait devenir une mode et ne sera qu'une simple attraction. Pas de quoi pavoiser.

Leurs imitations permettent à Claude Véga, Henri Tisot ou Patrick Burgel de connaître une notoriété, que la chanson ou le cinéma leur auraient peut-être refusée. «Nous faisons dire à nos têtes de Turcs ce qu'ils ne diraient jamais, explique Pierre Douglas, l'imitateur attitré de Georges Marchais. Nous ne sommes pas autre chose que des caricaturistes. Notre voix nous sert de fusain. A nous de grossir certains traits, d'en gommer d'autres.»

Le Luron n'a pas seulement «grossi» et «gommé»: avant lui, l'imitation n'était qu'une branche greffée sur l'humour ; il en a fait un art à part entière. Elle n'était couverte que d'oripeaux, il l'a somptueusement vêtue. Il a inventé pour elle un décorum, elle qui ne bénéficiait même pas d'un décor.

Grâce à Chaban...

En février 1970, Thierry Le Luron, fils d'un maître d'hôtel du XVe arrondissement, participe à une émission de la première chaîne, «Le Jeu de la chance», qui oppose des interprètes amateurs. Plébiscité par les téléspectateurs, il triomphe huit semaines de suite dans l'air de la «Calomnie» du *Barbier de Séville* de Rossini. Une étoile du bel canto est-elle née ? Pas seulement : les applaudissements des techniciens pour lesquels, en coulisse, il imite Jacques Chaban-Delmas, alors Premier ministre de Georges Pompidou, convainquent le jeune Thierry d'unir ses talents d'imitateur et de chanteur. Mais Le Luron sait combien sa notoriété précoce est fragile : «Il me faut travailler sans arrêt la voix et les attitudes de mes modèles pour être proche, non de la vérité, mais de la vraisemblance. Si le spectateur se demande qui je parodie, j'ai perdu la partie. L'à-peu-près est interdit aux imitateurs [1].»

Dans son spectacle de l'Olympia, en mars 1971, Le Luron renoue avec les traditions montmartroises : c'est un chansonnier, Jean Lacroix, qui écrit, sur une idée de Lederman et Le Luron, un pastiche de «Je n'suis pas bien portant», chanson à succès du fantaisiste Ouvrard... créée en 1931. «Le Ministère patraque», interprété avec la voix de Chaban-Delmas, passe en revue les hommes politiques («J'ai l'Chirac qu'est patraque, / Le Debré délabré, / Le Pleven qu'a pas d'veine, / Le Schumann qu'est en panne, / Le Poujade qu'est en rade, / L'Comiti décati, /

Le Giscard qu'est tocard»...). Le Luron imite également Françoise Hardy «allant au marché avec son filet... de voix», Luis Mariano («Mes chicots! Mes chicots!»). Et il s'écrie: «1515, c'est la date de naissance de Line Renaud!» Le mot fait rire. A commencer par Line Renaud, dont l'amitié ne se démentira jamais.

Le temps des pamphlets

En novembre 1971, Thierry Le Luron passe dans «Cadet-Rousselle», une émission de Guy Lux. Il interprète un de ses sketches vedettes de l'Olympia, celui dans lequel le général de Gaulle – mort un an auparavant – lance à Jacques Chaban-Delmas: «Mais oui, Chaban, je vous reçois cinq sur cinq. Dites-moi, quand est-ce que Pompidou nous organise un référendum pour qu'on rigole un peu?» La réaction de M. de Bresson, directeur général de l'O.R.T.F., est immédiate: l'imitateur irrévérencieux est interdit d'antenne. Réponse ironique de Le Luron: «Ce sont dix mille spectateurs de plus qui se précipiteront au music-hall pour voir en chair et en os l'humoriste que l'on occulte à la télévision!» Il y a de l'amertume dans cette boutade. Le Luron supporte mal l'ukase tombé, pense-t-il, du ciel élyséen. Il plaide non coupable. «La télévision se passe de moi? Je me passerai d'elle...», ajoute-t-il[2].

Il ne se trompe pas. Les contrats affluent. Les spectacles s'ajoutent aux tournées. A vingt et un ans, Le Luron a pignon sur boulevard. Il emménage dans un appartement de 450 mètres carrés faubourg Saint-Germain, dans lequel il s'installe avec ses deux chiens, Flore et Lipp. Après avoir roulé en D.S. noire, la voiture des officiels, il s'offre une Rolls Royce, le carrosse des émirs. Il convertit ses cachets en tableaux de maîtres. C'est la gloire... et la fortune. Mais ce n'est pas la liberté. En 1976, Le Luron se sépare de Paul Lederman.

Orphelin d'imprésario, il prend sa carrière en main. Et durcit le ton contre ceux qui ont attenté à la liberté d'expression. Au gala organisé par Yves Mourousi, fin juin 1976, dans les jardins des Tuileries, toute la classe politique en prend pour son grade. Le Luron traite le ministre de l'Intérieur, Michel Poniatowski, de « premier loubard / de la bande à Giscard ». Avec la voix de Guy Béart, il raille l'Union de la gauche : « Marchais dit je t'aime à Mitterrand, / En vertu des grands sentiments. / Ils finissent par s'arracher les tripes, / Toujours en vertu des grands principes »... Sur l'air de « La Montagne », de Jean Ferrat, il chante : « Pourtant, que la Russie est belle, / Comment peut-on s'imaginer / Que seules ses cliniques sont pleines / D'individus en bonne santé ? » Et il pastiche « Le Métèque », de Georges Moustaki, pour brocarder Jean-Pierre Fourcade : « Avec ta gueule de jésuite, / Avec ton regard de presbyte / Et tes cheveux en brosse à dents... / T'as beau dire que c'est pas drôle, / Tu pourrais doubler Darry Cowl / Dans un sketch de Machiavel. » Pas de Chaban-Delmas dans ces imitations ? Le Luron répond : « Un hôtelier met-il la clé sous la porte lorsqu'un locataire quitte son établissement ? Mon spectacle se veut d'actualité. Chaban ne peut donc y figurer. »

Cynisme ? Réalisme, plutôt. Au service d'une technique qui devient irréprochable. Tout en continuant à imiter les grands du music-hall pour s'en prendre aux ténors de la politique, Le Luron peaufine son art de l'imitation et lui donne les dimensions du pamphlet : « A travers les médias, le public se fait une certaine idée de nos personnages publics. Moi, je suis un caricaturiste. Je pousse l'image de ces personnages jusqu'à la charge. Prenons le cas de Jacques Chirac : je sais, pour le connaître, qu'il est gai, ouvert, d'un abord facile. Mais, pour le public, c'est un chef dans tout ce qu'il a d'autoritaire et de coincé. Pour faire rire, c'est ce Chirac-là que je dois parodier. Si mon imitation est réussie, je suis plus vrai que nature et plus crédible que mon modèle. Ce n'est plus Le Luron qui parle, mais Chirac, Giscard ou un autre. Que je leur fasse dire des horreurs et ce sont eux qui paraissent les proférer. Qu'ils montent à une tribune, ils ont l'air de m'imiter. Sont-ils eux ou sont-ils moi ? L'ambiguïté est totale. Ils en prennent conscience. Ou ils ont le sens de l'humour et ils font contre mauvaise fortune bon cœur. Ou ils n'en ont pas et, dès qu'ils en ont les moyens, ils me persécutent[3]. »

« Bonsoir, mes diams »

20 novembre 1979. C'est la générale du nouveau show de Thierry Le Luron au Théâtre Marigny. Le rideau se lève. Dents blanches et frac noir, Le Luron s'incline et salue, avec le timbre de Giscard : « Bonsoir, mes diams... » En plein scandale des diamants, fondé ou non, la phrase fait l'effet d'un électrochoc. Silence atterré dans la salle. Et puis les applaudissements éclatent. Thierry Le Luron, devenu Thierry la Fronde, vient d'enterrer un Giscard d'Estaing que les sondages malmenaient depuis plusieurs semaines. Le « Bonsoir, mes diams » fait fureur. « Le Luron, premier persifleur de France », écrit *Le Canard enchaîné*[4].

A un an de l'élection présidentielle, l'Élysée intervient, fait demander à Thierry Le Luron de mettre la pédale douce, comme si, à lui seul, il mettait en péril les institutions de la Ve République. Trop tard ! Le Luron a pris goût à cette corrida dont il ne peut que sortir vainqueur.

«J'ai plus œuvré pour François Mitterrand qu'un quarteron de dirigeants socialistes, estime-t-il. Mais la gauche aurait tort de croire qu'elle peut m'annexer aussi facilement qu'elle le fait d'un dirigeant du M.R.G. Mes opinions libérales sont inchangées[5].»

Cette profession de foi légitimiste, cette allégeance au pouvoir qu'il vient de bafouer n'apaisent pas la colère de Giscard. Deux contrôles fiscaux, deux amendes de 150 000 francs et de 200 000 francs, la suppression d'une émission sur France-Inter : pour Le Luron, ces «lettres de cachet équivalent à des lettres de noblesse». Tous les soirs, jusqu'en mai 1980, il enfonce ainsi le clou. L'élection, un an plus tard, de Mitterrand à la Présidence, l'arrivée en masse des socialistes à l'Assemblée le plongent dans la jubilation. Lui aussi, il va pratiquer l'alternance et «dire tout haut ce que les gens pensent tout bas».

« L'emmerdant, c'est la rose... »

C'est le 12 novembre 1984 que doit commencer le nouveau spectacle de Thierry au Théâtre du Gymnase. Michel Drucker en a profité pour le convier, en avant-première, à son «Champs-Élysées» du 10. Le Luron a-t-il piégé Drucker ? Les téléspectateurs rivés devant leur poste voient un petit homme, chapeau noir, manteau strict, rose fanée à la main, s'avancer sur le plateau. Et ce petit homme murmure, avec la voix de Mitterrand : «Je crains fort, mon petit Michel, que ce ne soit là votre dernière émission !»

D'entrée, Thierry Le Luron vient de semer la panique. Ce soir-là, pas de tisane, mais du vitriol : de Mitterrand à Le Pen, un véritable jeu de massacre. Et la chanson vedette de la soirée sera non un tube du moment, mais «L'emmerdant, c'est la rose», parodie d'un succès de Gilbert Bécaud que le public de «Champs-Élysées» reprend à l'unisson. Le Luron a frappé. Et il a frappé fort : 62 % de téléspectateurs. Environ vingt-deux millions de Français ont assisté, éberlués, à la transformation d'une émission de variétés ronronnante en un show politique décapant.

S'en étonne-t-on ? A peine ! Cinq ans déjà que Le Luron souffle sur les braises. Et s'il emprunte la voix des chanteurs les plus illustres pour s'attaquer aux gouvernants du moment, c'est finalement la *vox populi* qui parle par sa bouche. Le «Bonsoir, mes diams» de 1979-80, à Marigny, enfonçait davantage Giscard dont l'indice de popularité diminuait à chaque sondage. Même scénario au Gymnase : Le Luron va mettre à mal, sans aucun égard, le quatrième Président de la Vᵉ République. «Les humoristes et les satiristes, dit-il, ont souvent précédé les révolutionnaires : ce sont eux qui ouvrent la brèche. Tôt ou tard, les autres s'y engouffrent[6].»

L'indice de popularité de Thierry Le Luron n'a jamais atteint une telle cote. Avant le «Champs-Élysées» de Drucker, toutes les places étaient déjà réservées au Gymnase jusqu'à la fin de l'année. Depuis, la vague s'est enflée. Et ce n'est pas seulement Paris qui frémit, c'est la France qui tressaille : nul ne saurait manquer ce spectacle dont «Champs-Élysées» a donné un avant-goût alléchant.

Dès le début de son one man show, Le Luron se lance à l'abordage. Le voici qui arrive sur la scène tournante grimé en «Adolf-Benito Glandu», moustache grise et béret à la «Maréchal nous voilà». Et il lance : «Y a-t-il un socialiste dans la salle ?» Le ton est donné. Pendant quarante minutes, Glandu, concierge rue de Bièvre, où réside le Président, observe à la jumelle tout ce qui se passe chez l'homme à la rose : l'actualité, la politique, les mœurs, vues par un ringard qui a son mot à dire sur tout et ne s'en prive pas. «La parole est aux médiocres. Ceux-ci, hélas, n'ont pas toujours tort», commente Thierry.

Dans la deuxième partie, Thierry Le Luron revient à ses imitations traditionnelles. Mais les victimes n'ont pas changé de camp. Le Luron prend la voix de Lama pour chanter «Souvenirs, attention danger», avec, comme décor, un menhir à la Arno Breker, le sculpteur du IIIe Reich. C'est Le Pen, surnommé «Laval qui rit», qui en prend pour son grade. Le Luron-Salvador susurre «Je crois que parfois Chirac use». Le Luron-Trenet entonne son hymne : «Y'a d'la joie, / Y a qu'à voir la tête de Béré-govoy»... Sur l'air de «Ces gens-là», Le Luron-Brel éreinte Laurent Fabius : «La carrière de Laurent, / Qu'est le plus diplômé / Des stars de la télé / Qui causent le mercredi / De nos emmerdements / Avec M. Lanzi / Dans le rôle du clown blanc / [...] / Faut vous dire, m'sieur, que chez les Fafa, on n'dépense pas, / On cause... / Et puis y a la Françoise / Qui ne fait pas d'façon, / Qui vient à Matignon / Dans sa vieille Charleston, / Se fournit chez Fauchon, / Une fille à pognon, / Une enfant de la haute / Qui vit mal dans sa peau»...

Ni de gauche ni de droite

Chantre d'une fronde permanente qui lui fait regar-der la France au fond des yeux, Thierry Le Luron a su, comme Dac et Blanche, prendre le parti d'en rire. «Je ne suis ni de gauche ni de droite. Et si je penche à droite, ce n'est pas à l'extrême droite. Mais soyons juste : grâce à la gauche, j'ai doublé mes revenus depuis 1981. Je le dis à haute voix, car je déclare tout. J'espère que la droite me les triplera en 1986 [7].»

Le 25 septembre 1985, Le Luron «épouse» Coluche à la mairie de Montmartre. Pour cette circonstance on ne peut plus exceptionnelle, Michel a revêtu une robe blanche de mariée, Thierry un pantalon gris à rayures et un frac. Après la cérémonie, les deux humoristes se rendent en calèche de la Butte aux Champs-Élysées. Ce n'est pas un coup de pub, mais une réponse aux fastes médiatiques du mariage d'Yves Mourousi.

A la fin de l'année 1985, Thierry Le Luron est hospitalisé pour une «méningite virale», probablement une toxoplasmose cérébrale. La rumeur court qu'il est atteint du sida. «Elle est colportée, dit-il, par les deux mille cons du Tout-Paris, un milieu de tapettes insignifiantes qui ne se complaisent que dans la fiente.» A l'été 1986, il part pour les États-Unis, à Las Vegas, où il est accueilli par Line Renaud, cette chère Line qu'il a tant égratignée dans ses sketches. Il se serait ensuite rendu chez le professeur Robert Gallo, pionnier, avec le professeur Luc Montagnier, de la recherche contre le virus H.I.V. De retour en France, bronzé et apparemment en forme, Le Luron annonce qu'il effectuera sa rentrée le 29 octobre, au Palais des Congrès. Il a prévu d'entrer seul en scène, avec la guitare de Georges Brassens. Et une chanson aux paroles vengeresses : «Je voudrais m'adresser / Avant de commencer / A tous les empaffés / Qui m'avaient enterré / Prématurément, je le jure, / A ces gens du métier / Si bien intentionnés / Qui avaient colporté / Que j'étais condamné, / Qu'ils le tenaient de source sûre.»

Le 14 novembre 1986, vers 2 heures du matin, Le Luron est transporté d'urgence à l'hôpital Paul-Brousse de Villejuif. Il s'éteint à 7 heures. Il a trente-quatre ans. Coluche n'est déjà plus là pour le pleurer.

10

Pierre Desproges, chroniqueur sarcastique

L'entrée en scène de Pierre Desproges date de 1983. Mais lorsqu'il donne son premier show, au Théâtre Fontaine, il a déjà un lourd passé de dynamiteur professionnel. Individuellement, ses victimes se comptent par dizaines ; collectivement, par millions. De Marguerite Duras à Louis Leprince-Ringuet, des Arabes qui, « dans certains quartiers chauds de la capitale », n'osent plus sortir seuls le soir, aux juifs qui, « pendant la dernière guerre mondiale, ont eu une attitude carrément hostile à l'égard du régime nazi », il n'a épargné personne. Pas même lui.

Desproges naît à Pantin le 9 mai 1939, trois semaines avant le sabordage de *L'Os à moelle* par Pierre Dac. Il résume ainsi ses premières années : « Je n'ai pas eu la chance de vivre une enfance malheureuse. Je n'ai jamais batifolé dans les poubelles à la recherche d'un improbable croûton. Au contraire, j'ai acquis une instruction qui me permet de distinguer, au premier coup d'œil, le théâtre d'Eugène Labiche de celui de Marguerite Duras. J'ai connu, par la suite, des moments assez pénibles : j'ai même été abonné au journal *Le Monde* [1]. »

Jusqu'à l'âge de vingt-huit ans, Desproges exerce des petits boulots très peu lucratifs : « Je glandouillotais ! Après des assurances-vie, des études paramédicales et des romans-photos, j'étais même devenu directeur commercial d'une société qui fabriquait des poutres en polystyrène que l'on collait au plafond. Elles retombaient très vite sur la tête des gens. Journaliste, on m'a confié la rubrique des chiens écrasés à *L'Aurore*, le seul journal juif-pétainiste à réclamer le retour des cendres de Pétain à Douaumont. C'était enrichissant, mais pas très drôle. On m'a ensuite donné une rubrique plus rigolote, "En bref". Je me servais d'informations incroyables mais vraies, que je terminais par une chute humoristique : le lanceur de crottin de cheval qui avait battu le record du monde dans le Kentucky. L'homme qui avait mangé son vélo en trois heures quatre minutes. Ou, encore, cette dépêche : "Le Belge John Matisse a réussi à tirer une locomotive à la seule force de ses dents sur une distance de 150 mètres." J'avais conclu ainsi : "A notre connaissance, c'est la première fois qu'un Belge s'appelle John [2]". »

Pêcheur de moules

Jacques Martin lit attentivement les «En bref» de Desproges. Son style et son esprit le séduisent. Depuis janvier 1975, tous les dimanches à 13 heures, Martin anime «Le Petit Rapporteur», une émission satirique qui fait le bonheur de TF1. A l'heure du déjeuner dominical, il n'y a que seize millions de téléspectateurs devant leur poste : environ 95 % d'entre eux choisissent de regarder ce magazine iconoclaste qui a déclenché une véritable épidémie de «moulite» dans la France entière.

Le 5 octobre, le flash de la Sécurité routière qui précède l'émission présente des enfants turbulents que l'on essaie de calmer en leur faisant chanter une vieille chanson française : «A la pêche aux moules, moules, moules, / Je n'veux plus aller maman, / Les gens de la ville, ville, ville / M'ont pris mon panier, maman.» Cette chanson, désormais reprise en chœur au début de chaque «Petit Rapporteur», introduit un certain nombre de rubriques à base de tarte à la crème, de vitriol et de poil à gratter, qui tiennent de «La Boîte à sel», émission télévisée animée, dans les années 50, par les chansonniers Jacques Grello et Robert Rocca, et de «La Caméra invisible» de Jacques Rouland. Différence majeure : l'équipe du «Petit Rapporteur» est composée, en majorité, de journalistes. «Georges-Lenôtre faisait de la petite histoire, moi, je fais de la petite actualité, explique Martin. Le héros de notre magazine de contre-pied, de contrepoids et de contrepoint, c'est vous, c'est moi, c'est le Français moyen[3].» Ce sont, aussi, les «puissants», écrivains, artistes, hommes politiques de la majorité. Au «Petit Rapporteur», on voit le président de la République, Valéry Giscard d'Estaing, quittant l'Élysée à vélo pour rejoindre le Tour de France, ronflant paisiblement dans sa loge pendant *Don Juan*, à l'Opéra, ou s'apprêtant à convoler en justes noces avec Robert Fabre. Et tandis que Jacques Chirac, alors Premier ministre, annonce, à propos de la crise – du pétrole –, que «nous apercevons la sortie du tunnel», une enquête du «Petit Rapporteur» au tunnel de Saint-Cloud révèle que personne ne sait distinguer la sortie de l'entrée...

Toléré par le pouvoir, Jacques Martin ne manque pourtant pas de censeurs. Ceux-ci ne viennent pas d'en haut, mais d'en bas, du public lui-même qui envoie, après chaque émission, des centaines de lettres d'injures commençant le plus souvent par «Ordures rouges», «Sale youpin», ou «Espèce de sale juif adipeux», ce qui ferait sourire Martin, petit-cousin du cardinal Gerlier, si elles ne révélaient une petite France étrange et finalement inquiétante : «On peut, dit-il, s'attaquer aux jésuites, mais pas à la religion. A la guerre, pas aux soldats. Aux grands personnages, pas aux événements quand ils nous affectent personnellement. On peut faire rire de tout. Mais la morale doit rester sauve[4]. »

Robert Lassus ayant quitté l'équipe, Martin propose à Desproges de se joindre au dessinateur Piem, à Stéphane Collaro, Pierre Bonte et Daniel Prévost. Pierre Desproges débute le 25 octobre par une rubrique qu'il affectionne particulièrement : la critique littéraire. Au fil de l'interview qu'il accorde à *L'Aurore* apparaît le Desproges caustique et délirant du livre qu'il publiera au Seuil, *Vivons heureux en attendant la mort* : « Ma grosse tête ne m'empêche pas encore de passer les portes. Je ne me prends pas pour une vedette, mais ça va sans doute venir. J'ai donné mon premier autographe à la dame du vestiaire du studio 101 de la Maison de la radio. J'étais très content. Dans la foulée, j'ai téléphoné à des gens pour savoir s'ils voulaient que je leur dédicace une photo, mais ils n'avaient pas le temps. Je voudrais que les téléspectateurs partagent ma devise : les gens malheureux ne connaissent pas leur bonheur. Je crois que c'est de Raymond Poulidor, mais je n'en suis pas tout à fait sûr... Je peux vous dire en exclusivité que, pour le prochain "Petit Rapporteur", je mettrai sur le gril un très grand écrivain international qui se situe, disons, entre Proust et San Antonio. »

Le « gril » en question est digne des gags téléphoniques de Francis Blanche, disparu en février, et que Desproges considère comme un de ses maîtres à faire rire, avec Chaval, Jean Yanne, Jules Renard, Alexandre Vialatte et Marcel Aymé. Quant à l'« écrivain international », il se nomme Françoise Sagan.

Arrivé chez l'auteur de *Bonjour tristesse*, Pierre demande une tisane et des mouillettes. Exhibe ses photos de famille. Profère quelques âneries, du genre : « La robe, c'est pas mal comme tissu. C'est quoi ? Ça peluche pas ? Ça se lave à l'eau tiède ? Moi aussi, quand j'ai pas le temps, je donne des trucs chez le teinturier. Sinon, on serait toujours en train de faire la lessive... » Ahurie, mais flegmatique, Sagan lui demande : « Que puis-je faire pour vous ? »

La farce se corse lorsque Pierre Desproges, triste drille, s'unit à Daniel Prévost, pince-sans-rire halluciné, pour piéger Jean-Edern Hallier, devant lequel les deux compères se battent comme des chiffonniers ; ou encore pour scandaliser une charcutière en exigeant de goûter le boudin avant d'en acheter. L'attelage Desproges-Prévost fonctionne à merveille. L'attelage Martin-Desproges, lui, a très vite du plomb dans l'aile. Martin a mauvais caractère, Desproges guère meilleur. Ils finissent par se heurter. Et c'est la rupture : « Si je me mets à m'abaisser à mes propres yeux, dit Pierre, je deviens malheureux. Je baise moins bien. C'était le cas au "Petit Rapporteur". Martin coupait mes sujets, quand il ne les supprimait pas. J'aurais pu faire du "bite-couille". Je suis retourné à *L'Aurore* avec mon salaire d'avant [5]. »

Un de ces sujets supprimés durait quarante secondes : « Une espèce de Martien du service de propreté de la Ville de Paris nettoyait, dans un bruit d'enfer, un mur couvert de graffiti. D'en bas, je l'appelais, mais, le vacarme aidant, il n'entendait rien. Alors, avec une bombe à écrire rouge, j'écrivais sur le mur d'à côté : "Ça va, vous ?" » Et Desproges ajoute : « Et puis, que voulez-vous ? Il y a des moments dans la vie où l'on en a assez de chanter chaque dimanche "Youkaïdi ! Youkaïda [6] !" »

Le procureur Desproges

« Je dois tout à Jacques Martin et ça me rend malade », dit Desproges. Tout, c'est beaucoup dire. Il ne lui doit pas son humour. Ni son visage à la Buster Keaton. Ni son langage un peu précieux, fait de phrases alambiquées et de mots qu'il semble sortir d'un dictionnaire, tel un prestidigitateur qui extirpe un lapin ou une colombe de son chapeau.

Privé de télévision, et de cette ivresse mêlée d'angoisse qu'elle communique aux rares élus qui ont le privilège d'apparaître sur le petit écran, Desproges galère pendant des mois. Lorsque, à la mi-juillet 1976, Bruno Coquatrix lui propose de présenter le prochain spectacle de Nicole Croisille, il hésite. Hélène, sa femme, le pousse sans doute à accepter : Paris vaut bien une messe, fût-elle dite à l'Olympia.

Mais le Desproges présentateur n'obtient pas le succès du Desproges «Petit Rapporteur». Le public, venu pour voir Croisille, apprécie peu les propos absurdes de cet olibrius farfelu, et parfois incompréhensible tant il a le débit haché, qui vole du temps à sa chanteuse. Coquatrix, lui, y a pris un tel plaisir qu'il demande à Pierre de récidiver avec Thierry Le Luron. La suite, c'est Desproges qui la raconte : «Avec l'aplomb désespéré qui vient aux suicidaires quand ils enjambent le parapet de la mort, je me précipitais sur la scène, tel un vulcanologue fou se jetant dans le Popocatepetl, et haranguais ainsi le premier rang : "Mesdames et messieurs, vous allez pouvoir, dans un instant, applaudir l'imitateur Thierry Le Luron. C'est un assez bon imitateur, mais moins bon que moi quand même. Car je suis le seul imitateur au monde capable d'imiter mon beau-frère Georges... Maintenant, je vais vous imiter mon père qui a un cancer de la gorge. C'est très difficile d'imiter l'accent cancéreux."» Stupeur et silence glacial dans la salle, hilarité dans les coulisses, où Le Luron a du mal à réprimer son rire.

Après cette prestation dont les critiques ne rendront même pas compte, Pierre Desproges se lance à son tour dans l'aventure du café-théâtre avec une comédienne qu'il a rencontrée à l'Olympia, Évelyne Grandjean. Ils montent aux 400 Coups un spectacle qui ne laissera pas de trace dans la mémoire des chroniqueurs, et dont Desproges ne gardera que des souvenirs mitigés. Il ne se sent pas à l'aise dans la série de sketches qu'il a écrits pour ce numéro. Les sketches sont drôles, Pierre ne l'est guère. Il n'a surtout rien d'un comédien. Il joue faux : le seul personnage qu'il soit capable d'interpréter, c'est lui-même, avec les défauts qui sont sa marque de fabrique et lui confèrent son originalité. Il renonce donc à cette expérience. Sans interrompre ses nombreuses activités.

On va l'écouter à la radio, toujours avec Évelyne Grandjean, dans une émission de Thierry Le Luron, « Des Parasites sur l'antenne ». Le revoir à la télévision, dans « L'Île aux enfants » et dans un sketch où il interviewe Thierry imitant Giscard. Lire sa prose dans *Pilote*, qui a perdu René Goscinny, décédé brutalement, et dans *Charlie-Hebdo*. Desproges refait même trois petits tours à l'Olympia, où il anime le spectacle de Dalida : « Ça a été épouvantable. Dans les coulisses, j'étais poursuivi par Orlando, le frère et manager de l'artiste, qui voulait me faire la peau et disait, comme un leitmotiv : "Il nous emmerde, ce type-là, avec ses *humourteries*. Il dit que ma sœur et moi on a un accent, c'est pas vrai !" »

Ce n'est là, comme disait Francis Blanche, que « de la roupie de chansonnier ». En 1980, Claude Villers lui demande d'être le procureur général d'une émission quotidienne de France-Inter, « Le Tribunal des flagrants délires ». Luis Rego, ex-Charlot et coauteur, avec Didier Kaminka, de *Viens chez moi, j'habite chez une copine,* y jouera le rôle de l'avocat de la défense ; Claude Villers – élève de José Artur et auteur de trois émissions, « A plus d'un titre », « Marche ou rêve » et « Pas de panique » –, celui du président.

« Les Flagrants Délires » démarre à 11 heures, le premier lundi de septembre. Dans l'indifférence la plus complète. Quelques jours suffisent pour que l'émission atteigne sa vitesse de croisière. Les spectateurs se bousculent bientôt aux portes du studio où ont lieu, trois fois par semaine, les enregistrements. Mais est-ce un studio ou un tribunal ? Pour rendre encore plus crédible son émission, Claude Villers l'a voulue costumée : président, assesseurs, greffier, procureur, avocat portent tous toge noire ou rouge, Desproges arborant même une décoration sur sa robe.

Parodie de justice : les prévenus ne savent pas de quoi ils sont accusés. C'est en pénétrant dans le prétoire qu'ils apprennent les motifs de leur comparution, exposés par le président Villers. Incitation à l'éthylisme pour Cabu, car « Cabu boira ». Rika Zaraï se voit reprocher son appartenance à une association de malfaiteurs « parce qu'elle passe trop souvent dans les émissions de Guy Lux et de Danièle Gilbert ». Bernard Kouchner, médecin sans frontières, est taxé de néocolonialisme : « Vous obligez les indigènes à dire trente-trois en français », lui lance Claude Villers.

« "Les Flagrants Délires", déclare Desproges, m'ont permis d'affiner mon écriture, de me servir des outils du comique. [...] Ils représentent pour moi trois minutes de sketch à concevoir chaque jour. C'est épuisant. Un vrai travail de forçat[7] ! » De trois minutes, son réquisitoire passe à dix, puis à douze minutes. Une dizaine de feuillets par jour, écrits dans la fièvre et le doute.

Car Desproges est méticuleux jusqu'à la maniaquerie. Que ses pétards soient mouillés et l'émission perd toute sa substance. Alors, au besoin, il en rajoute, s'en prend violemment à Rika Zaraï, qui a effectué son service militaire sous le drapeau israélien : «Grâce à Baden-Powell, fondateur du scoutisme, les enfants de chez vous peuvent entrer dans l'armée au sortir de la maternelle et commencer tout de suite à défiler derrière un drapeau en chantant des conneries !» De Georges Guétary, il dit : «Cet homme, mesdames et messieurs les jurés, a mérité votre clémence. Pourquoi ? Pour deux raisons : la première, c'est qu'à l'heure où je vous parle, il ne dit rien. Et, comme le faisait remarquer si judicieusement le général de Gaulle après avoir assisté à la millième du *Chanteur de Mexico* au Châtelet : "Un chanteur d'opérette qui ferme sa gueule ne peut pas être tout à fait mauvais."»

Les réquisitoires de Desproges regorgent de trouvailles que pas un humoriste ne refuserait de reconnaître pour siennes : «On vit l'âme de Jeanne d'Arc monter droit au ciel sans changer à Réaumur-Sébastopol»... «Contrairement à ce que pense la majorité des sous-doués qui nous écoutent, un quarteron, c'est vingt-cinq et non pas quatre ; une décade, c'est dix jours et non dix ans ; ma sœur, c'est cent francs, plus la chambre»... Et, dans le style dont raffoleront bientôt les Nuls, sur Canal + : «Il ne suffit pas de péter sans bruit en admirant un Gauguin pour être distingué»...

Tout invité-accusé acceptant de passer aux «Flagrants Délires» sait ce qu'il risque : une condamnation à mort – pour rire. Personne ne se dérobe à sa comparution devant ce tribunal d'exception : Françoise Mallet-Joris, Jean d'Ormesson, Guy Bedos, Léon Zitrone, Paul Quilès, Arlette Laguillier, Michel Poniatowski, Daniel Cohn-Bendit («Qui êtes-vous, pauvre Cohn ?»), Yannick Noah («Ce qui frappe d'entrée dans le personnage de Noah, ce n'est pas le tennisman, c'est le nègre»)... Et Jean-Marie

Le Pen à qui Desproges, assumant, cette fois avec sérieux, son rôle de procureur, lance, entre autres amabilités : «On peut rire de tout, mais pas avec n'importe qui !»

Le seul à qui Claude Villers refuse d'ouvrir la porte des «Flagrants Délires», c'est Coluche, alors candidat à l'élection présidentielle de 1981. Furieux, le faux prétendant à l'Élysée lui envoie un gilet rayé, une brosse et une boîte de cirage, en le traitant de «valet du pouvoir». «Je ne suis et n'ai jamais été le valet de quiconque, répond Villers dans les colonnes du *Quotidien de Paris*. En revanche, je suis conscient de la notion de service public. Coluche, artiste de variétés, est le bienvenu dans mon émission. Coluche, candidat à la candidature, ne m'intéresse pas.» L'insistance du «petit gros» témoigne du succès des «Flagrants Délires». Les lettres anonymes également, qui visent en priorité les humoristes coupables de tous les crimes et, surtout, celui de «lèse-connerie». Parmi ces lettres, celle-ci, que Desproges n'hésite pas à lire en public : «Monsieur, comme speaker, vous êtes un minus. Vous avez tourné en dérision le maréchal Pétain. C'était obscène et bas. Bien sûr, c'était facile, un mort, ça ne peut pas se défendre. Monsieur, nous avons une idée sur votre origine. Il est honteux qu'à la radio française on paye des cochons pour cracher sur notre passé.»

Étonnant, non ?

Le 10 mai 1981, François Mitterrand est élu président de la République avec 51,75 % des voix, contre 48,25 % à Valéry Giscard d'Estaing. Le même clivage s'exprimera, s'il faut en croire Desproges, à propos de sa «Minute nécessaire de M. Cyclopède» qui, le 25 novembre, à 20 h 33, fait ses débuts sur FR3 : «Je suis un homme comblé, dira Desproges. J'ai réussi à diviser la France en deux : les imbéciles qui n'ont pas aimé et les imbéciles qui ont aimé. Étonnant, non ? »

C'est Serge Moati, réalisateur estimable et, par la grâce de François Mitterrand dont il a orchestré la marche vers le Panthéon, nouveau directeur des programmes de la chaîne, qui a accepté ce projet d'« émissionnette ». Le personnage de Cyclopède, Desproges en rêvait depuis « Les Shaddocks » : « Cyclopède est une sorte de conseiller pompeux et cynique, explique-t-il. Pourquoi s'appelle-t-il ainsi ? Dans ce nom intrigant et qui, je l'avoue, m'intrigue moi-même, il y a "cyclope" et "encyclopédie", autrement dit le regard borgne de l'obscurantisme et la vision ouverte sur les lumières de la connaissance... Mais, aussi, un amalgame entre "cycliste" et "piéton". »

Desproges pressent que toutes ses « émissionnettes », qui se terminent par « Étonnant, non ? », n'entreront pas dans les foyers bien-pensants. Que leurs sujets provoqueront des mouvements d'humeur là où ils devraient susciter des mouvements d'humour. Il ne se trompe pas.

« "Comment vieillir sans déranger les jeunes" passe pour irrévérencieux à l'égard des vieux, moi qui souhaitais m'en prendre à ces jeunes particulièrement égoïstes et désinvoltes envers les personnes âgées. Désolant, non ? » « Évitons de sombrer dans l'antinazisme primaire », où l'on s'aperçoit que non seulement Hitler était nazi, « mais qu'en plus, lorsqu'il était en vacances, il faisait pipi dans la mer », irrite les nostalgiques de l'Occupation. « Insonorisons la Paimpolaise » choque le critique de *La Croix* : « Même si ce n'est pas méchant-méchant, il reste quand même un malaise à faire rire d'une disgrâce de la nature ou d'une Paimpolaise ayant perdu son mari en mer. Parce que l'on ne peut s'empêcher de penser à celui ou celle qui est vraiment dans cette situation. »

«Rendons hommage à Victor Hugo sans bouger les oreilles», «Égayons une veillée funèbre», «Rentabilisons la colère de Dieu», «Restons dignes à la messe pendant les grosses chaleurs», «Euthanasions un kamikaze» (il suffit d'imiter le cri du porte-avions), «Essayons de cacher notre antisémitisme», «Comment vaincre la faim des enfants dans le monde», «Défendons la veuve contre l'orphelin», «Sachons distinguer une balle à blanc d'une balle à noir», «Sachons reconnaître la Joconde du Jocond», «Rentabilisons la minute de silence» : énoncés surréalistes – suivis de bouffonneries à la Desproges – dont les esprits chagrins perçoivent mal la morale qu'il convient d'en tirer. «Monsieur Cyclopède» engendre le même rejet et le même courrier vindicatif que «Le Petit Rapporteur» et que certains sketches de Coluche. On en revient à l'éternelle question que se posent tous les humoristes : peut-on rire de tout sans ébranler les fondements mêmes de la société ?

«Bien sûr! écrit Desproges. D'Yves Montand comme de Jean Moulin. Du cancer comme de la mort. Le rire est une arme formidable, un défouloir fascinant. Mais il est stupéfiant de mesurer l'intolérance du public sur certains sujets. La religion, par exemple. On peut se moquer des infirmes, des juifs ou des Arabes ; on peut ridiculiser les obèses, les homosexuels ou les radins ; on peut évoquer la guerre, l'amour et la politique. Mais, surtout, on ne doit piper mot ni sur le Bon Dieu, ni sur la religion catholique... La provocation ne signifie pas l'irrespect et je n'ai rien contre la religion. Je suis simplement quelqu'un qui doute et qui cherche[8]. »

Le vrai Desproges est là, tel qu'en lui-même, dans «Les Flagrants Délires» comme dans «Monsieur Cyclopède» : il sait donner de l'importance à ce qui n'en a pas, rendre insignifiant ce qui paraît essentiel. Il unira ainsi, jusqu'à la fin, raison et déraison – ce qui du reste est le propre, non de l'homme, mais de l'humoriste.

Rustres et malpolis

Début mars 1983, Claude Villers destitue Desproges de son poste de procureur auprès du «Tribunal des flagrants délires». C'est une comédienne, Éva Darlan, qui occupera son siège. Un peu comme si l'on remplaçait la vodka, ou quelque autre alcool fort, par de la tisane.

Pourquoi ce licenciement? Desproges, ulcéré que ses textes soient «indûment» utilisés pour la publication d'un livre et d'un disque, s'est plaint, dans une lettre envoyée à Villers et à Jean Chouquet, alors directeur des programmes de France-Inter, de «la pingrerie consternante de l'administration et du peu d'estime que voue la station à ses tâcherons». En 1952, Pierre Dac et Francis Blanche avaient déjà déploré l'avarice de France-Inter : une radio d'État ne pouvait, il est vrai, se permettre le même train de vie qu'Europe 1 ou Radio-Luxembourg (devenue, par la suite, R.T.L.).

La lettre n'a pas plu à Villers. Ni à Chouquet, déjà irrité par l'incident diplomatique provoqué par ce réquisitoire de Desproges : «Si la reine Fabiola n'a pas d'enfant, ce n'est pas parce qu'elle est stérile, mais parce qu'elle préférait ne pas avoir d'enfant du tout plutôt que de donner naissance à un enfant belge.» L'ambassadeur de Belgique aurait adressé une protestation au Quai d'Orsay, qui l'aurait lui-même transmise au président de la République. Le renvoi de Desproges – dont Villers rappelle les démêlés qu'il a eus avec Jacques Martin et, dernièrement, avec Jean-Michel Ribes – est inévitable.

Dès son départ, «Les Flagrants Délires» ont du plomb dans l'aile : l'indice d'écoute s'effondre. Éva Darlan n'a pas le talent meurtrier de Pierre Desproges, ni son discours burlesque émaillé de bons comme de mauvais calembours.

Évincé des «Flagrants Délires», Desproges subit un rude choc. Beaucoup plus rude que son départ du «Petit Rapporteur», même si, à l'époque, ses moyens d'existence étaient plutôt réduits. Il s'en remet pourtant assez vite. Son *Manuel de savoir-vivre à l'usage des rustres et des malpolis* se vend à des dizaines de milliers d'exemplaires. Et il achève *Vivons heureux en attendant la mort,* qui doit sortir en novembre 1983.

Ce nouveau livre est «desprogien», comme *Du côté d'ailleurs* et *Les Pédicures de l'âme* étaient «daciens». On en a la confirmation dès la première phrase du «Prélude»: «J'allais d'un pas serein, de cette ample démarche souple de grand félin indomptable qui avait tant séduit Grace Kelly, le jour des obsèques de Pompidou à Notre-Dame.» Et il précise, en tête du «chapitre beurk»: «Les chanteurs, les racistes, les nazis, les connasses M.L.F., les misogynes, les charcutiers, les végétariens, les boudins, les médecins sont haïssables. Et moi aussi. Si, si, n'insistez pas...» Nous voilà de plain-pied dans l'autodérision chère à Desproges: une façon de couper l'herbe sous la patte de ceux qui seraient tentés de lui reprocher ses haines, ordinaires ou extraordinaires.

Dans le «chapitre plat», consacré à «un dîner dégueulasse», Pierre s'adonne, comme les surréalistes, au jeu des proverbes inventés. Il imagine également des dictons météorologiques dans la bonne vieille tradition paysanne: «Frisquette en novembre, bistouquette en pente», ou «Froid de novembre, cache ton membre». Il prête des calembours et des bons mots à des célébrités ou à des personnages dont il est inutile d'aller chercher le nom dans les dictionnaires: «Il est interdit de descendre

avant la raie» (Alexandre Brossacu, coiffeur pour trains);
«Sale temps, les mouches pètent» (Mao Tsé-tsé-toung);
«Madame Maria, il n'y a plus de lait et il faudrait changer
la sciure du chat» (Jean-Paul Sartre); «Fais gaffe au vase
de Soissons, il est consigné» (Josette Clovis). Et celui-ci,
que l'on pourrait attribuer à Pierre Dac: «Le passé étant
beaucoup moins incertain que le futur, le sage sera fort
avisé de se plonger dans l'Histoire, plutôt que de patau-
ger dans l'Avenir.»

Dans un texte consacré à Robinson Crusoé, Desproges
pratique un détournement à faire frémir tous les nostalgiques des «Feuilles mortes» de Prévert et Kosma:
«Moi y'en a vouloi' toi y te souvienne / Le jou-z-heu'eux
toi y en a mon z'ami, / En ci temps-là, ma doudou li
plus belle / Et son derrière plus brûlant qu'aujourd'hui. /
Mes 'oubignolles se ramassent à la pelle, / Toi y en a
failli marcher d'ssus, / Mes 'oubignolles se ramassent à la
pelle, / Les souveni' et les regrets mon cul.»

Réduit à ces jeux de mots, *Vivons heureux en attendant la mort* pourrait passer pour un simple divertissement de collégien attardé. Mais Desproges «écriveur»
(mot qu'il préfère à «écrivain») ne fait pas qu'amuser en
s'amusant. Il éructe. Il vitupère. Il dégueule. Parce que
cela lui fait du bien. Et que cela fera du bien à cette
humanité «qu'il hait».

Il égratigne «la princesse de Moncul qui épousait le
roi des Cons», «le ministre des Machins qui triomphait
d'incompétence» ou «la grognasse du mois qui racolait
l'obsédé moyen avec ses oreilles en prothèse de lapin et
ses nichons remontés, luisants de glycérine»...

Il termine le «chapitre pitre» par ces mots: «Je conclu-
rai ma réflexion zygomatique en répétant inlassable-
ment qu'il vaut mieux rire d'Auschwitz avec un juif que
jouer au Scrabble avec Klaus Barbie.» Et il clôt ainsi son

« chapitre quinze » : « Certes, on peut sourire, mais, en ce qui me concerne, si tant est qu'on doive le respect aux savants dans un monde sans morale, j'aurai toujours plus de respect pour les enculeurs de mouches que pour les inventeurs de la bombe à neutrons. »

Les ricanements de la Camarde

Desproges parle aussi de lui. De ses raideurs dans le dos. « Surtout dans le dos. Seulement dans le dos. » De ses visites chez son cancérologue, le célèbre docteur Métastasenberg, puis chez le docteur Bouchard qui l'a vu naître. La mort est aussi présente dans le titre du livre que dans ces pages où l'humour est souvent funèbre : « Vous avez raison, docteur. Le seul remède à la vie, c'est la mort librement consentie » ; « Merci, mon Dieu, de me laisser le cancer en sourdine. »

A la mort, qui fait le tapin à l'angle du boulevard Sébastopol et de la rue Blondel, Pierre Desproges dit : « Excusez-moi, madame, mais j'hésite. D'un côté, il est vrai que ce monde est oppressant. Mais, d'un autre côté, depuis que j'ai connu ces étés lointains dans le foin, avec une mirabelle dans la main et la fille du fermier dans l'autre, j'ai pris l'habitude de vivre... » Dans le « chapitre vif », il écrit : « Oh ! arrêter le temps... Repousser à jamais l'heure inéluctable du tombeau. Mais non, hélas, la Camarde ricane et nous guette sans hâte... » Desproges achève son livre en se demandant ce qu'il ferait s'il était Dieu. Il émet un certain nombre de vœux. A commencer par celui-ci : « J'abolirais la mort et Tino Rossi. [...] L'abolition de la mort m'apparaît à l'évidence comme une réforme de première urgence, dans la mesure où la plupart des humains renâclent farouchement à la seule idée de quitter ce bas monde, même quand leur femme les trompe à l'extérieur et que les métastases les bouffent de l'intérieur.»

Pourquoi faut-il que, le 13 décembre, un quotidien intitule ainsi sa critique de *Vivons heureux...* : «Quand Desproges ressuscite l'humour de droite»? «Un humour fait, écrit l'auteur de cet article, d'anarchisme et d'irrespect pour l'argent, la gloire et les vanités en tout genre.» M. Cyclopède, qui n'a jamais voté, en rit probablement sous cape. N'a-t-il pas déclaré : «Je suis le contraire d'un artiste engagé, je suis un artiste dégagé»? A l'inverse de Bedos qui, «bien que de gauche, est un honnête homme», et se déclare «assez fou pour sacrifier sa vie à certains trucs comme le Chili de Pinochet ou la Grèce des colonels», Desproges murmure : «Ah! bien sûr, si j'avais cette hargne mordante des artistes engagés qui osent critiquer Pinochet à moins de 11 000 kilomètres de Santiago...» Dans son *Dictionnaire superflu à l'usage de l'élite et des bien nantis*, il écrira : «Paris est le siège du gouvernement de la France. Tous les cinq ou sept ans, une bande d'incompétents cyniques de gauche succède à une bande d'incompétents cyniques de droite et le peuple éperdu d'espoir s'écrie : "On a gagné !" à travers les rues de Paris, sans s'apercevoir qu'il continue de glisser dans la merde, de la Bastille à la Nation.»

En 1983, Guy Bedos pousse son frère humoriste vers la scène du Théâtre Fontaine. Venus d'horizons différents et, s'il faut en croire les apparences, d'opinions divergentes, ils partagent les mêmes indignations : contre l'injustice, le racisme, les hommes politiques, les chanteurs à voix et les chanteurs à idées, les poètes communistes, les docteurs en médecine et les guérisseuses sans diplômes...

Jeu de massacre

Bedos ne se contente pas d'inciter Desproges à monter sur les planches, il guide ses premiers pas : même façon de tourner en rond sur la scène sans jamais quitter le cercle du projecteur, même phrasé en apparence hésitant, mêmes haltes entre deux phrases chocs, mêmes mimiques, même sourire accompagnant un bon mot ou une grossièreté. C'est tout juste si l'on n'imagine pas Guy lançant, de la coulisse, des encouragements à son élève.

Bedos a enseigné la technique. A Desproges de prendre le pouvoir sur un auditoire qui n'est jamais conquis d'avance. Le public, heureusement, sait à quoi s'en tenir sur cet enfant terrible qui a la dent si dure et le cœur si tendre. Qui va parler « cul » et dire « merde » avec un tel accent de sincérité que « cul » et « merde » en deviendront distingués. Qui se livrera à son habituel jeu de massacre aux dépens de Julio Iglesias, Louis Leprince-Ringuet, Michel Droit (« Les gens prétendent qu'il a mauvaise haleine... Ce sont de mauvaises langues »), Marguerite Duras (« Attention, elle n'a pas écrit que des conneries, elle en a aussi filmé... »). Et qui dira de Georges Marchais : « Je ne lui prêterais pas mon peigne, mais je ne donnerais pas non plus mes poux à Le Pen. Il serait capable de les torturer, ce con... »

Pierre Desproges imitera, une fois de plus, l'accent des cancéreux. Proférera des horreurs comme : « Himmler, on dira ce qu'on voudra, c'était un homme capable d'une grande concentration. » Ou : « Dans la Collaboration, il fallait dénoncer les juifs. Bon, mais dans la Résistance, il fallait vivre avec eux... » Et, sur un ton doctoral, il livrera sa définition du psychopathe et du névrosé : « Un psychopathe croit que deux et deux font cinq. Un névrosé sait que deux et deux font quatre... et ça le met dans une colère noire !» Desproges surprend-il ? Choque-t-il ? Même pas. Nul n'a oublié «Les Flagrants Délires». «Monsieur Cyclopède» reprend ses facéties sur FR3. *L'Almanach, Le Manuel de savoir-vivre* et *Vivons heureux* battent des records de vente.

On retrouve Desproges en 1986, au Théâtre Grévin, dans son deuxième et dernier récital intitulé *Pierre Desproges se donne en spectacle.* Une «thérapie de groupe» qui débute, dans le noir complet, sur ces fortes paroles dites par une voix féminine : «Mesdames, messieurs, le spectacle va commencer. Veuillez avoir l'amabilité de fermer vos gueules ! Merci.»

Desproges, chroniqueur sarcastique, reste fidèle à sa manière : «Moi, c'est vous, et vous c'est moi. Je suis un miroir pensant... pardon, réfléchissant !» Coluche traînait dans la boue les supporters des équipes de football. Bedos traitait de cons et les footballeurs et les supporters («Lorsque, à Saint-Étienne, j'entendais les gens crier : "Allez, les Verts !", je pensais : "Qu'est-ce qu'ils disent ? *Heil Hitler ?"* »). Desproges, lui, ironise sur les athlètes du ballon rond : «Avez-vous jamais entendu penser un footballeur ?» Il compare le docteur Petiot, «qui a démontré en 1944 que les juifs étaient solubles dans l'acide sulfurique», au professeur Schwartzenberg, tout en ajoutant : «Schwartzenberg, lui, il fait pas exprès de tuer les gens !» Il étale sa culture tout en sortant son revolver : «Au lieu de vous emmerder à lire tout Sartre, achetez *Minute* : pour dix balles, vous aurez à la fois *La Nausée* et *Les Mains sales.*» Et, à une spectatrice du premier rang, il demande de trouver l'intrus dans cette liste de quatre mots : «Métastase, chimiothérapie, Schwartzenberg, avenir.»

L'avenir est un mot vide de sens pour Desproges : Pierre n'a plus qu'une quinzaine de mois à vivre. Le

31 mars 1988, il donne une représentation à Aix-en-Provence. Le 18 avril, il rejoint Coluche et Le Luron. Après avoir laissé deux messages : un *Almanach* dans lequel figure la rubrique des « cons de la semaine ». Parmi eux, Jean Marais (« Dès qu'il cesse de parler de Jean Cocteau, il a l'air d'un con »), Francis Huster (« le comédien le plus doué de sa génération... quand Jacques Weber a la grippe »), Laurent Fignon (« le seul champion cycliste français capable de lire *Le Parisien libéré* avec des lunettes »).

Le deuxième message est un faire-part : « Pierre Desproges est mort d'un cancer. Étonnant, non ? » Son ultime provocation.

11

Les Inconnus, enfants
de Fernand Raynaud et de Coluche

Créé par Philippe Bouvard en 1982, sur Antenne 2, «Le Petit Théâtre de Bouvard» parie sur la jeunesse et l'impertinence de sa troupe, venue de tous les horizons du café-théâtre. Bouvard mise juste : un an après son arrivée sur l'antenne, il a gagné environ 2 800 000 téléspectateurs. Quelques mois plus tard, Collaro présente «Cocoricocoboy» sur TF1. Sur Antenne 2, l'atmosphère se dégrade : les sketches du «Petit Théâtre» perdent de leur impact comique, l'équipe se désagrège peu à peu et, conséquence inévitable, l'Audimat commence à baisser.

Les Quatre Quarts

Que faire lorsque le navire donne de la bande et que l'on a l'impression de trimer pour un capitaine qui paraît ne pas se soucier des états d'âme de son équipage ? Descendre à la première escale. Partir à l'aventure. Des groupes se forment, au gré des affinités. Chevallier unira son destin à celui de Laspalès. Isabelle de Botton fera cause commune avec Mimi Mathy et Michèle Bernier. Muriel Robin ira chercher les textes de Pierre Palmade pour entamer une carrière en solo. Et, sous l'appellation d'Anciens du Théâtre de Bouvard (qu'ils devront abandonner après le procès intenté par leur père spirituel),

Didier Bourdon, Bernard Campan, Pascal Légitimus, Seymour Brussel et Smaïn donneront des galas en province, puis tourneront un film, *Le téléphone sonne toujours deux fois,* qui sera éreinté par la critique.

Smaïn décide alors de tenter sa chance en solitaire. Les autres mousquetaires fondent Les Quatre Quarts et commencent une tournée à travers la France. Conscients de leurs faiblesses et «incapables de rectifier un tir qui n'est pas toujours groupé», ils sollicitent, quelques mois avant la mort de Coluche, l'aide de Paul Lederman, surnommé par Coluche «l'homme de flair»: Lederman se contente de leur répondre: «C'est bien, ce que vous faites, mais tout est à revoir...»

Tout sera revu. Et corrigé. Pas encore au Splendid Saint-Martin ni au Théâtre Fontaine, où les quatre humoristes se produisent devant une poignée de spectateurs, mais au Palais-Royal où, en mai 1989, ils donnent leur premier grand spectacle, *Au secours, tout va bien.* Sans Seymour Brussel, qui les a quittés alors qu'ils viennent d'adopter une nouvelle raison sociale: Les Inconnus. Label plutôt étrange lorsque, justement, on n'aspire qu'à être connu. Les Inconnus ne font là que cultiver le paradoxe et le second degré.

Manu et Stéphanie de Monaco

En passant à la loupe tous les crétinismes, toutes les crasses, toutes les pollutions, toutes les difformités de la société, Les Inconnus rejoignent ces maîtres caricaturistes qu'étaient Fernand Raynaud et surtout Coluche. Ils exploitent le même fonds de commerce, chinent dans les mêmes greniers. Mais, au contraire de Coluche, ils s'abstiennent de brocarder les hommes politiques, pour lesquels ils ne manifestent pas le moindre intérêt, à l'exception de Le Pen. Pour le reste, aucun préjugé : la Sécu, la zup, le fast-food, le métro, la pub... Ils savent, eux aussi, rire de tout.

Il y a Manu («Hé! Manu, tu descends ?»), «le zonard qui a peur de sa mère, portrait craché de Schwarzenegger avec des boucles d'oreilles». Il y a Stéphanie de Monaco, dont Bourdon, coiffé d'une ridicule perruque blonde, hulule le nom dans «Télémagouille», parodie de jeux télévisés du type «Questions pour un champion». Il y a ces C.R.S., affalés contre le comptoir d'un bistrot, qui marmonnent : «Eh ben! l'Europe, elle est pas dans la merde...»

Ajoutons à cela quelques jeux de mots un peu éculés : «Mon frère est étudiant : il fait Centrale à Fleury-Mérogis» ; «Avant, on allait chez le bougnat, maintenant, on va chez le bougnoul» ; «Si on allait bouffer japonais chez Nippon ni mauvais ?» ; «Jean-Pierre Foucault a dit que notre spectacle est le plus drôle qu'il ait jamais vu. Et c'est vrai qu'il ne l'a jamais vu!» ; «Il y a les Maghrébins et les Maghré pas biens.» Et cette réplique, enfin, inspirée de Coluche, et dont Smaïn s'est également emparé : «La migration, c'est les oiseaux qui volent. L'immigration, c'est les Arabes...» Propos qui provoque le même malentendu que le «plus ils sont basanés, plus ils sont louches» coluchien [1]... «Certains soirs, dit Campan, il y a des éclats de rire malsains. Après un gala dans une salle de province, je sors de ma loge, je traverse la foule en regardant mes pieds et, tout à coup, j'entends un type qui dit : "Qu'est-ce qui leur ont mis, aux Arabes!" J'en ai eu la nausée !»

Au fil du spectacle, on s'aperçoit que les sketches des Inconnus sont de facture théâtrale. Ils sont joués, plutôt que dits, par des comédiens qui savent doser leurs effets et faire valoir leurs capacités personnelles tout en se mettant au service du groupe. Ces morceaux de bravoure, à travers lesquels chacun pourrait chercher à tirer son épingle du jeu, forment ici un tout homogène : comme une pièce en plusieurs actes, eux-mêmes divisés en plusieurs scènes. Une pièce qui pourrait s'intituler, sans allusion aucune, *Des Français parlent des Français*.

La télé mise en boîte

A l'applaudimètre du Palais-Royal, « Stéphanie de Monacooo » bat Manu d'une longueur. Les Inconnus, comme tous les artistes de scène, ont l'oreille fine. Ils sont sensibles à la moindre réaction de la salle. Le triomphe de « Télémagouille » – analogue à celui qu'avait remporté le « Schmilblick » de Coluche – est, pour eux, révélateur.

Bourdon, Campan et Légitimus sont enfants de la télé. Ils lui ont beaucoup donné, elle leur en a été reconnaissante. C'est en partie grâce à elle qu'ils battent des records d'affluence dans ce théâtre, choisi de préférence à un music-hall par Lederman, nostalgique du Gymnase où Coluche a donné, en 1980, l'un de ses shows les plus mémorables. Mais, depuis le 16 avril 1987, date à laquelle TF1 est privatisée, ils tirent les conséquences de la dérive du petit écran soumis à la triple dictature de la publicité, de l'Audimat et d'une clientèle vieillissante. Ils observent à la loupe toutes les émissions du petit écran et ceux qui les animent : leur sketch les conforte dans la certitude que les téléphages les plus acharnés peuvent en rire.

Les Inconnus bâtissent donc un projet reposant sur le principe de « Télémagouille » : la parodie télévisuelle. Ils le présentent à la direction artistique de TF1. Réponse, plutôt sèche : « Votre proposition ne correspond pas à l'image de notre chaîne. » Ils n'ont plus qu'à se tourner vers les responsables d'Antenne 2, auxquels ils soumettent leur «Télé des Inconnus». Ravie de damer le pion à sa principale concurrente, la chaîne publique donne le feu vert aux trois humoristes.

Trois mois d'écriture, douze jours de tournage, une semaine de montage pour 90 minutes d'émission. Le 19 mars 1990, une majorité de téléspectateurs choisit de regarder Antenne 2. Ils en auront pour leur redevance : une vingtaine de sketches parmi lesquels «Biouman», parodie de *Bioman* qui figure au menu des programmes pour enfants de Dorothée ; «Ça te barbera», pastiche du feuilleton américain *Santa Barbara* ; «La Dernière Chance aux chansons» ; «Le Juste Cri», inspiré du «Juste Prix» ; «Tournez ménage», adaptation réussie de «Tournez Manège» ; «Questions pour du pognon»... Ce soir-là, Antenne 2 remporte le match qu'elle livrait contre tous. Et, à ceux qui accusent Les Inconnus de «cracher dans la soupe», Campan répond : «C'est pour lui donner du goût !»

C'est également en mars que Les Inconnus commencent leur nouveau spectacle au Théâtre de Paris. Titre : *Au secours, tout va mieux.* Plus besoin, cette fois, du bouche à oreille pour remplir la salle : «La Télé des Inconnus», dont ils préparent la deuxième livraison, prévue pour le 19 octobre, a été aussi efficace que la plus habile des promotions. Interview d'un groupe rock («On sait qu'on est au Top 50, mais ce n'est pas le but recherché. Nous, on privilégie les paroles et, surtout, le texte...») ; scènes muettes qui décrivent vingt-quatre heures de la vie d'une rue anonyme («Les Passants») ; la manche dans le métro («Pour les musiciens, siou plaît, pour l'estropié, pour Allah...») ; le défilé syndicaliste, pancarte en main («C.G.T. en graive ! C.G.T. en graive !») : Les Inconnus continuent à viser au ras du quotidien – ce qui, accessoirement, est une manière moderne de faire de la politique.

Dans une France qui, désormais, confond l'Audimat avec le suffrage universel et qui a fait de la télévision et son miroir – moins déformant, hélas, qu'on ne le croit – et la scène où elle se raconte, le coup de génie des Inconnus a été de comprendre qu'à la pasticher, ils iraient bien au-delà de la parodie. C'est tout le pays réel qu'ils épingleraient dans ses représentations collectives.

Sans doute sont-ils les premiers amuseurs à avoir perçu, raillé, puis utilisé les possibilités de l'«étrange lucarne». Raynaud et Coluche se sont montrés à la télévision; Les Inconnus, eux, «montrent» la télévision telle qu'ils la voient, à travers de faux reportages ou des interviews imaginaires. Le filon était vierge. Ils ont su l'exploiter: «Imitateurs sociaux, bouffons du roi, nous sommes un peu les Daumier d'aujourd'hui, des moralisateurs et des redresseurs de torts. Rire pour faire rire seulement, ce n'est pas une raison de vivre. Nous tâchons d'alerter les gens et de leur ouvrir les yeux [2].»

Les trois humoristes poursuivent donc, sur sa lancée, leur «Télé des Inconnus». Avec des personnages qu'il est aisé de reconnaître au passage, tant leur nom est peu modifié: Guillaume Truand (Guillaume Durand), Toscan Séplanté (Toscan du Plantier), Henri Papier (Henri Chapier), Nicolas Culot (Nicolas Hulot) ou Jean-Pierre Fuca (Jean-Pierre Foucault) et sa «Sacrée Diarrhée». Ils marient «Perdu de vue» et «Avis de recherche» en un «Perdu de recherche». Ils en profitent aussi pour diffuser un clip. Celui d'«Auteuil, Neuilly, Passy», un rap B.C.B.G. qui grimpe jusqu'au sommet du Top 50: «Auteuil, Neuilly, Passy, / C'est pas du gâteau, / Auteuil, Neuilly, Passy, / Tel est notre ghetto.» Le «Salut, tu-vas-bien?» de Valentin Dupré, «fils unique dans un hôtel particulier», Hubert Valéry Patrick Stanislas, duc de Montmorency, qui, «à cinq ans et demi, avait déjà [sa] Ferrari», et du troisième B.C.B.G. (il ne donne pas son nom) qui se sait condamné «à reprendre l'usine de papa», est désormais chanté en chœur par les écoliers. Coup dur pour les fabricants habituels de tubes! Un autre rap connaît le succès : «La banlieue, c'est pas rose, / La banlieue, c'est morose, / Alors prends-toi-z'en main. / C'est ton destin, / Ton destin.»

Bis repetita... Le 28 octobre 1991, la deuxième «Télé des Inconnus» débute et s'achève sur le clip d'un autre futur leader du Top 50, «Rap-Tout». On y voit les trois frères Rap-Tout – rien à voir avec ceux de Walt Disney –, agents du Trésor déguisés en vampires assoiffés d'impôts et de taxes, princes livides du «prélèvement sans gain», serviteurs dociles de politiques aux incisives sanglantes, qui sont là «pour pomper sans répit et sans repos». Avertissement sans frais adressé aux contribuables exténués que ce «Rap-Tout» : «On est là partout, / Même quand tu joues, / Pauvre idiot, on est là partout! / Le Loto, c'est nous! / Le Bingo, c'est nous! / Le Tiercé, le Quarté, le Quinté, c'est encore nous! / Le Quinté plus, on te resuce! / Faut qu'tu craches, faut qu'tu payes / Pas possible que t'en réchappes / Nous sommes les frères qui râpent tout...»

Dans la même émission, Les Inconnus caricaturent trois chasseurs portés sur la bouteille, et ricanent des prétentions écologiques des Nemrod de banlieue. Dans la peau de trois journalistes sportifs assurant un reportage pour «Stade 2», ils lancent un de ces *gimmicks* chers à Fernand Raynaud: «Cela ne nous regarde pas!» Rien ne leur échappe. Ni les ménagères des pubs, toujours ravies de nettoyer les kilos de linge sale, du moment que «Mini-X» est là; ni les images et les paroles furieusement signifiantes des clips («Isabelle a les yeux bleus / Les yeux bleus Isabelle a»); ni le jargon techno; ni, comme dans «Les Miséroïdes», les stars des films d'action, dont toute la conversation se résume à quelques onomatopées et à de multiples gnons ; ni, enfin, le Christ mis en scène dans un sketch qui vise surtout Rambo/Stallone. Humoristes, satiristes, comédiens, Les Inconnus sont, s'il faut en croire Paul Lederman, également visionnaires : «La Zup», dans laquelle ils incarnent trois mômes de banlieue désœuvrés, préfigurait Vaulx-en-Velin. Dans «Les Envahisseurs», parodie de la série américaine, les extraterrestres sont des immigrés arabes... neuf mois avant «l'invasion» évoquée par Giscard d'Estaing! «Nous ne donnons pas dans l'"extralucidité", mais dans la lucidité tout court», affirment, quant à eux, Les Inconnus.

Changer d'air

Un Molière du théâtre décerné, en 1991, pour le meilleur spectacle comique de l'année précédente. Une prestation controversée à «7 sur 7», qui leur vaut les sarcasmes du microcosme. Le temps qui passe et, avec lui, une certaine lassitude des sketches à concevoir et à écrire, des tournées harassantes, une télé dévoreuse et sur laquelle on a tout dit... ou à peu près. Besoin de changer d'air, surtout... Les Inconnus prennent du champ.

Ils se disent que rien n'est éternel, que les vogues passent, que le ras-le-bol finira par l'emporter – celui de jouer ensemble, de n'être pas soi-même, mais un des Inconnus. «Ce jour-là, murmure Bourdon, nous nous séparerons, quitte à renouer plus tard. Les gars du Splendid en ont fait autant... Sur le plan artistique, on existera toujours, même s'il arrive qu'on se quitte un moment pour faire quelque chose individuellement.»

Bourdon, Campan et Légitimus se dirigent, en ordre dispersé, vers le cinéma. Mais c'est ensemble qu'ils écrivent et jouent *Les Trois Frères*, qui figure un moment en tête du box-office. La nature gauloise ayant horreur du vide et le monde de l'humour étant ce qu'il est, c'est-à-dire pas très flambant, on peut espérer, sans trop y croire, qu'ils reviendront sur une scène de théâtre pour ajouter d'autres Manu à leur tableau de chasse.

12

Les piliers
du café-théâtre

Les cafés-théâtres n'ont pas attendu le premier spectacle en solitaire de Coluche pour comprendre que, s'ils se bornaient à accueillir dans leurs murs de joyeuses mini-comédies jouées par les troupes de copains, ils ne dureraient pas. Dépourvus de moyens, à l'étroit entre leurs murs décrépis, ils ne pouvaient en effet miser que sur l'originalité et le talent pour rivaliser avec les grandes scènes du boulevard. Mais leur prolifération posait des problèmes économiques et artistiques en apparence insurmontables : les spectateurs seraient-ils assez nombreux pour que la rentabilité de la majorité des salles soit assurée ? Que leur donnerait-on à voir qui les fidélise et allèche les médias, souvent plus prompts à voler au secours du succès qu'à en être les initiateurs ?

Confrontés au risque de mettre la clé sous la porte dans les six mois suivant l'ouverture, les cafés-théâtres, désormais davantage théâtres que cafés, changent les donnes de l'humour. Ils décident de présenter à un public essentiellement composé de jeunes gens, non plus des numéros d'une vingtaine de minutes, mais de véritables one man shows. Le pari est audacieux : rien ne prouve qu'il y ait en France suffisamment d'humoristes capables de tenir la scène pendant plus d'une heure.

Loin d'être confrontés à la pénurie, les cafés-théâtres sont investis par une pléthore d'aspirants humoristes. Ceux-ci se pressent aux auditions organisées par les directeurs des nouvelles boîtes à rire. Comédiens pour la plupart, ils attendent (comme leurs anciens, du cabaret) une première consécration qui leur servira de passeport pour le théâtre et le cinéma. Ils ne sont pas tous engagés. Et nombre de ceux qui le sont mettent d'eux-mêmes un terme à la carrière qui leur paraît promise.

Que l'on ait parfois oublié leurs noms importe peu : ils ont participé à l'aventure du café-théâtre, à sa transformation en ce que Le Luron appelait le « café-show ». Et à son évolution. Les années glorieuses du café-théâtre pouvaient commencer.

Gentes demoiselles...

Les femmes – c'est une nouveauté – participent à cette évolution : les cafés-théâtres ne rechignent pas à les accepter sur leur scène minuscule. Ils accordent au sexe dit « faible » ce droit à la parole humoristique que les cabarets de la rive gauche leur ont, jadis, dénié... si tant est qu'avant les années 60 il y ait eu des « amuseuses » capables de rivaliser avec leurs confrères masculins. Hormis Anne-Marie Carrière, qui rimaillait chez les chansonniers, Sophie Daumier, qui donnait la réplique à Guy Bedos, ou Lucette Sahuquet, du couple pied-noir Castel et Sahuquet, peu de femmes prenaient le « parti d'en rire ».

C'est à partir de 1975 qu'elles se joignent à leurs confrères humoristes. Elles ne manquent pas d'esprit. Elles ont du bon sens et sont inventives. Reste que les thèmes de leurs sketches manquent souvent d'originalité. A qui s'en prennent-elles principalement ? Aux hommes, qu'ils soient machos, masos, misos, zozos. Duplicité, mauvaise foi, dissimulation, coquetterie, attendrissement, toutes les armes leur sont bonnes dans cette bataille contre les phallocrates.

Lorsque, en mars 1976, Les Trois Jeanne (Martine Boéri, Éva Darlan et Chantal Pelletier) débutent aux Blancs-Manteaux [1], nul n'oserait parier sur la longévité de leur spectacle, intitulé *Je te le dis, Jeanne, c'est pas une vie la vie qu'on vit*. Six mois plus tard, Les Trois Jeanne tiennent toujours l'affiche. Les Blancs-Manteaux ne désemplissent pas. Le public a souscrit à leur révolution féministe. Sept ans après, aux Bouffes-Parisiens, elles interrompent leur lutte : «Les hommes ont muté !», s'écrient-elles. En sont-elles satisfaites ? Bof ! Simple accident de parcours. «Les femmes continuent de procréer et l'on n'a pas encore trouvé la recette pour que les mâles prennent leur place», dit Martine Boéri.

Les Jumelles — Jill et Viviane Lucas — ont écumé les cafés-théâtres. Le Café d'Edgar, entre autres, où, en 1982, elles jouent *Soigne tes ecchymoses, Gervaise*. Décor : un petit immeuble, quelque part en France. On y fait maigre le vendredi, on y porte des bigoudis le dimanche. La loge de la concierge, qui sentirait plutôt le renfermé, sert de confessionnal. Quinze ans avant les Vamps, on en apprend de belles sur l'univers de Mme Gervaise, une des locataires, de Mme Boche, la gardienne, et des Jumelles qui, avec la même naïveté désarmante, vont d'amours en déceptions. Filiformes mais bien en chair, lèvres outrageusement peintes en rouge, ongles audacieusement vernis de vert, ces deux créatures qui se ressemblent comme deux gouttes de vitriol alternent le rire sarcastique et le sanglot dans la voix.

Catherine Allégret, fille d'Yves Allégret et Simone Signoret, n'a pas fréquenté longtemps le café-théâtre. En

1978, aux Blancs-Manteaux, avec Élyane Borras, elle apparaît dans *Tu viens ? On s'en va...* Ce «two women show» met en scène deux jeunes femmes qui, en principe, n'ont rien pour s'entendre. L'une, sans emploi, désargentée, désespérée, attend fébrilement que son amant, un homme marié – et très occupé – lui téléphone. L'autre, heureuse et souriante, travaille pour un journal dont son père est le directeur. Discussions, disputes, orages, réconciliations, propos acidulés et pertinents sur les hommes, l'amour et la vie. Rien que de très banal.

Avant de fonder Les Filles avec Michèle Bernier et Mimi Mathy, Isabelle de Botton joue, aux Blancs-Manteaux également, un one woman show dont elle est l'auteur, *Raoul, je t'aime.* Dix personnages, dix accents, des fantasmes en pagaille et un dénominateur commun : Raoul, un monsieur dont on sait peu de chose, mais que l'on devine hâbleur, menteur et infidèle.

Sophie Violas a le nez au vent et l'âme à la vague. Le monde est terrorisant ? Dans *Vol à la tire,* elle part en guerre contre la vie qui s'écoule, contre la mort qui vient, contre l'amour qui n'est pas celui dont elle rêve. Personne n'est épargné : les hommes, les femmes B.C.B.G., les couples mal assortis, les intellectuels. En 1987, on retrouve Sophie Violas au Cithéa, avec Marie Armel, dans *A bateau rompu,* dialogue entre deux nanas qui se partagent une chambre aux murs blancs. L'une, Amélie Kir, est calme et pondérée, l'autre, Julie Speed, exubérante et rigolarde. La vie quotidienne leur semble monotone ? Les voilà qui se mettent à rêver d'une mer paisible sur laquelle elles se laisseraient voguer au gré de leur humeur. Mais, peu à peu, les bruits de la ville s'estompent. Le cri des mouettes envahit le ciel. Le rêve a littéralement englouti la réalité. L'escapade est devenue un voyage au long cours. Le naufrage est au bout du voyage, à moins que ce ne soit l'île au trésor, une île dont les hommes sont bannis.

Quelques-unes de nos humoristes féminines refusent de s'engager sur les sentiers de la guerre des sexes. En tête, Josiane Lévèque, sacrée «reine du café-théâtre» depuis 1970. A ses débuts, en 1961, elle a joué Molière et Brecht en tournée, avec Coline Serreau et Didier Kaminka. Elle a été l'épouse de Jacques Grello : «Il me disait que j'étais géniale. Je savais que j'étais tarte. Mais son assurance me donnait la force de continuer[2].» Elle a continué. Elle écrit – et joue – plusieurs spectacles : *La golden est souvent farineuse, Zizanie bretelle, Au niveau du chou.* «Je me contente de déballer mes petites conneries», dit-elle. Au contraire de ses consœurs, elle ne malmène pas les hommes. Elle montre les femmes-femmes et les bonnes femmes, telles qu'elles sont, ou du moins telles qu'elle les voit. Avec *Joue-moi un air de tapioca* («Le plus beau western et le plus chic et pas cher de ces vingt dernières années»), elle nous emmène en voyage. Pas de chevauchée fantastique ni de colts d'or dans cette épopée yankee. On entend les Indiens, mais on ne les voit pas – hormis un indigène de la tribu des Blousons-Noirs, qui séduit deux fermières assiégées dans leur ranch et, la bataille achevée, part en leur compagnie à la conquête de l'Ouest et de la fortune.

Florence Giorgetti en avait «ras le bol des rôles de putes ou de fofolles». A vingt-huit ans, alors que tant de comédiens du café-théâtre ont migré vers le cinéma, elle s'en revient au Théâtre des 400 Coups, sur la Montagne Sainte-Geneviève, munie d'un accessoire qui ne doit rien au Crazy Horse Saloon – une poubelle – dans un one woman show complètement farfelu et pas ordurier pour deux sous : *Poubelle Girl.* Elle a tourné auparavant dans *Sarcelles-sur-Mer,* de Jean-François Bisson,

Je ne pense qu'à ça, de Wolinski, et *La Dentellière*, de Claude Goretta.

Stone et Charlotte Julian viennent de la chanson. Stone a été l'épouse – et la partenaire – d'Éric Charden, avec lequel elle a souvent décroché la timbale au mât de cocagne des hit-parades. Charlotte Julian s'est bâtie une solide réputation de fantaisiste à accent pyrénéen avec sa «Fleur de province». Gloire quelque peu ternie et tubes passablement défraîchis, elles unissent non leur amertume, mais leur gouaille pour évoquer le milieu du showbiz. Ce qui nous vaut un impromptu amusant sur les chanteuses débutantes et les tournées ringardes. Stone jouera également des sketches avec Mario d'Alba, son deuxième mari.

... et vilains messieurs

Les one man shows masculins ne s'intéressent pas aux femmes. Aucune allusion aux mensonges, aux querelles domestiques, aux déchirements intimes, aux trahisons adultérines : les hommes sont pudiques. Ou hypocrites.

Jean-Luc Bideau, comédien originaire de Suisse, nous fait entrer dans une porcherie imaginée par Raymond Cousse. *Stratégie pour deux jambons* est une suite de méditations : celles d'un cochon à quelques jours de l'abattage. Le rôle du cochon est tenu par Bideau. Tour à tour ironique, sentimental, grivois, bonhomme, féroce, il nous communique son «groin de folie» et nous persuade que le cochon qui sommeille en nous ne manque finalement pas de noblesse.

Les Belges racontent des «belges histoires». Elles ne ressemblent pas, même si elles font rire, à celles de Coluche. Ronny Coutteure, un comédien sorti du conservatoire de Lille, décrit le plat pays qui est le sien : «Nous autres Flamands, dit-il, nous sommes les Arabes des Pays-Bas. Victimes d'un racisme primaire.» Persécuté, mais humoriste : «Il faut savoir se moquer de soi-même, des siens et de ses racines profondes.»

Francis Lemaire, comme Coutteure, est belge, «mais [il se] soigne...». Traitement efficace : cet ex-pensionnaire de L'Écluse n'a gardé de son pays natal ni l'accent ni le goût des frites. C'est plutôt du côté de Fernand Raynaud qu'il cherche son inspiration. Avec, en plus, un peu d'absurde, un soupçon de satire chansonnière et deux ou trois imitations, dont celle de Groucho Marx. Une innovation : à l'entracte, Lemaire, verre en main, bavarde avec les spectateurs du Théâtre Édouard VII qu'il transforme ainsi en théâtre-café.

La musique de *Mission impossible*, le piano d'Erroll Garner, quelques flash-back... Jean-Pierre Rambal, rescapé des cabarets de la rive gauche, s'est fait, en 1978, son petit cinéma à la Cour des Miracles. Il a construit comme un film les tranches de vie douce-amère de son personnage, qui évoque à la fois Max Linder, Charlie Chaplin et Pierre Étaix : un pauvre gars qui touche à tout et va d'échec en échec, perd la mémoire et la recouvre l'instant d'après, séduit une fille et la voit aussitôt disparaître, mijote un suicide bien troussé. Le suicide est raté, mais le spectacle est réussi.

Deux auteurs : Jean-Luc Moreau et Yvan Varco. Deux acteurs : les mêmes. Un clown et son auguste. Un spectacle, en 1979, au Point-Virgule, *Magnifique Magnifique*. Autour de deux personnages que l'on ne voit jamais, mais qui demeurent présents tout au long du spectacle, Henri Poujol et Marie-Louise Tissandier. Une suite de sketches en forme de clins d'œil qui font rire aussi bien au premier qu'au second degré : on y parodie *Un homme et une femme,* on assiste à une conférence sur les méfaits causés par la mouche tsé-tsé, on pénètre dans une extravagante académie de peinture. Une leçon de savoir faire-rire.

La rondeur débonnaire de Jacques Villeret et son regard ahuri lui ont déjà valu quelques rôles au théâtre (*Des frites, des frites, des frites,* au T.N.P. et, à L'Européen, *Gomina,* une comédie-rock) et des apparitions remarquées au cinéma (*Les Bons et les Méchants,* de Claude Lelouch, *R.A.S.,* d'Yves Boisset). Entre deux films, il présente aux Blancs-Manteaux quelques sketches qui mettent en scène des personnages sans signe particulier, pris sur le vif et tirés de la vie quotidienne, à commencer par le loubard de banlieue cher à Coluche. On revoit Villeret en 1978 à la Gaîté-Montparnasse où, pendant six mois, il parodie les acteurs des films suédois. Après avoir tourné dans *Garçon !,* de Claude Sautet, et *Papy fait de la résistance,* de Jean-Marie Poiré, il se lance de nouveau dans le one man show en 1984. Intitulé *1 heure 15 pour rire,* ce spectacle est fraîchement accueilli à l'Espace Cardin. Six mois plus tard, Villeret le reprend au Splendid. Il y a amené son sosie : un Villeret à perruque blonde qui tente de lui voler la vedette. «C'est une banalité de dire que nous sommes doubles, dit-il. Mais reste à savoir qui l'emporte, en fin de compte, du docteur Jekyll ou de Mr Hyde[3].» Réponse : les deux. *1 heure 15 pour rire* est un triomphe.

Dieu existe : Bruno Garcin, qui a tourné pour la télévision dans *Lucien Leuwen* et *Splendeurs et Misères des courtisanes,* l'a rencontré au Point-Virgule. «Tu ne tueras pas tous les jours» est un portrait divin, sinon un autoportrait, acide, railleur, souvent féroce. Car ce Dieu sûr de lui et dominateur n'est pas tellement enclin à se pencher sur le sort d'une planète près d'exploser. Il passe son temps à réécrire les Dix Commandements, réclame, avec une véhémence suspecte, la libération des poupées, tue lui-même son chien plutôt que de le laisser écraser par un chauffard et extermine allègrement les trois quarts de l'humanité.

Rufus n'est pas un clown, mais un Pierrot. Un Jean-de-la-lune. Un chevalier à la triste figure et à l'humour lugubre. Comme Garcin, il a rencontré Dieu. Et une fois de plus, Dieu n'est pas foncièrement bon : «A partir de maintenant, je ne crois plus en Dieu... Non, à partir de demain... Je ne veux plus croire en Dieu... Quand je vois les larmes d'un enfant, je me dis que Dieu n'a pas de cœur et un Dieu sans cœur, il peut aller se rhabiller.» D'une cocasserie frileuse et parfois douloureuse, Rufus se lance trop souvent dans des monologues biscornus qui donnent plus à méditer qu'à rire.

Marc Moro a écrit et joué (avec Gérard Hernandez) *Areu = mc²*, qui est resté pendant plusieurs années à l'affiche de la Pizza du Marais. En 1982, *La Planque* nous plonge dans un monde beaucoup plus cruel. Le canon tonne. Les bombes explosent. Des hommes tombent. C'est la guerre. Pas pour tout le monde. Attablé dans un café, devant des demis de bière sagement alignés au garde-à-vous, un homme se planque. Il attend. Que la paix revienne ? Pas sûr ! Ou alors la paix intérieure... Arrive un permissionnaire. Que fait notre planqué ? Il offre sa tenue de civil et ses papiers au soldat, et prend sa place. Il reviendra du front quatre ans plus tard, des médailles plein la poitrine. Mais le jeu n'est pas terminé. La guerre non plus. Des propos des bébés surdoués de *Areu = mc²* ou des divagations de ces deux adultes pas encore vaccinés contre les maux de l'humanité, lesquels sont les plus sagaces ? On se le demande. Mais il y a entre eux une bien étrange parenté.

En 1981, Farid Chopel et Ged Marlon partent sur les routes du ciel avec *Les Aviateurs*. Un étonnant dialogue sans paroles, ou presque. En peu de mots, à coups d'onomatopées plutôt, ils retracent, calot sur la tête et chewing-gum en bouche, toutes les étapes de la vie militaire « *made in USA* », de la chambrée à la perm', de la paix à la guerre... et à la mort. Bref, ce sont des héros. Mais ces héros-là ont des faiblesses. Et voilà comment le récit tourne à la satire, la parodie au délire. *Les Aviateurs* nous font planer. En juin 1985, Farid Chopel est – sans Ged Marlon – à l'Espace Kiron. Son spectacle, intitulé *Puttin' on My Boots, I'm Goin' Back to My Roots* (« Les pieds dans mes bottes, je pars à la recherche de mes racines ») comporte une vingtaine d'« improvisations-performances-solos ». Au gré de son humeur, Chopel interprète chaque soir un nouveau personnage. Celui de Mme Irma Romano, romanichelle et voyante, qui joue de ses boucles d'oreilles comme un jongleur chinois de ses anneaux, se contorsionne, dialogue avec son fils, un singe savant et inanimé, est sans doute le plus achevé. Mais l'humour de ce show est trop abstrait pour attirer le grand public.

André Valardy a débuté en 1966. Il est comédien (fils de Maria Casarès dans *Mère Courage*, fils de Marthe Villalonga dans *Comment devenir une mère juive en dix leçons*, frère de Michel Bouquet dans *Le Malade imaginaire*) et acteur (une vingtaine de films dont *L'Emmerdeur* et *Lévy et Goliath*). Aux Blancs-Manteaux, il campe mille et un personnages, du ministre suédois au coiffeur italien qu'il interprète dans tous les sabirs et dans toutes les langues – lorsqu'il ne récite pas « Le Corbeau et le Renard » en allemand, en russe ou en yiddish. Au Petit Montparnasse, il se transforme en homme-caoutchouc pour mimer King-Kong ou les tendres voyous de *West Side Story*. Son cinquième one man show, encore sans titre, a obtenu le prix spécial du Festival 1996 de la performance d'acteur, qui réunit chaque année, à Cannes, les meilleurs humoristes français – auxquels il faut ajouter l'Américain francophile Jango Edwards.

Pour clore ces deux premières décennies du café-théâtre, il faut également citer Philippe Bruneau (*La Revanche de Louis XI*, avec Coluche, et *Elle voit des nains partout*), longtemps complice de Stéphane Collaro dans « Cocoricocoboy » ; Jean-Paul Farré ; Patrick Font et Philippe Val, chansonniers pensants ; Michel Lagueyrie, auteur de nombreux sketches (« L'Hôtesse poids lourd », « Le Speakerin » ou « Le Mari qui rentre tard les chausses à la main ») qui lui vaudront d'animer une émission humoristique sur Europe 1 ; transfuge du Big Bazar de Michel Fugain et du « Collaroshow » de Stéphane Collaro, Roland Magdane, humoriste moustachu en qui certains ont cru voir l'héritier de Coluche ; Luis Rego, ex-Charlot, interprète de ses propres sketches ; Paul Préboist (disparu en février 1997) et sa « manman » ; Jean Blot ; Jean Bois ; Jean-Pierre Sentier ; Jean-Marie Cornille ; et les autres...

TROISIÈME PARTIE

L'HUMOUR
AUJOURD'HUI

Le rire en sourdine

Peut-on rire de tout ? Fait-on rire de tout ? Le rire s'accommode-t-il du pire ? En cinquante ans, la liste noire s'est considérablement étoffée. On y trouve, pêle-mêle, le sida, la drogue et les dealers, la pédophilie, le chômage, les S.D.F., les sans-papiers, les affaires, les corrupteurs et les corrompus, les Maghrébins, le terrorisme, les guerres civiles en Afrique et ailleurs, les Israéliens et les Palestiniens, les intégristes de tout bord, les pro et les anti-IVG.

Qui, aujourd'hui, se risquerait à tourner en dérision des sujets aussi «sensibles» ? Coluche, lui, ne s'est jamais censuré. Au lendemain des tragiques émeutes du stade bruxellois du Heysel, en mai 1985, n'ironisait-il pas, avec insistance, sur la «connerie» des supporters du ballon rond ? Mais Coluche était Coluche, comme Desproges était Desproges, comme Les Inconnus sont Les Inconnus : des imprécateurs sans tabous.

C'est pourtant Bedos l'iconoclaste qui, en décembre 1996, s'interroge, dans «Nulle Part ailleurs», sur sa profession d'humoriste : «La situation du monde est devenue si effrayante en l'espace de quelques années qu'on se demande parfois jusqu'à quel point nous devons tendre un miroir, même déformant, même amusant, au public. Il n'est plus temps de terroriser les gens.»

On comprend que la plupart des amuseurs de notre époque éprouvent quelque embarras lorsqu'il s'agit de faire rire leur public. Ils se disent «particularistes» et « non événementiels ». Ils se sentent obligés de se cantonner aux faits de société les plus futiles et qui ne concernent que le plus grand nombre. Autrefois, il ne convenait pas de désespérer Billancourt ; aujourd'hui, les humoristes se doivent de ne désespérer personne. Ils ne présentent donc à leurs spectateurs qu'une vision étriquée de la société dans laquelle nous vivons.

13

Les bonimenteurs

Les quelques amuseurs rescapés des années glorieuses du café-théâtre sont restés fidèles à l'irrévérence, la dérision et la satire qui sont l'essence même de l'humour. Bonimenteurs, transplantés ou humoristes au féminin, ils se refusent à pratiquer cette langue de bois dont use trop volontiers la majorité de leurs cadets.

Marc Jolivet et l'humour « vert »

Fils d'Arlette Thomas, la « voix » de Titi, le canari du dessin animé américain *Titi et Gros Minet,* les frères Jolivet ont été frères d'armes : ils ont commencé leur carrière de duettistes dans « L'Oreille en coin », l'émission dominicale de France-Inter. Ils sont allés, avec un certain succès, d'un cabaret à l'autre de la rive gauche. Ils ont franchi la Seine et, en 1976, à la Pizza du Marais, ils ont interprété une dizaine de sketches et de chansons. Parmi celles-ci, « La Bande à Jésus » et « Le Fils d'Hitler », qui n'indiquent en rien un quelconque penchant pour le prêchi-prêcha, même humoristique, ni la nostalgie d'une époque sinistre qu'ils n'ont pas connue.

On retrouve les Jolivet un an plus tard à la Cour des Miracles et, de nouveau, sur France-Inter où, durant un été, ils remplacent Anne Gaillard. Mais les deux frères sont trop souvent frères ennemis. Les années passant, leurs sujets d'entente se raréfient. Il arrive même aux Jolivet d'apparaître sur scène avec l'œil au beurre noir, frais témoignage d'une bagarre fraternelle dont ils ne savent même plus ce qui l'a provoquée. Pierre et Marc finissent par rompre sur scène pour rester unis dans la vie. Pierre se dirige vers le cinéma, Marc entame une carrière humoristique en solo. Sans grand succès pendant huit ans : son comique teinté, lui aussi, de surréalisme, n'a pas de prise sur les spectateurs.

En mars 1987, à l'âge de trente-neuf ans, Marc passe au Dejazet. Il a grandi, s'est étoffé. Le polémiste pointe aujourd'hui sous l'amuseur : « Quand j'étais jeune, je courais les filles. Maintenant, avec le sida, je fais de la politique. » Ou : « Froid, moi ? Jamais, grâce à Tchernolacbyl ! » Écologiste de conviction – il s'est présenté, sous cette étiquette, aux élections municipales de 1989 –, Marc Jolivet, « goutte d'eau qui tombe du vase et l'empêche de déborder », « ayatollah de l'humour », stigmatise, au Café de la Gare, les diverses pollutions qui menacent notre société : la télévision, par exemple. Ou le jambon sous cellophane. Ou encore les immigrés... japonais. Sa bonhomie est féroce, son regard dénué d'indulgence. Il ne plagie personne et ne cesse d'innover. Parfois il glisse, parfois il appuie. C'est pour mieux faire rire le public, qui ne s'y trompe pas : deux ou trois apparitions sur le petit écran et, dès les premiers jours de son spectacle, le Café de la Gare est comble. Le mystérieux bouche à oreille aidant, le succès tourne au triomphe. Du coup, Jolivet doit prolonger son one man show. « J'assumerai, dit-il. Avec délectation ! » Une carrière en dents de scie s'achève. Une autre, plus stable, commence.

Dans son show de 1997, *Gnou,* au Splendid Saint-Martin, puis au Casino de Paris, Jolivet continue à exploiter le thème qui lui est cher : l'écologie. Il y ajoute sa méfiance d'une technologie qui envahit notre vie quotidienne, à commencer par le fax, l'ordinateur et le téléphone portable. Mais qu'est-ce qu'un gnou ? Une antilope d'Afrique à la tête épaisse et aux cornes recourbées, pourvue d'une crinière et d'une barbe, très commune dans la savane africaine. Voilà pour la réalité zoologique. Pour Marc Jolivet, c'est un animal votant de la famille de la majorité silencieuse, dont le regard est « asexué et imprégné de mollassonnerie consensuelle ». « Politiquement, dit-il, le gnou se situe entre le veau et le mouton. Contrairement aux loups et aux baleines, le gnou n'est nullement en voie de disparition, il se reproduit comme les lapins devant les jeux télévisés. [...] L'idée d'utiliser le gnou comme symbole de l'homme moderne, docile, blaireautisé, décitoyennisé, m'est apparue évidente lors de mes chroniques pour la série "Les Quatre Dromadaires", sur France 3. [...] Je suis un gnou ! Nous sommes tous des gnous ! Et, comme les gnous, nous nous jetons dans la gueule du crocodile avec une docilité déconcertante [1]. »

Dernier volet d'une trilogie ouverte avec *Cet homme va changer le monde* et poursuivie avec *Je t'aime Maë-Li, Gnou* est conçu « sous forme de parabole métaphorique ». « C'est, selon Jolivet, la dernière déconnance avant la dictature. » On ne saurait être plus clair : le gnou ou, plutôt, le Français moyen, est une espèce menacée, non de disparition, mais de domestication, voire d'asservissement.

Avec ce one man show, Marc Jolivet rejoint le Pierre Dac de « Mein Camphre », le Bernard Haller d'« Ascension politique ». Comme Guy Bedos, Coluche, Pierre Desproges, Jolivet nous met en garde, avec un humour corrosif, contre nous-mêmes. Cet humour n'est peut-être pas salvateur. Mais il est salutaire.

Vous avez dit Bigard ?

A ses débuts dans le one man show, on peut dire de Jean-Marie Bigard que, pour lui, aucun bruit n'est sans fondement. Rien de ce qui flatule ne lui est étranger. Si l'art du contrepet, apparemment, lui échappe, en revanche l'écho du pet le plonge dans l'extase. Et il communique son extase pétulante à ce public peu exigeant qui aime rire de ce qui devrait choquer. Pour bien montrer tout de même qu'il ne s'intéresse pas qu'aux émanations de gaz, et que le «cul» n'a pas davantage de secret pour lui, Bigard se livrait à cette réflexion pertinente sur les maillots de bain féminins : «Avant, pour voir les fesses, il fallait écarter le maillot. Maintenant, c'est pour voir le maillot qu'il faut écarter les fesses.»

C'est sur Canal +, chez Les Nuls, puis sur FR3, dans «La Classe», que Jean-Marie Bigard fait ses classes. Pâle *remake* de sa devancière d'Antenne 2, «Le Petit Théâtre de Bouvard», «La Classe», malgré le jeune âge des humoristes qui y font leur tour de piste, n'est, pour la plupart d'entre eux, qu'un furtif banc d'essai. Bigard en sort indemne. Comme Lime. Comme Pierre Palmade. Et comme Jean-Jacques Devaux, un des rares humoristes du moment à avoir également de l'esprit.

Humoriste, Bigard ? «Je suis un comique vulgaire !», dit-il. Et il ajoute : «Je trouve que la tévé est bien plus vulgaire, quand elle montre le cœur des gens comme on montre son cul.» Cet ex-professeur de gymnastique devenu barman ne manque ni de naturel ni de bon sens. Qu'un comique, pour lui, se situe entre «le bouffon du roi et le justicier masqué» ne l'empêche pas de «déborder de tendresse» pour tous ceux qui viennent assister à ses numéros de vendeur d'illusions humoristiques[2].

Le temps passant, Bigard a évolué : il a transformé ses one man shows, écrits avec la complicité de Palmade, homme à tout faire de l'humour. Il parle maintenant de Platon, de Leibniz, de Victor Hugo. Il esquisse des pas de danse sur un air de Rossini. Il témoigne d'une humanité qu'on ne lui connaissait pas, ou qu'on refusait de lui connaître.

Après son one man show de 1996 à l'Olympia, Bigard a remisé sa défroque de bouffon au vestiaire. Il va, dit-il, se consacrer pendant trois ans au cinéma. Le tout est de savoir s'il tournera bien.

Palmade, premier de la classe

Trente ans à peine et déjà douze années d'humour ! Son mariage avec Véronique Sanson n'a pas éloigné Pierre Palmade de ses deux familles – celle, originelle, dans laquelle il est né en 1968, à Bordeaux, où, après avoir passé son bac, il a mollement préparé H.E.C. «à la demande de [sa] mère» ; et celle, adoptive, des planches. Palmade, Sylvie Joly, Muriel Robin, Dominique Lavanant, Jean-Marie Bigard, Patrick Timsit ont un langage commun : chacun a apporté son grain de sel dans les sketches des autres. Des sketches, il est vrai, souvent écrits par ce jeune homme efflanqué à la tête d'oiseau et à la voix haut perchée, qui sait se glisser dans la peau de ses *alter ego*, puiser dans son propre univers les mots et les phrases que Joly ou Robin traduiront à leur manière.

Exigeant lorsqu'il s'agit de servir ses complices, Palmade ne l'est pas moins lorsqu'il confectionne des plats destinés à sa consommation personnelle, tels *Ma mère aime beaucoup ce que je fais, Geneviève Poulie, Mon spectacle s'appelle reviens* ou *Passez me voir à l'occasion*. Ses idées sont originales, ses sketches toujours au point. Du «Joint», qui transforme un individu introverti en une sorte d'extraterrestre, à «La Chanson», critique virulente du showbiz, rien n'échappe à Palmade, qui voit devant lui «d'immenses terrains vagues et plein d'immeubles à construire», mais évite soigneusement tous les sujets brûlants – le sida – et n'emploie que les «mots qui ont du cœur».

«Le Scrabble», qui oppose un père tricheur, une mère dépassée et leurs deux enfants, est représentatif non seulement de l'univers dans lequel Palmade évolue, mais de ses procédés scéniques. Les humoristes-solistes qui le précèdent s'adressent tous, ou presque, aux spectateurs. Ils les prennent à témoin. Ils les font juges. Palmade, comme Sylvie Joly, Muriel Robin et la plupart des amuseurs de sa génération, joue d'une seule voix avec ses personnages. Il pose les questions et donne lui-même les réponses. Là où Fernand Raynaud changeait de ton pour donner l'impression du dialogue, où Bernard Haller converse avec une voix enregistrée, Palmade ne fait que rapporter. Il est aussi bien l'interprète de ses points d'interrogation que celui de ses points d'exclamation. On peut se lasser, lorsque l'humoriste n'est pas persuasif. On l'admire parce que, loin de perdre son public en route, il l'entraîne où il le souhaite, c'est-à-dire dans ses délires.

Pour Jacqueline Maillan, Pierre Palmade a écrit *Pièce montée*, éreintée par la critique, et, pour Dominique Lavanant, *Ma sœur est un chic type*, qu'ils ont jouée ensemble – autre insuccès. Mais pour deux échecs, que de réussites ! Le 8 février 1997, en recevant le César de la meilleure actrice pour son interprétation dans *Pédale douce*, dont il a écrit les dialogues, Fanny Ardant, par ricochet, lui offre un nouvel avenir.

Timsit, ou le comble du cynisme

Un temps pour le cinéma, un temps pour le show. Et pas le même emploi. Le cinéma se garde de confier à Timsit les rôles dans lesquels son humour risquerait de le cantonner. Car c'est un humour caustique et dévastateur. Si Bigard revendique sa vulgarité, Patrick Timsit, lui, revendique son cynisme. Un cynisme qui cache des névroses. Mais elles l'aident à vivre, confie-t-il à *Paris-Match* : «Je n'ai pas envie de m'en séparer. J'aurais bien trop peur de démonter tous mes mécanismes. Et puis, pourquoi voulez-vous que j'aille donner de l'argent à quelqu'un pour m'écouter, alors que des centaines de gens me paient tous les soirs pour m'entendre délirer sur scène[3] ?»

Lorsque, il y a quelques années, il s'est écrié : « 92, belle année, plus de trois millions de chômeurs... Trois millions, c'est bien, mais c'est pas assez !», on a crié à la provocation. Les âmes pures se sont scandalisées. C'est pourtant là qu'est la vérité de l'humour.

14

Les transplantés

On n'emporte peut-être pas sa patrie à la semelle de ses souliers, mais on garde toujours en mémoire la couleur du ciel sous lequel on a poussé son premier cri, les bruits qui montent de la ville dans laquelle on a vécu, le parfum d'une terre que l'on a dû quitter. Alex Métayer, Michel Boujenah, Smaïn, Popeck sont quelques-uns de ces transplantés.

Alex Métayer, de l'Algérie au Club Méd'

Avoir été G.O. (gentil organisateur) au Club Méditerranée durant les années fastes de la grande bouffe et de la rigolade à gorge déployée ne conduit pas fatalement à la profession d'humoriste. Mais la gaîté, franche ou factice, qui préside aux soirées du Club Méd', peut être de bon conseil pour ceux qui cultivent le sens de la dérision. Elle peut même leur donner, un jour ou l'autre, matière à faire rire.

L'équipe du Splendid s'en est inspirée en 1976 pour écrire une pièce, *Amours, Coquillages et Crustacés* (devenue *Les Bronzés* au cinéma), dans laquelle trois G.O. tyranniques opriment quelques G.M. (gentil membres) un peu niais venus chercher, sous le soleil des vacances organisées, plus qu'une salutaire détente, l'amour à la petite semaine. Le clin d'œil y est acéré, les ficelles grosses comme des câbles marins. Mais ceux des G.S. (gentils spectateurs) du Splendid qui ont véritablement participé aux aventures vacancières du Club ne peuvent se retrouver qu'en terrain connu.

Avant d'exercer une trentaine de petits métiers, et d'accumuler « les coups de pied au cul, les échecs et les bides », Alex Métayer a, lui aussi, fait partie de cette petite troupe de jeunes gens paumés qui, en échange de leurs talents sportifs ou artistiques, ont bénéficié du gîte et du couvert version Trigano. Il nous fait profiter de son expérience dans plusieurs de ses sketches. « Le vieux G.O. », par exemple : « Attention, attention, attention ! Les nouveaux gentils vacanciers arrivent au village dans quelques minutes, alors je veux tout le monde autour de moi pour les accueillir ! Pour le comité d'accueil, je veux les filles devant et les garçons derrière ! Allez, par ici les filles... Approche, approche... Toi, la petite en paréo, approche ! T'es mignonne, toi, en paréo, comme ça... T'es chouette ! Tu restes là, on se verra tout à l'heure au bar. D'accord ? » Comme si on y était !

Métayer ne s'est lancé qu'à l'âge de trente-trois ans dans la course au titre d'amuseur public numéro un : « Blocage familial, prétend-il. Dû, je le sais, à la stature de mon père[1] ! » En Algérie, où Alex, breton d'origine et mar-seillais de naissance, passe son enfance et prend l'accent pied-noir, Alexandre Métayer père, capitaine radionavi-gant, chante, le soir, sous un pseudonyme, à l'Opéra d'Alger ou de Constantine. « C'était un monument. Son jugement était très sûr. Il n'avait pas été tendre pour mes premières approches, au lycée, du métier d'amuseur. »

Avant de passer à L'Écluse en 1962, puis aux Blancs-Manteaux en 1973, devant un public clairsemé, Métayer monte un orchestre de jazz. Entre deux morceaux, il esquisse un portrait imaginaire de ses musiciens. Fait sourire. Commence à oublier les critiques paternelles. Se compose un personnage, grimaçant et contrefait, de Français moyen. «Jusqu'au jour, dit-il, où j'ai décidé de raconter tout bonnement ce que j'avais observé, comme un photographe expose ses œuvres. Bouffer à la cantine, pointer, supporter des directeurs et des chefs de service m'a plus appris que si j'avais fait le Conservatoire ! La vie est une merveilleuse école. Même pour les cancres[2].»

C'est donc son contemporain que Métayer montre dans toute sa splendeur et sa médiocrité : gentil, serviable, naïf, empressé sinon lèche-bottes, Alex se fourvoie dans des coups foireux, des situations grotesques. Au pays des Kelmuts, où il attrape les virus les plus rares ; à Hossegor où, avec sa femme Geneviève – une sotte, bien sûr –, il passe des vacances de petit cadre minable ; dans un avion qui tombe ; dans une cité frappée, bien avant Tchernobyl, par la pollution nucléaire. Il finit toujours par s'en tirer. Avec plaies et bosses. Et avec le sourire.

Tous les one man shows de Métayer sont cuisinés comme les «pâtes à la Boudoni», titre de l'un de ses sketches. Boudoni, Emilio de son prénom, est le copain du fils d'Alex. Les deux garçons ont décidé de se faire cuire, dans une casserole en plastique, des pâtes mélangées à du safran, du curry, du ketchup et du chocolat... Dans ses différents spectacles, Alex, lui, fait mijoter ensemble son Algérie d'adoption, ses diverses expériences professionnelles et sa vie familiale. A ce mélange, il ajoute son bagout, son phrasé inimitable et, surtout, sa culture Club Méd'. Du «Bronzage» à «Bouffe et Cul», de «Expliquons-nous, chérie» à «On a bouffé», de «Yoghourt-yaourt» à «Mohammed apprend le français», de «Papa l'a pas ses nerfs» au «Fils réac», c'est toute une existence, celle de Métayer, qui défile, avec ses épisodes tragi-comiques.

En 1984, à Bobino, Alex Métayer donne un nouveau show, *Les Femmes et les Enfants d'abord,* plutôt naufrageur. Avec un thème lugubre, qu'il a «emprunté» à Bernard Haller : sorti de son cercueil, un homme se penche sur son passé, pas toujours folichon. Drôle d'équipée ! Vie découpée en tranches, lointains vagissements, tribulations professionnelles, extases amoureuses. Cet univers, qui est encore le sien, Métayer le parcourt comme s'il lui était quotidien. Il gesticule, se contorsionne, entame le dialogue avec d'invisibles interlocuteurs, rit, fait rire et, finalement, revient à son point de départ, c'est-à-dire à sa dernière demeure.

Que Métayer, «humournoiriste» cruel, ait tourné deux ou trois films, donné plusieurs autres one man shows, écrit et joué une pièce de théâtre avec son fils, Éric, n'ajoute rien à son talent : celui d'un des plus grands bonimenteurs du rire après Robert Lamoureux.

Boujenah, de Tunis

Michel Boujenah aura sans doute été le plus nostalgique de nos quatre transplantés. Et il lui faudra du temps, non pour oublier son passé d'enfant du soleil, mais pour laisser certains de ses souvenirs s'effacer peu à peu. Au Lucernaire, en 1980, il s'identifie encore à Albert : un adolescent de vingt-huit ans aux joues rondes, au regard bleu, aux lèvres boudeuses, qui, pour l'occasion, a revêtu une tenue clownesque, chapeau mou enfoncé jusqu'au front, chemise rouge, pantalon soutenu par d'amples bretelles. Ce pitre d'un nouveau genre ne fait alors qu'étaler ses angoisses existentielles sur la scène.

En 1981, Anatole, autre incarnation de Boujenah, succède à Albert. Anatole est un jeune pied-noir qui tente de rompre le cordon ombilical qui le reliait à ses parents. Il arrive à Paris en quête d'un emploi hypothétique, d'une âme sœur défaillante. Toutes ses expériences le plongent dans le même désespoir, celui de l'exilé. Les réactions des critiques sont mitigées : les enthousiastes comparent Boujenah à Jerry Lewis ou à Harpo Marx. Excès d'honneur. Les autres soulignent la pauvreté de ses textes, la lourdeur de ses mimiques. Excès d'indignité. Le public, lui, est très divers. La diaspora tunisienne est désormais noyée dans une masse à l'accent pointu et au parler hexagonal.

Dans la foulée du triomphal *Trois hommes et un couffin,* le film de Coline Serreau, débarquent à l'Olympia, en 1988, *Les Magnifiques :* les tribulations de Guigui, Maxo et Julo, trois gugusses vendeurs de fripes, qui transforment le Splendid Saint-Martin en annexe du Sentier. C'est un triomphe. Après avoir reçu un César du meilleur second rôle pour sa prestation dans *Trois hommes et un couffin,* Boujenah joue, au côté de Gérard Desarthe, dans le *Dom Juan* de Molière. Mais il a d'autres projets : « On sentait les prémices de la guerre du Golfe, et je me demandais à quoi nous servions, nous, les acteurs, dit-il à *L'Événement du jeudi.* J'avais envie de raconter l'histoire d'un homme mal à l'aise dans son époque. Je voulais lui faire traverser le temps et les religions. Une épopée, voilà ce qu'il me fallait. Mais comment rendre cela possible ? Alors, j'ai pensé au génie d'Aladin... » Ce sera *Le Petit Génie,* un spectacle bourré de personnages venus de tous les horizons, parfois mal famés, de l'Histoire.

Mais Boujenah reste Boujenah. Happé par le cinéma, il s'écrie, fidèle à ses doutes : « Si ça continue, je risque d'être bouffé ; moi, je ne renoncerai pas au théâtre. La scène, ça me fait penser à l'amour et au couscous du samedi soir. C'est toujours pareil et c'est jamais la même chose. Une véritable drogue. Pas moyen d'y échapper. Et puis, est-ce qu'on échappe à son destin ? Tout est écrit d'avance[3]. » Tout... ou presque tout : le petit Boujenah, transplanté de Tunis à Bagneux, avec papa (médecin), maman (traqueuse, comme toutes les mères juives), et frères (l'un d'entre eux, Paul, est aujourd'hui producteur), fait des études, plutôt bégayantes ; et de la scène, en amateur. Un passage au Conservatoire de Strasbourg. Des cours de théâtre prodigués à des enfants inadaptés. Et une ambition : faire l'artiste. Jouer, par exemple, Ionesco, Obaldia, Shakespeare. Et, qui sait, Boujenah ?

Ses ambitions se sont réalisées. Sauf une : tourner un scénario dont il serait l'auteur. Titre ? *Je veux faire l'artiste* ou *Le monde m'appartient* : « L'histoire d'un type qui deviendra lui-même en passant par toutes les disciplines du spectacle. » Un peu l'histoire de Michel Boujenah soi-même, « petit juif frimeur » (c'est lui qui le dit) qui veut, non conquérir le monde, mais, tout simplement, s'acheter une maison au bord de la Méditerranée. Sa mer nourricière. Et son héritage culturel.

Smaïn, ou l'humour beur

Que souhaitent beaucoup d'humoristes beurs ? Faire oublier leurs différences – qui sont de moins en moins évidentes. Et marcher sur les traces de Coluche en décollant définitivement une étiquette que, pour sa part, Smaïn récuse, sans renier ses origines : « Comme Farida, Mourad, Yasmina, écrit-il, j'appartiens à une génération qui balance entre mistral et sirocco. Je suis un citoyen français, fier de ses origines arabes. Je ne suis pas un

"Beur". Les Italiens, les Chinois, on ne les appelle plus des Ritals ou des Chinetoques. On dit "Beur" pour éviter de dire Arabe, un mot qui évoque tout de suite l'intégrisme et la terreur. Je ne ressemble pas à un Alsacien, d'accord, mais les Alsaciens ne ressemblent pas non plus aux gens de Toulouse. Et personne ne va encore reprocher aux Normands leurs ancêtres vikings, de fichus pillards [4]... »

Smaïn est donc né en Algérie, à Constantine, mais c'est à Paris, dans le XIIe arrondissement, qu'il a passé le plus clair de son enfance. Il n'a pas eu vingt ans dans les Aurès, mais dans les différents cabarets où il essayait ses premiers gags. Au Caveau de la Bolée, par exemple, où, parfois, « il n'y avait qu'un client, et c'était un Allemand ! ». « Le Petit Théâtre de Bouvard » le met officiellement au monde, jusqu'à ce que, avec ses quatre camarades déjà cités, il forme un groupe qu'il quitte très vite. Il erre alors de boîte en boîte. Dont le Café de la Gare où, en 1989, il rode les sketches qu'il doit présenter à l'Olympia.

Le music-hall est plus exigeant que le café-théâtre. Smaïn le sait. Il ne peut y transbahuter ses histoires sans changer un geste ni un mot. Il ne lui faut plus seulement faire rire, mais émouvoir. Plus seulement raconter, mais chanter, imiter – par exemple Yves Montand, qu'il admire. Il doit occuper toute une scène, lui qui n'a jamais arpenté que des planches étroites. Et, surtout, remplir une salle qui s'accommode mal de rangs clairsemés.

Mission réussie. L'Olympia est comble. Aux fidèles s'ajoutent ceux qu'une rumeur complice a mis en appétit. Qui viennent-ils voir ? Là est l'équivoque. Smaïn donne ses sketches façon souk, un peu comme les marchands de gadgets qui vendent leurs tours Eiffel du côté de Notre-Dame ou leurs poulbots sur la place du Tertre : il ne peut pas supprimer d'un trait ce qui a fait son succès. Mais Smaïn n'est pas dupe. L'humour beur n'est pas l'humour juif. Il caricature moins qu'il ne contrefait. Il s'attache plus à des situations anecdotiques qu'à de lancinants états d'âme.

Comme Coluche, Desproges et Les Inconnus, Smaïn aime à dérouter son public. Dans «Président», par exemple, il met en scène un Beur élu chef de l'État «au chauffage universel» qui prononce son premier discours officiel. Il ne ménage personne, s'en prend au Front national («Mohammed et Jean-Marie sont sur un bateau. Mohammed tombe à l'eau. Qui c'est qui l'a poussé?») comme aux Maghrébins («Y a-t-il des Français dans la salle? Y a-t-il des Arabes dans la salle? Que les Français lèvent la main gauche! Que les Arabes fouillent dans les poches! Je rigole, je rigole... Hein, Mohammed, on rigole... Rends le portefeuille... Ça va pas, non? Y'a combien?») Dans le même spectacle, sur quelques notes de piano, il évoque son pote, Coluche: «C'est l'histoire d'un mec... qui avait le cœur plus gros que son nez.»

Smaïn a franchi une étape. Il peut désormais tout faire. Tourner dans des films de qualité inégale sans y laisser sa réputation. Jouer *Les Fourberies de Scapin* façon Smaïn. Et remonter sur scène. Fin 1996, il est au Casino de Paris avec un one man show intitulé *Smaïn... comme ça se prononce*. Avec de nouveaux sketches, qui confrontent et mélangent l'univers maghrébin et la société française, ces deux parties de lui-même: et ce sont les délires d'un gagnant du Loto, les méfaits de la chirurgie esthétique, les surprises de l'adoption, l'emménagement d'un Beur dans un immeuble habité par des Parisiens bon teint et peut-être bien racistes («Bonjour, je m'appelle Mouloud, je suis votre nouveau voisin...»). Sans oublier ce sketch dont le sujet a déjà été traité, sous une autre forme, par Coluche: les débuts dans la police d'un flic arabe.

Le spectacle d'un soir, *Le Rire contre la haine,* que Smaïn donne à l'Olympia en compagnie de Guy Bedos et Michel Boujenah, prouve une fois de plus que l'humour, qu'il soit de gauche ou de droite, pied-noir, juif ou beur, a plus que jamais vocation à appuyer là où ça fait mal.

Les caleçonnades de Popeck

Popeck est né Judka Herpstu. Son père, juif roumain émigré en France au début des années 30, était encore, à soixante-douze ans, massicotier dans une papeterie. Après avoir exercé toutes sortes de petits métiers, dont celui de vendeur de caleçons molletonnés en gros, Judka, devenu Jean Herpstu, s'inscrit au cours Simon. Lorsqu'il en sort, auréolé du prix Marcel-Achard, que l'auteur de *Jean de la Lune* lui remet en personne, il tourne dans quelques films sous le pseudonyme de Jean Herbert, puis se lance dans le one man show sous celui de Popeck. Il a alors trente et un ans.

Ces détails sur ses origines, Popeck les dévoile dans son livre, *Je veux bien qu'on rie, mais pas qu'on se moque,* qu'il fait précéder d'une maxime signée Popeck « et non Spinoza ni Pierre Dac » : « Celui qui, possédant le savoir, ne le transmet pas à celui qui ne sait rien, ne mérite pas de savoir ce que celui qui ne sait rien ignore. » Comment devient-on Popeck ? Réponse à la fin du livre : « Prendre un accent, de préférence le vôtre, ou celui de votre père ou de votre mère, en écrivant une histoire qui vous sera personnelle, qui collera avec votre physique. La truffer d'ingrédients qui ne sont pas forcément les vôtres, mais que vous adapterez à vous-même. Trouver un travail intermittent qui vous permette de nourrir votre personnage de temps à autre (je garde le monopole de la vente des caleçons molletonnés). Acheter une armure garantie au moins dix ans que vous dissimulerez sous vos vêtements pour vous permettre de passer au travers de tous les mauvais coups que d'aucuns vous porteront si, par insolence, vous tentez de sortir de l'anonymat[5]. »

Après avoir interprété un rôle de rabbin dans *Rabbi Jacob,* au côté de Louis de Funès, Popeck a appliqué sa recette à la lettre. Il a pris l'accent yiddish et parle, comme son père, un français approximatif. Dans «Le Tribunal», par exemple : «Monsieur le Président, tout d'abord je dois le dire que je suis très fier que vous avez l'honneur que c'est moi, Popeck, qu'il est devant vous, et vice versa, c'est pour ça que je l'ai mis mon costume de gala. [...] Moi, je suis dans les caleçons molletonnés en gros et demi-gros. Vous, vous êtes dans les affaires à suivre au détail. On est dans le même cas. La seule différence, c'est le client : chez moi, il a toujours raison, forcément, c'est lui qui paye. Chez vous, il a tort, mais il paye quand même, vous avez de la chance. »

Avec son melon noir, sa redingote noire et ses mocassins blancs, Popeck est la respectabilité même. Une respectabilité qu'il croit acquérir par cette morgue qui ne dissimule souvent que l'humilité des minorités opprimées. Le personnage est au point. Même si Popeck lui fait des infidélités en redevenant Jean Herbert à l'écran, il y revient sans cesse, inventant des histoires ou allant les chercher dans la mémoire traumatisée de ses coreligionnaires.

En 1977, il passe au Café d'Edgar. Son aspect Charlot, ses sketches («Popeck idole des jeunes», «My Taylor Is Not Rich», «Le Croque-monsieur»), son *gimmick* devenu fameux («On n'est pas des sauvages»), qui rejoint le «Ça eut payé» ou le «Bourreau d'enfants !» de Raynaud, confèrent à Popeck un statut de vedette dont Jean Herbert ne bénéficie pas. Dès 1981, il abandonne les petits ateliers avec fenêtre sur cour et transporte son atelier de confection dans de vrais théâtres. Au La Bruyère, il fabrique ses caleçons molletonnés en grande série, tout en continuant à préférer le cousu main à l'emporte-pièce. Il nous emmène dans son petit monde style «Violon sur le toit», avec les étonnements d'un citoyen du monde échappé des pogroms et qui se proclame fièrement breton : «Je suis né à Brest, dit-il. A Brest-Litovsk!»

Alex Métayer, Michel Boujenah, Smaïn, Popeck... Quatre amuseurs qui ont ajouté à l'humour hexagonal la touche qui lui manquait, un parfum exotique auquel on s'acclimate sans difficulté. Qu'ils viennent d'ailleurs, pratiquent une autre religion, une autre langue, nous importe peu. L'humour est une seconde patrie : ils accepteraient sans doute de mourir pour elle.

15

Les femmes aussi...

Les femmes se sont émancipées. Non que l'esprit leur soit subitement venu, car elles n'en ont jamais manqué. Mais elles ont osé témoigner sur la place publique, ajouter leur grain de sel à un humour qui ne pourra plus se passer d'elles. Quel grain de sel ? La féminité ? La douceur ? Un regard attentif et maternel sur les choses de la vie ? Oui ! Et pas seulement. Lorsque Michèle Bernier, Isabelle de Botton et Mimi Mathy, rescapées du «Petit Théâtre de Bouvard», s'associent pour créer Les Filles, elles se posent plus en élèves des Nuls qu'en anciennes pensionnaires du Couvent des Oiseaux.

Marianne Sergent, surnommée «le Coluche féminin», n'hésite pas à avouer : «Si je ne baise plus, c'est parce que moi, quand je suis amoureuse, je me coince les ovaires dans la porte.» Quant à Charlotte de Turckheim, elle explique ainsi sa propension à choquer un public composé aussi bien de femmes que d'hommes : «S'il n'y a pas pipi-caca-prout-bite dans mes textes, ça me manque. C'est Rabelais. Ça fait fondamentalement partie de l'homme que de rire de l'excrémentiel[1].»

Sylvie Joly, la gourde super chic

Le langage vert, Sylvie Joly l'utilise peu volontiers sur scène. Il ne serait guère convenable dans la bouche d'une des doyennes de la comédie française humoristique... Après le Théâtre d'Edgar, après la Gaîté-Montparnasse, elle passe en 1978 au Théâtre de la Renaissance. Pour son nouveau spectacle, *Heula ce travail*, cette ancienne avocate au nez pointu, aux cheveux frisottants et au débit haché n'y va pas de main morte. Elle s'offre un décor avec manège de chevaux de bois et une mise en scène signée Andréas Voutsinas : le super chic, en somme. Super chic, elle l'est. Même si, ébouriffée, ébouriffante, elle joue les rigolotes à l'heure où, entre la poire et le fromage, les femmes du monde auquel elle appartient discutent doctement de politique ou de littérature. Un de ses grands-pères a inventé le périscope. Son père, un officier de marine, a été maire d'Arromanches à la Libération.

« Moi, dit-elle, j'aurais payé pour monter sur les planches. » Après avoir joué Tchekhov avec Tania Balachova, elle entraîne à sa suite Fanny, sa sœur, et un certain Alfred Genou qui n'est autre que son frère. A eux trois, ils imaginent un de ces « one woman shows » qui comptent dans la vie d'une dingue de la scène. Avec des personnages hypocrites, de ceux que l'on rencontre plutôt dans la gentry qu'aux étages inférieurs de la société, et dont on imagine qu'à force de manger du caviar, ils n'en apprécient plus le goût, qui parlent un beau langage et se choquent « lorsqu'ils entendent les mots "merde", "con" et "chier" dans la bouche de leurs enfants ». Elle est délirante, l'histoire de cette pharmacienne qui vend gélules et pilules aux enchères ; ahurissante, celle de la dame qui, par crainte des cambrioleurs, fait blinder jusqu'à son garde-manger et son vide-ordures.

Parfois, Sylvie Joly en rajoute, pousse la caricature au point d'en faire une charge de cavalerie et ne prend pas de gants blancs pour railler l'absurde : « C'est la vie même qui est absurde, dit-elle. Toutes les femmes que je campe, c'est moi, avec un coup de pouce. Je suis une gourde. Quelles que soient les circonstances, je profère des énormités sans m'en rendre compte. Et c'est peut-être parce que mes sketches sont vrais qu'ils sont injouables. Je réussis à m'en tirer dans la mesure où chacune des spectatrices peut se reconnaître dans mes personnages[2]. »

Muriel Robin, cheveux courts, idées longues

Pas plus que Sylvie Joly, Muriel Robin n'a conquis sa place sur le podium des « héritiers » de Coluche à force de digressions plus ou moins graveleuses sur les choses du sexe. Elle est une humoriste « classique » douée d'un potentiel comique exubérant. « Avant de la connaître, dira Guy Bedos, je trouvais qu'elle tenait davantage du général Schwarzkopf [celui de la guerre du Golfe] que d'Audrey Hepburn dans *Breakfast at Tiffany's*... »

On peut ne pas aimer sa « bobine de clown blanc bien dessiné », sa bouille ronde, ses cheveux blonds coupés ras, sa voix aux intonations un peu vulgaires, elle est là et bien là : tonitruante, gueularde, véhémente. D'origine stéphanoise, très tôt montée à Paris pour entrer au Conservatoire dans la classe de Michel Bouquet, elle en sort avec les honneurs. Membre, dès 1982, de la troupe du « Petit Théâtre de Bouvard », elle côtoie d'autres débutants qui, à défaut de se faire un nom, gagnent largement de quoi vivre avant de quitter ce qui n'est, au fond, qu'un pensionnat dirigé par un petit homme à la poigne de fer, aussi exigeant pour lui-même que pour les autres.

Dans un café-théâtre, le Tintamarre, Muriel Robin fait, en juin 1988, la connaissance de Pierre Palmade, qui interprète des sketches dont il est l'auteur. Il lui propose d'écrire un one woman show à quatre mains. Un mois plus tard, ce seront *Les majorettes se cachent pour mourir*, qu'elle crée au même Tintamarre : une suite de sketches-vérité (« Comme on dit "cinéma-vérité" », note Jean-Claude Loiseau dans *Le Point*), de portraits cruels – la mère de famille débordée, la patronne d'un salon de coiffure pour bourgeoises friquées...

Tandis que Palmade se produit, au Point-Virgule, dans un show intitulé *Ma mère aime beaucoup ce que je fais*, mis en scène par Sylvie Joly, Robin commence à répéter un autre spectacle, *Un point c'est tout*, qu'elle donne au Splendid d'août 1989 à janvier 1990. En 1992, elle est sur la scène de l'Olympia, avec Guy Bedos. C'est elle qui est choisie pour succéder à Valérie Lemercier dans *Les Visiteurs 2*. On ne l'attendait pas dans cet emploi.

Du côté de chez Proust

Deux Palais des Glaces en 1987 et 1988. Un *come back* au Gymnase, en 1996, avec – quel dommage ! – le même spectacle que huit ans auparavant, sans retouche ni toilettage. Entre cour et jardin, ou dans sa cuisine, cette paysanne du Haut-Doubs épluche ses patates et ses poireaux, secoue ses salades et effectue ces besognes des quatre saisons que le citadin a désapprises au fil des siècles : cueillir les cerises, mettre les confitures en pot et « peller » la neige. L'humour régionaliste dans toute sa simplicité et, aussi, dans sa grandeur.

Ce n'est pas tout ! En chemise de nuit sous un peignoir jaune-orange, avec ses bigoudis et sa tapette à mouches, la Madeleine Proust cause. De ce drôle de Paris qui se prend pour le nombril du monde et qui n'est même pas celui de la France profonde. Des gens de son pays, beaucoup moins ploucs qu'il n'y paraît, « qui savent regarder autour d'eux». Et elle parsème son long monologue de dictons nostalgiques, du style : «Il vaut mieux mourir le soir que le matin, parce qu'on en apprend tous les jours.» Le bon sens fait aussi partie du terroir.

Voilà un personnage haut en couleur locale, dont le nom, clin d'œil littéraire, sonne finalement si juste que l'on n'imagine guère quelqu'un d'autre qu'elle-même derrière la Madeleine Proust. Mais ôtez le chapeau de paille, la perruque grisonnante, et apparaît Laurence Sémonin, jeune femme aux cheveux coupés ras et teints poil de carotte ou mauve, selon son humeur. La Madeleine Proust, c'est elle. Née, comme son héroïne, en Franche-Comté, à Morteau, haut-lieu de la saucisse et du jésus.

Rien ne laissait prévoir qu'un jour la petite Laurence monterait sur la scène comme on entre en religion. Parents commerçants, enfance douillette, études tranquilles, formation à l'École normale de Besançon, sa vie semblait toute tracée. Il faut croire que les voies de l'enseignement sont impénétrables. Institutrice dans un village de montagne, elle applique la méthode Freinet, qu'elle vient de découvrir. A l'orthographe et au calcul, elle ajoute la musique et le théâtre. Puis elle tombe amoureuse d'un «musicien, comédien et fêtard», natif, comme elle, de Morteau. Il l'entraîne au Conservatoire d'art dramatique de Besançon. «Pendant un an, dit-elle, j'ai suivi les cours du soir, tout en donnant les miens dans la journée. Je n'arrivais pas à choisir [3].»

Ce choix, Andréas Voutsinas, qui dirige des stages au Conservatoire bisontin, aidera Laurence Sémonin à le faire. «Je me suis mise à écouter les gens de chez nous. J'ai dressé la généalogie de cette femme que mon ami a baptisée Madeleine Proust, parce qu'elle est sans arrêt à la recherche d'un temps perdu. Je lui ai imaginé des parents, un mari, une vie quotidienne, des tics...» En 1982, elle monte *La Madeleine Proust en forme* à Morteau. De village en village, de ville en ville, sa renommée grandit. Jusqu'à ce que Paris l'accueille, comme on reçoit chez soi une cousine de province, un peu bavarde, mais tellement brave...

Reste qu'aujourd'hui Laurence Sémonin est beaucoup moins connue que cette Madeleine Proust à qui elle a donné vie et qui tend à lui échapper. Alors, Laurence rêve de cinéma. Elle écrit un scénario, *Le Nid du fol*, dont elle a déjà tourné les premières images, et qui «parle de nous, les paysans, et d'une vieille femme comme moi. Et on verra tout le village et les beaux paysages de chez nous, avec les crêtes des sapins qui se découpent sur le ciel, tout au fond...» La Madeleine Proust, elle, murmure sentencieusement cette maxime digne de Dac: «Quand on voit c'qu'on voit, et qu'on sait c'qu'on sait, on a bien raison de penser c'qu'on pense et de ne rien dire...»

Les Vamps ne draguent pas, elles causent...

L'une est maigre, l'autre grosse. Comme Astérix et Obélix, Don Quichotte et Sancho Pança, et, surtout, Laurel et Hardy, couple idéal du cinéma comique américain: le gros maltraite le maigre qui tente bien de regimber, mais, bonne pâte, finit par se laisser manipuler, parce qu'il est faible et masochiste. Parfois, il se rebelle, mais il finit toujours par accepter la suprématie de son partenaire.

On les croirait dessinées par Dubout, ces deux vieilles dames indignes, en robe à fleurs, la tête couverte d'un fichu, les lunettes embuées, le mi-bas à trois sous laissant apparaître un genou calleux et une cuisse avachie. Mais est-on sûr que cette pauvre Lucienne, et Gisèle, sa tortionnaire, appartiennent bien au sexe faible? Le bruit court, au début de leur carrière, en octobre 1988, dans la petite salle du Palais des Glaces (soixante places), qu'elles ne sont que des travestis. Mais la nature de leur sexe est secondaire : grâce à leur show, Les Vamps sont entrées, à leur tour, dans le cercle des humoristes.

Les spectateurs sont si nombreux que Jimmy Lévy, leur imprésario et directeur de conscience, obtient que le spectacle de ses deux banlieusardes se joue dans la grande salle (six cents places), où elles succèdent à la Madeleine Proust. On prend en leur compagnie le car pour Lourdes, où cette Mme Sans-Gêne triviale et cette malade imaginaire des temps modernes «pèlerinent» une année sur deux. On ne les lâche plus. Elles ne nous lâchent plus. Car elles causent d'abondance, Les Vamps ! Avec elles, c'est l'apothéose du lieu commun, l'Himalaya de la sottise à bon marché. Le spectateur, sans se torturer les méninges, suit les méandres de leur philosophie de bazar.

Gisèle est acide et mal embouchée, Lucienne, naïve et flagorneuse. Leur conversation burlesque tourne parfois à l'affrontement – auquel le public est convié à prendre part –, sur n'importe quel sujet, pour un oui ou pour un nom : des chaussures qui font «pschoutt», surtout la gauche ; l'autoroute dont Lucienne prétend qu'il faut la mettre au masculin, tandis que Gisèle soutient, mordicus, que l'on dit «une» autoroute. Et elles se disputent l'approbation de Mme Janssen, une spectatrice anonyme du premier rang, que chacune de nos deux commères tente de mettre de son côté. «C'est comme ça, pis c'est tout, qu'est-ce que vous voulez y faire !», décrète Gisèle, qui veut toujours avoir le mot de la fin. Elle l'aura lorsqu'elle s'installera dans l'appartement de Lucienne, parce que le sien a été inondé.

«Un show ringue et plouc!», écrit *L'Événement du jeudi*. Nicole Avézard et Dominique de Lacoste, Lucienne et Gisèle, ex-Praline et Berlingote, qui se donnaient en spectacle au Festival d'Avignon avant que Jimmy Lévy ne les baptise Les Vamps, ont su, comme les Deschiens, donner la vedette à cette ringardise qu'elles ont parfumée au patchouli. L'humour y a pris des couleurs criardes. Il est pourtant plus proche de la truculence que de la vulgarité. Ce qui prouve que toutes les formes d'humour peuvent coexister, au premier comme au second degré.

Valérie Lemercier, Mlle Bourvil

Novembre 1990. Enfoncés, les clowns de seconde zone. Balayés, les sous-Coluche, les faux Devos, les mini-Zouc. En deux mois de spectacle, Valérie Lemercier, ex-Lady Palace de la série de Jean-Michel Ribes, créée sur Canal +, a rendu caduc l'humour de ses collègues du one woman show, incertain le rire qu'il est censé déclencher. La télévision n'y a pas cru. La presse a réagi mollement. Mais la télévision et la presse ne peuvent rien contre le bouche à oreille. On accourt désormais au Splendid, devenu la résidence secondaire de cette humoriste de vingt-six ans, comme on se précipite au feu d'artifice du 14 Juillet, comme on allait, enfant, au Guignol des Tuileries ou à celui du Luxembourg. Le plaisir est intact. Il s'est même amplifié : on est passé, miraculeusement, de la découverte à la connivence.

Pourquoi cet engouement qui confine au délire ? Les comiques ne manquent pas sur la place de Paris. Ils se ressemblent tous. Ils occupent tous le même terrain et se disputent les mêmes modèles et les mêmes thèmes. «La» Lemercier (comme on dit «la» Callas ou «la» Malibran, l'article défini étant un signe indiscutable de popularité) s'est, elle, résolument écartée des sentiers battus. Son rire est nouveau, ses recettes sont inédites. Elle campe des personnages parfaitement insolites, qu'elle dépeint tantôt d'un timbre de diva, tantôt d'une voix de fausset, et qui nous deviennent familiers, comme si nous ne cessions de les côtoyer.

Sa caricature est grosse, mais son trait est fin. Il y a du La Bruyère chez elle, mais aussi du Rabelais et de la marquise de Sévigné. Comédienne par vocation, Valérie Lemercier se fait chroniqueuse pour la circonstance. Et chacun de ses sketches est un tableau dont elle a soigné le moindre détail, quand elle n'y apporte pas, d'un soir à l'autre, cette modification, même infime, qui le rendra encore plus précis et, par conséquent, encore plus vivant. Les exemples abondent. La petite fille plutôt chipie qui dit d'une de ses camarades : « Elle fait la crâneuse parce que son père, il est dans un Mickey à Mirapolis » ; la candidate du jeu de TF1 « Tournez manège » (une des cibles des Inconnus) qui cherche l'âme sœur ; l'adolescente qui se dispute avec sa mère ; l'étudiante que ses voisins empêchent de dormir ; la Québécoise qui confie ses angoisses sur un ton digne des Alcooliques anonymes ; la jeune snob de La Renardière, une maison de (bonne) famille, qui parsème ses propos de détails salaces (« Il y avait les cousins. On les adore. Tu penses, ils ont des bites énooormes... ») et les ponctue d'innombrables « C'est géniaaal ! ». Et, pour terminer, cette salle d'attente de cabinet médical dans laquelle on retrouve tous les héros de la soirée avec leurs tics et leurs mimiques. Du jamais vu ! Transformé, par la grâce de « la » Lemercier, en banalement quotidien.

Il ne faut pas croire qu'en mettant en scène ces différents personnages du cinéma burlesque des années 20 elle règle, comme la plupart des comiques, des comptes avec elle-même, qu'elle se livre à une édifiante auto-analyse. «Depuis l'âge de trois ans, dit-elle, je m'amuse à imiter mes cousins. J'en ai une tapée. Je m'inspire aussi des gens que je rencontre. Ma sœur cadette, qui est beaucoup plus observatrice que moi, est ma principale rabatteuse. On a toujours beaucoup ri dans ma famille[4].» Une famille d'agriculteurs aisés, originaires d'un village situé entre Dieppe et Prétot-Vicquemare, là où est né Bourvil, dont la Lemercier prétend s'inspirer «pour son comique finaud»! Études classiques. Trois ans au Conservatoire d'art dramatique de Rouen. Et, en 1983, à dix-neuf ans, la petite Lemercier, au grand chagrin de ses parents qui rêvent de la voir devenir architecte ou ingénieur, comme ses grandes sœurs, rompt son ban et monte à Paris pour y chercher fortune.

Fortune? C'est beaucoup dire. Pendant quatre ans, Valérie Lemercier vend des parfums dans un grand magasin, tout en chantant le soir «pour rien», dans un piano-bar du Marais, des chansons de ce Bourvil qu'elle continue à admirer. Mais elle n'a pas renoncé au théâtre. Elle envoie sa photo à des réalisateurs, tourne deux télé-films, devient Lady Palace, puis joue dans *Milou en mai*, de Louis Malle. Des bouts de sketches traînent dans ses tiroirs? Elle achète une caméra devant laquelle elle improvise «des gestes et des attitudes»: «Une fois que le personnage est campé, je lui invente un texte. Quand je ne trouve pas ça drôle, je laisse tomber[5].»

La tempête de rires qui l'assaille alors au Splendid, puis au Palais-Royal, la rend quand même perplexe: «J'ai peur de m'appauvrir si je continue à jouer les gugusses sur les planches[6].» Après avoir tourné dans *Opération corned-beef*, puis dans *Les Visiteurs*, de Jean-Marie Poiré, et tout en réalisant *Quadrille*, d'après la pièce de Sacha Guitry, elle revient quand même au spectacle avec un one woman show, proche de celui du Splendid, qui rassemble, au Théâtre de Paris, puis à l'Olympia, un public dont la moyenne d'âge ne dépasse pas trente-cinq ans.

Valérie Lemercier n'apparaît que rarement à la télévision : «Mes sketches ont été écrits pour la scène, et non pour des émissions de variétés», dit-elle à «Nulle Part ailleurs». Pour les voir, il faut donc venir à eux. Un show humoristique de «la» Lemercier, c'est comme une pièce de théâtre. Il comporte un début, un milieu et une fin. Et une atmosphère que l'image ne peut nous restituer.

16

Les années télé

La culture télévisuelle s'impose dans tous les domaines : littérature, cinéma, théâtre, variétés, rien n'échappe à la dictature de l'image. Avant 1990, la télévision se contentait de voguer au gré des modes, d'emboîter le pas aux cabarets de la rive gauche, alors écumés par les directeurs artistiques des maisons de disques : au Golf Drouot, lorsque cet établissement dirigé par Henri Leproux propageait la voix des yéyés, puis dans les cafés-théâtres, qui couvaient alors une nuée de comiques.

Colonisé par la plupart des chaînes, publiques ou privées, qui règnent sur les goûts des Français, l'humour s'est substitué à cette reine déchue, la chanson, qui, jadis, avait fait les beaux soirs du petit écran. En panne de créativité, en mal de figures emblématiques telles que Georges Brassens ou Serge Gainsbourg, elle subit depuis quelques années une désaffection dont les directeurs de programmes, indices d'écoute obligent, sont forcés de tenir compte. La télévision n'a donc plus qu'un objectif : mettre les rieurs de son côté.

Pour se donner bonne conscience, pour témoigner de l'amour que le petit écran porte aux variétés, les producteurs exhibent, de temps à autre, les vieilles gloires chantantes des années 60 et 70. Ce sont parfois des ombres qu'elle tire ainsi de l'oubli. Tant mieux pour les compilations de ces artistes : elles permettent aux firmes discographiques de limiter les effets d'une crise qui, par ailleurs, les frappe de plein fouet. Tant mieux, surtout, pour les humoristes : les chiffres de vente de leurs C.D. et vidéocassettes, sans atteindre des sommets, représentent un pactole pour ceux qui les éditent.

On comprend, dès lors, l'ambition de tous les amuseurs : devenir les invités permanents du petit écran. Comment ? En attirant l'attention d'un producteur qui, une fois convaincu des talents de son poulain, prendra ses intérêts en main, le présentera aux directeurs des unités de divertissement et aux principaux animateurs, et négociera ses apparitions à l'antenne.

Une fois les barrages franchis, voici nos débutants télévisuels confrontés à leur baptême du feu, c'est-à-dire leur première émission. Qu'ils se rassurent ! Les chauffeurs de salle seront toujours sur le plateau pour déclencher le feu d'artifice des applaudissements, des acclamations et des *standing ovations*. D'émission-promotion en émission-show, nos enfants gâtés du comique moderne n'ont plus à frapper à la porte des music-halls et des théâtres : ceux-ci leur déroulent de confiance le tapis rouge et embouchent avec allégresse les trompettes d'une renommée dont il importe peu qu'elle soit artificielle.

Les « héritiers » de Coluche

Le 19 juin 1996, le quotidien *Le Parisien-Aujourd'hui* publie les résultats d'un sondage intitulé «L'humour, dix ans après Coluche». La question posée par *Le Parisien* et l'Institut C.S.A. «à un échantillon national représentatif de 1 002 personnes âgées de dix-huit ans et plus», est ainsi rédigée : «Pouvez-vous me dire, parmi la liste suivante [composée de vingt-trois noms], quels sont les comiques que vous considérez comme les héritiers de Coluche?» En tête du classement vient Lagaf' (animateur de «L'Or à la pelle», sur TF1) avec 15 % de préférences. Suivent, à 14 %, Les Guignols de l'Info et Muriel Robin. Puis, dans l'ordre, Guy Bedos, Raymond Devos, Patrick Sébastien, Les Nuls, Les Inconnus, Virginie Lemoine et Laurent Gerra, Michel Leeb, Jean-Marie Bigard, Smaïn, Chevallier et Laspalès, Michel Boujenah, Les Deschiens, Élie Kakou, Valérie Lemercier, Pierre Palmade, Élie et Dieudonné, Danyboon, Laurent Ruquier, Sylvie Joly, Anne Roumanoff, l'une et l'autre créditées du maigre score de 2 %.

Cette liste appelle trois observations :

– beaucoup d'humoristes choisis par le C.S.A. ne doivent leur popularité qu'à la radio et, surtout, à la télévision, quand elles ne les ont pas tout bonnement enfantés ;

– le mélange des genres et des styles prête à confusion : Patrick Sébastien, Laurent Gerra et Virginie Lemoine sont imitateurs. Ils ne pourraient, à la rigueur, postuler qu'à la succession de Thierry Le Luron ;

– un certain nombre d'amuseurs patentés en ont été écartés. Parmi eux, Romain Bouteille, Farid Chopel, Jean-Jacques Devaux, Albert Dupontel, Bernard Haller, Marc Jolivet, Mimi Mathy, Alex Métayer, Michel Muller, Popeck, Rufus, Patrick Timsit, André Valardy, Jean-Jacques Vanier, Les Vamps ou Jacques Villeret. Ce n'est pas rien.

Le sondage du *Parisien* témoigne de la mainmise des chaînes sur l'humour. Il est arbitraire, comme, du reste, tous les sondages. Réalisé pour le compte du *Figaro,* du *Point* ou du *Nouvel Observateur*, il eût comporté d'autres noms. Il eût donc été tout aussi partial.

272

Pas si « Nuls »

Trois émissions humoristiques figurent au palmarès du *Parisien-Aujourd'hui* : « Les Nuls », « Les Guignols de l'Info » et « Les Deschiens ». Elles représentent des formes de comique totalement différentes : le burlesque et la dérision avec Les Nuls, la satire avec Les Guignols, la peinture de mœurs avec Les Deschiens.

C'est en 1987 que Bruno Carette, Chantal Lauby, Alain Chabat et Dominique Farruggia font leur entrée sur Canal + avec « Objectif nul », amalgame de *Star Trek* et de la séquence astronautique du *Muppet Show*. Cousins des Inconnus, qui se réclament des Marx Brothers, Les Nuls s'inspirent du *british* Monty Python Flying Circus. Mais si Les Inconnus ratissent large, Les Nuls, hormis leurs furtives apparitions dans « Nulle Part ailleurs », émission « en clair », s'adressent surtout aux abonnés de Canal +.

Ils créent ensuite le « J.T.N. » (« Journal télévisé des Nuls »), bulletin d'informations dont certaines ne déméritent pas du vieil *Os à moelle* de Pierre Dac... mais un Pierre Dac qui aurait versé dans la scatologie : « Retard à Orly Sud : tous les passagers du vol Sphinct-Air sont en ce moment en transit intestinal... » Ou : « Après un repas pantagruélique, la reine Elizabeth a déclaré : "Quand je pense que tout ça, c'est pour le trône !" »

Bruno Carette disparu en 1989, Chantal Lauby, ex-vendeuse de pansements au porte à porte, Alain Chabat, chasseur dans un hôtel de luxe, animateur radio, puis M. Météo sur Canal +, et Dominique Farruggia, naguère coursier, décident de quitter la chaîne d'André Rousselet. Pas pour longtemps. Mais leur retour sera bref. Le deuil de Carette est trop lourd à porter. Comme les sociétaires du Splendid, comme Les Inconnus, comme tant d'autres, Les Nuls se séparent et prennent du champ, quitte à tourner un film ensemble. C'est, désormais, chacun pour soi et Dieu pour tous.

Le rideau est tiré sur l'aventure des Nuls. Leur héritage est substantiel. Constitué, surtout, de piques et de calembours. Côté piques : « Jean-Marie Le Pen nie toujours l'existence de l'E.D.F.-G.D.F. » Ou : « En voyant François Mitterrand remettre l'Ordre national du Mérite à Charles Trenet, Pascal Sevran a essuyé distraitement une larme qui coulait sous sa voilette. » Côté calembours : « Une sage-femme maladroite a été condamnée à vingt ans de travaux forceps. » Et ce dicton « Nuls », digne de Dac et de Desproges : « Au printemps, lunettes en écaille, foufoune en bataille. »

Les Guignols font l'info

Descendants directs des chansonniers, concurrents de feu le « Bébête Show » de TF1, Les Guignols, qui remplacent Les Nuls en 1990, font office d'entracte humoristique à « Nulle Part ailleurs ». Ils sont, comme leur nom l'indique, guignolesques. Tout au long d'un journal satirique mené par la marionnette d'un Patrick Poivre d'Arvor contrefait, auteurs, imitateurs et manipulateurs caricaturent les personnalités politiques, artistiques, sportives, etc.

Les nombreux *gimmicks* lancés par Les Guignols de l'Info ont beaucoup fait pour leur popularité : ce sont les « Sans transition », « A tchao bonsoir ! » de P.P.D., les « Ah que coucou ! » et « Ah, que ton Johnny » de Hallyday, le « Papin p-a-p-in » et les « patates » de Jean-Pierre, le « Tout à fait Thierry ! » de Jean-Michel Larqué à Thierry Roland, le « Le monsieur te demande… » de Chirac à Giscard. Et il est probable que le Chirac de la traversée du désert, entre 1993 et 1995, a bénéficié, sur le plan électoral, de la popularité que lui a value le «mon boulot de dans deux ans» dit par Yves Lecoq – également imitateur de P.P.D. et de la post-synchro de Sylvester Stallone, alias M. Sylvestre, super P.-D.G. de la World Company. Les Guignols n'ont pas inventé la mondialisation, mais ils nous ont très tôt initiés à ses périls.

Ils sont innombrables, les personnages des Guignols : au gré des événements, Édouard Balladur, Nicolas Sarkozy, Charles Pasqua, Valéry Giscard d'Estaing, Philippe de Villiers, Raymond Barre, Lionel Jospin (en Yoyo façon Oui-Oui ou en M. Jospin-Cyclopède), Bernard Tapie, Jean-Marie Le Pen, Serge July et Philippe Alexandre, Étienne Mougeotte, Françoise Sagan, Éric Cantona, Jean-Pierre Foucault et Patrick Sabatier, en ont tous été ou en sont encore les stars. Ils font partie de cette comédie humaine que les pères spirituels des Guignols tentent, comme tous les humoristes, de réinventer à chacun de leurs sketches.

Il y a eu des dérapages et des fausses notes chez les Guignols : toute caricature est outrée, parce qu'elle se doit, pour atteindre son but, d'être irrespectueuse. Mais la marionnette d'un François Mitterrand atteint par la maladie, celle d'une Bernadette Chirac, mystique et pitoyable avec son sac à main et ses tailleurs serrés, ne font guère rire : elles blessent là où elles ne devraient chercher qu'à égratigner. Elles n'atteignent pas plus au comique qu'au pathétique, car elles ne sont que misérabilistes. En un mot, elles nous gênent : il faut croire que, si l'on ne peut rire de tout, on ne rit pas non plus forcément de tous.

Après l'élection présidentielle de mai 1995, Les Guignols semblent déroutés. A l'image d'un pays usé par une crise qui, si elle n'était qu'économique, serait surmontable à long terme, à l'image, aussi, d'un peuple qui ne croit plus en rien et surtout pas en lui-même, ils perdent parfois leurs repères. Il est vrai qu'ils sont tributaires de l'actualité et celle-ci ne leur offre pas toujours des personnages reluisants : les poses d'Alain Juppé ne valent pas celles d'Édouard Balladur ; Jean Alesi, malgré son *gimmick* « à fond, à fond, à fond », n'est que la pâle copie – presque conforme – d'Alain Prost ou, dans un autre domaine sportif, de Papin ; et si l'entrée de Jacques Chirac à l'Élysée, avant et après la dissolution de 1997, n'a pas déshumanisé l'image que Les Guignols nous en donnaient alors qu'il n'était que maire de Paris, il est parfois difficile de se passionner pour les nouvelles marionnettes présentées par P.P.D.

Une « image du jour », de courts sketches, une interview qui traîne parfois en longueur, un bref gag en conclusion : cette « mise en page » immuable engendre une monotonie à laquelle Les Guignols devraient prendre garde. N'empêche ! Grâce, pour une grande part, aux marionnettes de Canal +, l'audience de « Nulle Part ailleurs » a régulièrement augmenté. Et ce sont maintenant plus de deux millions de téléspectateurs qui regardent, chaque dimanche, « La Semaine des Guignols ». La grand-messe garde ses fidèles. Et ses vertus thérapeutiques.

La clé Deschamps

Ils étaient deux, parfois trois, sagement assis devant la caméra. Ils intervenaient vers 20 h 10, après « Les Guignols de l'Info » et Philippe Vandel. C'étaient Les Deschiens, parmi lesquels François Morel, Brunot Lochet, Benoît Duquesne, Yolande Moreau, tous appartenant à la troupe de Jérôme Deschamps et Macha Makeieff. On se demande si Fernand Raynaud aurait osé imaginer les personnages qu'ils incarnent, tant ceux-ci atteignent les sommets de la bêtise, de la veulerie et de la médiocrité. Encore plus stupides et plus vulgaires que le père de Toto dans «Bourreau d'enfants!» ou que le paysan de «Ça eut payé».

Les Deschiens ne reculent devant rien pour nous dépeindre, en quelques phrases, un petit peuple sorti des bas-fonds de leur imagination, et que l'on ne risque pas de rencontrer au café de Flore, aux Deux-Magots ni même au bistrot du coin. Nous ne ressemblons pas à ces antihéros sordides qui nous débitent, sur un ton péremptoire, des vérités premières. Et nous ne voudrions certainement pas leur ressembler.

Mais, au fait, sommes-nous certains qu'il n'y a pas, en chacun de nous, une part de Deschiens, celle que nous ne voulons pas nous avouer? Tout le génie de ces sketches, dont certains sont improvisés, est là, dans cette parodie de parodie de l'homme de la rue. Elle est utile dans la mesure où elle nous sert de repoussoir, nous prévient contre nous-mêmes, contre nos propres difformités.

Le rire à la pelle

Nuls, Guignols, Deschiens : ces trois inventions de Canal + prouvent que les responsables de cette chaîne n'ont pas mésestimé l'importance du rire dans notre société déboussolée. Les autres chaînes ne sont pas en reste, qui accumulent les émissions humoristiques. France 2 et France 3, notamment : «Juste pour rire», enregistrée à Montréal, «Stars en folie», «Ça n'arrive qu'une fois», «Rire en coulisses», sans compter les prestations d'amuseurs de haut niveau comme de comiques de bas étage, dans des émissions de divertissements telles que «La Fureur» sur TF1, «Les Beaux Joueurs», «Étonnant et drôle» et «Le Cœur au show» sur France 2, «Graines de stars» sur M6.

Ces amuseurs viennent tous du café-théâtre. Ainsi Élie Kakou, pied-noir tunisien émigré à Marseille, ex-G.O., lui aussi, au Club Méditerranée. Du Plateau 26 au Point-Virgule, ce comique extravagant se fait remarquer par la télévision, qui lui donne rapidement ses galons de star : la route de l'Olympia est ouverte à Kakou. Il peut tout se permettre. Son spectacle du Cirque d'Hiver, en février, puis en avril-mai 1997, a été celui de la démesure. Drag Queens, acrobates, danseurs, costumes de Jean-Paul Gaultier, chorégraphies de Redha, strass et paillettes : Kakou, déguisé en curé, en attachée de presse du showbiz, en «Mme Sarfati» – son personnage fétiche –, en femme de ménage tahitienne, s'est livré à ses fantaisies habituelles. Plus comique qu'humoriste, il plaît au grand public en général, et aux enfants en particulier, par sa folie peu ordinaire et ses travestissements. Il pourrait former avec Les Vamps un trio qu'il ne déparerait pas.

Anne Roumanoff ne parodie pas, elle se contente d'observer les choses de la vie. Celles d'un monde plus proche des salons de coiffure que des salons littéraires. Après avoir débuté aux Blancs-Manteaux, elle passe à la Comédie Caumartin dans un show à succès qu'elle a créé à l'automne 1996 au Théâtre Daunou, *Les Femmes et les Enfants d'abord*, co-écrit avec Colette, sa maman. «Elle porte un regard malicieux sur nos petits bonheurs et nos grands problèmes, à travers des sketches décapants, reliés par un fil rouge, la famille», peut-on lire dans *Pariscope*. La famille de cette ancienne élève de Sciences-Po ne rappelle guère celles de Lamoureux, de Raynaud et de Métayer.

Familiers de «Studio Gabriel», l'émission de Michel Drucker, Les Chevaliers du Fiel sont deux Toulousains

278

coiffés l'un d'une casquette, l'autre d'un béret à la Glandu, qui tiennent, attablés devant leur consommation, des propos inspirés des *Brèves de comptoir*. Sous le patronage de France 2, ils donnent, en 1996, un spectacle sans saveur au Palais des Glaces. La foule communie dans la même hilarité. Mais la foule a-t-elle toujours bon goût ?

Les petites annonces d'Élie et le Guignol de La Bande originale

La télévision, heureusement, peut nous offrir le meilleur après nous avoir gratifiés du pire. C'est grâce à TF1 et à France 2 qu'Élie, «né d'une mère blanche et d'un père africain du Nord travaillant aux P.T.T.», et Dieudonné, «né d'une mère bretonne et d'un père camerounais», figurent aujourd'hui parmi les humoristes préférés des Français. Familiers, naguère, des «Enfants de la télé», d'Arthur, sur France 2, Élie et Dieudonné ont atteint à un vedettariat qui leur permet aujourd'hui d'être leurs propres producteurs.

Amuseur et homme d'esprit, Élie Semoun parodie les personnages anonymes des petites annonces de la chaîne Paris-Première. Micheline, trente ans, célibataire ; Pat', moniteur à «l'Alpe d'Hu» ; Toufix et son poème d'amour ; Gérard Saint-Brice, metteur en scène ; Mercédes et Janine, «qui aiment les hommes» : les fausses petites annonces d'Élie respectent, en la modernisant, la tradition moliéresque. Elles nous décrivent une société frappée par le chômage, l'angoisse et la solitude. Elles resteront, comme sont restés les sketches de Fernand Raynaud. Timide, réservé, vachard à l'occasion, comme Guy Bedos, Semoun conduit sa carrière avec sérénité.

Reste que le cinéma semble le détourner, comme tant d'autres, de la scène.

Découverte au Festival Off d'Avignon par Claude Fournier et Gérard Louvin, producteurs de nombreuses émissions de variétés sur TF1, La Bande originale ressuscite le théâtre de Guignol. Pas le Guignol de « Nulle Part ailleurs », mais le vrai, celui de notre enfance. Les onze comédiens de « La B.O. » passent tout d'abord au Théâtre Trévise. Puis, en 1995, à l'Olympia, en première partie du spectacle de Gustave Parking, humoriste burlesque toujours prêt à donner un coup de pouce aux nouveaux venus. On les voit ensuite au Splendid Saint-Martin. Mais La Bande Originale, qui a assimilé toutes les recettes du Splendid de la rue des Lombards, n'imite pas ses prédécesseurs. Elle invente, grâce à de courts sketches de Patrick Joly, son metteur en scène, un humour collectif qui va de la dérision à l'absurde. A Bobino, dont Philippe Bouvard est le directeur, elle revisite Charles Trenet et sa « Nationale 7 ». Elle plagie, sans la moindre vulgarité, les quiproquos du vaudeville ou, dans « Qu'est-ce qu'elle dit ? », les malentendus des dialogues de sourds. Elle raille les fans du tennis, de la voiture, du cinéma muet et du théâtre interactif.

Prix 1996 de l'humour noir, Michel Muller était, lui aussi, un habitué de la télévision. Le voilà interdit de séjour : deux sketches de ce proche parent de Coluche, qui ne craint pas de dénoncer, dans le langage le plus cru, le racisme et l'intolérance, ont été supprimés par la direction de France 2 de l'« Étonnant et drôle » du 8 mars 1997. L'un de ces textes, « La Cité des fleurs », mettait en scène le locataire (français) d'une cité H.L.M., bien décidé à flinguer le gosse (maghrébin) « qui s'attaquerait à sa bagnole ». L'autre, « Le Prime Time », s'en prenait à un directeur d'antenne demandant à un animateur de « faire du caustique, du gros, du gras et du salace ». Explication embarrassée de France 2 : « Nous avons voulu privilégier le contexte social très tendu et, surtout, le respect des gens. Nous ne doutons pas des bonnes intentions de Muller, mais la télévision est un média trop populaire pour que l'on puisse prendre de tels risques. »

Autres privilégiés, occasionnels, ceux-là, des chaînes hertziennes : François Rollin, imperturbable homme en colère du Café de la Gare ; Danyboon, chtimi parrainé par Sylvie Joly, qui, du Movies, une boîte de Pigalle, est passé à l'Olympia, via Le Lucernaire ; Sophie Forte, que l'on prétend « perverse, odieuse et méchante », et qui se dit « douce, tendre et délicieuse » ; et Gad Elmaleh, Marocain né à Casablanca et émigré à Montréal, auteur d'un superbe show, *Décalages*, qu'il a interprété au Palais des Glaces.

Heurs et malheurs du café-théâtre

Le café-théâtre : espoir d'un brillant avenir pour les amuseurs non polémistes qui ont la chance de pouvoir se montrer sur les chaînes ; amertume et sentiment d'échec pour ceux qui se bousculent au portillon et ne parviennent pas à le franchir – et ils sont légion. Car il n'y a jamais eu autant d'humoristes sur le marché. A en juger par le nombre de spectacles comiques à l'affiche des théâtres et des cafés-théâtres, l'humour se porte bien : plus de soixante one man shows (ou « two men shows ») pour une quarantaine d'espaces scéniques. Tous « irrésistibles, explosifs, réunis autour d'une même boulimie de rires, extraordinairement fous et pleins de surprises »...

Si vous voulez voir Alain Sachs (metteur en scène de l'étonnant *Quatuor*), Éric Blanc, Bud, ancien interne des hôpitaux, les frères Cherer, Annette Marchandou, Rémi

Rosello, Jean-Jacques Vanier, Riaboukine, Serge Navarre, Éric Collado, Alexandre Dubarry, le Tunisien Lamine Nahdi, et les autres, il faut vous déplacer du Bec Fin, rue Thérèse, ou à la Tour de Tizi, boulevard Beaumarchais : un itinéraire jalonné de petits lieux où l'esprit est censé souffler. On peut même se rendre en province. Des cafés-théâtres y sont nés qui font le plein : il n'est point bon bec que de Paris.

Malheureusement, n'importe qui, aujourd'hui, se proclame humoriste sans en avoir les dons. Le conformisme de certains auteurs de one man shows bénéficie, trop souvent, de l'indulgence de nombreux directeurs de cafés-théâtres qui se laissent séduire par un clin d'œil appuyé, un accent grasseyant ou des plaisanteries dignes des comiques troupiers d'antan – quand ils ne louent pas leur salle à des producteurs qui rêvent de découvrir le nouveau Devos ou le nouveau Coluche.

Du trop-plein risque de naître la saturation. Après un sketch brillant, combien d'autres qui font tout juste sourire ? Parfois par politesse, parfois par charité : il ne faut pas décourager l'artiste qui, pendant une heure, rame sur une scène de dix mètres carrés, devant quelques spectateurs réfrigérés venus se distraire, mais qui n'ont pas réussi, malgré les efforts de l'amuseur, à s'abstraire de leurs préoccupations.

Est-ce à dire que le café-théâtre risque, à son tour, de disparaître ? Certainement pas ! Qu'un seul humoriste, grâce à lui, passe de l'anonymat au vedettariat, et il aura rempli son rôle : celui de découvreur.

Des lendemains qui rient

Nous sommes à la fin d'un cycle. Les cabarets ont vécu deux décennies. Les cafés-théâtres ont trente ans d'existence. A eux de s'adapter aux circonstances et à l'évolution de l'humour contemporain. «Quelque chose va changer, dit André Valardy. Quoi? Mystère! Mais je pressens que les trois coups vont bientôt sonner. Le tout est de savoir ce qu'il y aura derrière le rideau.»

Nul ne peut le prévoir. Si la chanson peut se permettre d'être intemporelle, l'humour de one man show, lui, est obligé de tenir compte des fluctuations, sinon des bouleversements, d'une société qui a besoin de rire mais n'a plus grande envie de le faire.

Cette contrainte impose à l'humoriste des limites que, du reste, la télévision l'incite à ne pas franchir. Mot d'ordre des chaînes: pas de vagues. Faire oublier plutôt que donner à penser. S'en tenir à des sketches qui ne mettent rien ni personne en cause. D'où la tiédeur de certains humoristes de la nouvelle génération, qui paraissent renier Molière, et n'auraient pas davantage trouvé leur place dans les cabarets des années 50 que dans les cafés-théâtres des années glorieuses: «Durant la guerre, Chaplin a tourné *Le Dictateur,* déclare Timsit à Patrick Delbourg dans *L'Événement du jeudi*. Il vaut mieux être moderne en son temps et viré dans dix ans que d'être encore là en l'an 2000 mais complètement dépassé.»

Rassurons-nous : quelles que soient les vicissitudes du moment, d'autres amuseurs attendent, derrière le rideau, d'entrer en scène. Ils recréeront peut-être la commedia dell'arte, à l'instar du théâtre de rues qui a investi le pavé de nos villes. Ou bien, peut-être, seront-ils à l'origine d'une nouvelle forme d'humour. Encore faut-il qu'ils soient doués du charisme, qui permet toutes les outrances, et de l'intelligence, qui n'exclut pas les cris du cœur.

NOTES

CHAPITRE 1

1. L'auteur de ce poème intitulé « La Chanson de Grévy » est inconnu. Au nombre des Hydropathes comptaient Jean Richepin, Jules Jouy, Edmond Haraucourt et Charles Cros, inventeur du phonographe et poète.
2. Extrait de « Les Enfants et les Mères », de Jules Jouy.
3. Cité par Jacques Pessis in *Pierre Dac, mon maître soixante-trois*, François Bourin, 1992.
4. *Ibid.*
5. *Ibid.*
6. L'« Essai sur le Français moyen » est dédié à Édouard Herriot, président du parti radical-socialiste. Le 13 juin 1924, Herriot est appelé par le président Doumergue à former le nouveau gouvernement. Il a été maire de Lyon de 1905 à 1957.
7. Nécrologie consacrée par *L'Humanité* à Pierre Dac, mort le 10 février 1975.
8. Extrait des spectacles de Pierre Dac à La Vache Enragée, Le Coucou et Chez Bruant.
9. *Ibid.*
10. Profession de foi de Francis Blanche : « Mon tragique à moi, c'est la vie quotidienne... », *L'Express,* 19 juillet 1971.
11. *Ciné Revue,* 8 décembre 1964.
12. *L'Express,* 19 juillet 1971.
13. *Ibid.*
14. Jacques Canetti a disparu le 10 juin 1997.
15. *Combat,* 5 décembre 1973.
16. *L'Express,* 19 juillet 1971.
17. *Paris-Presse,* 18 janvier 1960. Réalisé par Jean Girault, ce film intitulé *Les Pique-Assiettes* avait Pierre Dac, Francis Blanche et Darry Cowl pour interprètes.
18. Darry Cowl, *Débit de paroles,* Éditions de l'Archipel, 1996.

19. *Paris-Match*, 20 janvier 1973.
20. C'est sur France-Inter que Pierre Dac annonce officiellement le retrait de sa candidature.

CHAPITRE 2

1. Marc Chevalier, *Mémoires d'un cabaret, L'Écluse*, La Découverte, 1987.
2. Le sketch des «Loups» figure dans un 45 tours Philips enregistré chez Milord l'Arsouille.
3. *Mémoires d'un cabaret, op. cit.*
4. *Ibid.*
5. Dans *Mémoires d'un cabaret*, ce sketch a pour titre «Louis XIV et Racine». Dans le premier 33 tours de Darras et Noiret, il est intitulé «Côté cour et côté jardin».
6. 33 tours R.C.A.
7. *Ibid.*
8. *Mémoires d'un cabaret, op. cit.*
9. 33 tours Philips.
10. Autres titres de ce disque : «Le Langage des fleurs», «La Baguette de pain magique» avec la voix de Marie-Paule Belle, «Le Mur» et «La Bible ne fait pas le moine».

CHAPITRE 3

1. Guy Silva, *Quoi que, dit Raymond Devos*, Messidor, 1988 (illustrations de Raymond Moretti).
2. *Le Point*, 11 novembre 1974.
3. *Candide*, 29 novembre 1962.
4. *L'Humanité*, 11 février 1975.
5. Cité dans *Paris-Jour*, 17 décembre 1962.
6. *Le Point*, 11 novembre 1974.
7. Georges Ravon, «Dans la recherche d'un comique neuf, Raymond Devos réussit souvent à ne ressembler à personne», *Le Figaro littéraire*, 22 novembre 1958.
8. *L'Humanité Dimanche*, 13 novembre 1966.
9. *Le Point*, 11 novembre 1974.
10. *L'Humanité Dimanche*, 26 novembre 1961.
11. *Ibid.*
12. *Quoi que, dit Raymond Devos, op. cit.*
13. *L'Humanité-Dimanche*, 26 novembre 1961.

14. Extrait de *Parler pour ne rien dire*, Olivier Orban. Ce livre rassemble cinquante-trois textes, parmi lesquels « Alimenter la conversation », « Mes deux bœufs », « Un ange passe », « Mourir pour vous ». Et « Le Petit Poussin », né d'une conversation que j'ai eue avec Devos en octobre 1974.
15. *France-Soir,* 13 avril 1973.
16. *Libération,* 12 janvier 1993.
17. *L'Express,* 20 juillet 1984. En 1954, le très sérieux économiste Alfred Sauvy, qui s'entretient ici avec Raymond Devos, avait présenté en bandes dessinées le programme économique de Pierre Mendès France, nommé président du Conseil par René Coty. Et, en 1979, il a publié chez Calmann-Lévy *Humour et Politique.*
18. *Ibid.*
19. Raymond Devos, *A plus d'un titre*, Olivier Orban, 1989.

CHAPITRE 4

1. *Heureux,* La Table ronde, 1975, Textes réunis par Raymond Castans.
2. *Ibid.*
3. *France-Soir,* 5 novembre 1962.

CHAPITRE 5

1. *Le Point,* 2 mars 1981.
2. Bernard Haller, *Dits et Inédits*, Stock, 1981.
3. Marc Chevalier, *Mémoires d'un cabaret, L'Écluse*, La Découverte, 1987.
4. « Alléluia ! Alléluia ! » (extrait), in *Dits et Inédits, op. cit.* Dans le même livre figurent « Histoire de famille », « Igor Pouchkine » et « Les Lunettes » (une série de dessins légendés illustrant cette fausse petite annonce de Pierre Dac : « Monsieur atteint strabisme divergent cherche Monsieur atteint strabisme convergent pour pouvoir ensemble regarder les choses en face »).
5. *Dits et Inédits, op. cit.*
6. *France-Soir,* 18 décembre 1976.
7. *Le Monde,* 5 septembre 1971.
8. « Histoire de famille » (extrait).
9. *Mémoires d'un cabaret, op. cit.*
10. *L'Express,* 17 décembre 1982.
11. Propos recueillis en septembre 1996.

12. *Idem.*
13. *Dits et Inédits, op. cit.* (préface).

CHAPITRE 6

1. Guy Bedos, *Je craque,* Calmann-Lévy, 1976.
2. *Figaro littéraire*, 31 août 1963.
3. Dans ce numéro de *L'Express* daté du 22 février 1963, Guy Bedos déclare : « Mais attention, je ne me risquerai jamais au récital. C'est dangereux et fatigant. »
4. *L'Humanité Dimanche*, 13 novembre 1966.
5. *Le Nouvel Observateur,* 17 décembre 1979. « Nous sommes soucieux de la qualité des rires et nous connaissons les limites de notre public. Il ne comprend pas toujours la dérision », ajoute Bedos.
6. *Le Point,* 15 novembre 1976.
7. *Je craque, op. cit.*
8. *Le Point,* 15 novembre 1976.
9. *Ibid.*
10. Guy Bedos, *En attendant la bombe*, Le Seuil, 1976.
11. *Le Point,* 12 janvier 1981.
12. *Ibid.*
13. *Le Point,* 2 novembre 1981.
14. *Ibid.*
15. *Ibid.*
16. *Ibid.*
17. *Le Point,* 6 novembre 1989.

CHAPITRE 7

1. Marc Chevalier, *Mémoires d'un cabaret, L'Écluse,* La Découverte, 1987.
2. *Ibid.*
3. *Ibid.*
4. Avec la loi sur la liberté des théâtres, les lieux de spectacles s'étaient multipliés dans les années 1790. De l'Empire à la fin de la deuxième Restauration, c'est dans une quasi-clandestinité que les comédiens donnent leurs spectacles. Il faut attendre le règne de Louis-Philippe pour que mélodrames, mimodrames et féeries puissent enfin être joués en toute liberté.

CHAPITRE 8

1. Propos tenus par Coluche à l'été 1977, durant le tournage de *Vous n'aurez pas l'Alsace et la Lorraine*.
2. *Paris-Match*, 24 juin 1986.
3. Dans ce même numéro de *Libération* daté du 20 juin 1986, deux pages d'un mini-roman-photo publié en février 1980 par *Charlie-Hebdo* et intitulé *Les pauvres sont des cons*.
4. *Paris-Match*, 24 octobre 1980. Coluche vient de faire ses « adieux » au music-hall.
5. Propos recueillis en octobre 1975.
6. *L'Express*, 14 mars 1991.
7. *Journal du Dimanche*, 14 décembre 1980.
8. *Le Point*, 22 décembre 1975. Coluche triomphe alors à Bobino : 1 100 spectateurs chaque soir dont deux cents environ qui doivent assister debout à son spectacle.
9. *Ibid.*
10. *Ibid.*
11. *Ibid.*
12. *L'Aurore*, 18 février 1975.
13. *Le Figaro*, 12 janvier 1976.
14. *Le Point*, 22 décembre 1975.
15. *Ibid.*
16. *Ibid.*
17. *Le Point*, 12 janvier 1981.
18. *France-Soir*, 25 octobre 1976.
19. *Ibid.*
20. *Le Point*, 15 août 1977.
21. *Ibid.*
22. Il semble alors que Coluche ne prenne pas encore autant sa candidature au sérieux qu'il le fera au cours des semaines suivantes.
23. La presse étrangère rend compte, elle aussi, de la candidature de Coluche. Le 15 décembre 1980, *Time* publie un article intitulé « The Comic Candidate » et sous-titré « But Politicians Don't Laugh » (« Mais les hommes politiques ne rient pas »).
24. Après quinze jours de grève de la faim, Coluche a perdu une dizaine de kilos. « Pour compenser le manque d'alimentation, révèle *Le Matin* du 1er avril 1981, il se soutient, précisent ses proches, à grand renfort de café. »

CHAPITRE 9

1. *Le Point*, 7 novembre 1977.
2. Le Luron n'appréciait pas les «persécutions» dont les humoristes étaient les victimes. Il m'a tenu ces propos en janvier 1978 et en octobre 1982.
3. *Le Point*, 7 novembre 1986.
4. Guy Bedos surnommait Valéry Giscard d'Estaing «le diamantaire».
5. *Le Point*, 7 novembre 1986.
6. «Je tire sur tout ce qui bouge, sans autre arrière-pensée», ajoutait Le Luron.
7. *Le Point*, 19 novembre 1984.

CHAPITRE 10

1. *Le Point*, 20 septembre 1986.
2. «Dans la vie, j'ai une constante qui est le doute, confie aussi Desproges au *Monde* (11 janvier 1984). J'ai commencé à travailler dans le journalisme à trente et un ans parce qu'on est venu me chercher. Sinon, j'aurais continué à hésiter entre deux voies.»
3. *Le Point*, 10 novembre 1975 (trois pages consacrées au «Petit Rapporteur», qualifié par Philippe Bouvard, concurrent de Jacques Martin sur Antenne 2, de «meilleure émission de télévision»).
4. *Ibid.*
5. *Le Point*, 26 avril 1976.
6. *Ibid.*
7. *Le Monde*, 11 janvier 1984.
8. Pierre Desproges, «Chapitre pitre», *Vivons heureux en attendant la mort*, Le Seuil, 1983.

CHAPITRE 11

1. Prise au hasard des sketches de Coluche, cette réflexion : «Un pétrolier arabe qui coule face aux côtes françaises, c'est un accident. Mais quand les Arabes savent nager, c'est une catastrophe.» (*L'horreur est humaine*, Éditions n°1 / Michel Lafon, 1992).
2. Les Inconnus revendiquent à plusieurs reprises l'étiquette d'«imitateurs sociaux». Le 31 octobre 1992, ils déclarent à *Télé 7 Jours* : «Que ce soit dans nos sketches ou dans nos chansons, il y a toujours un fait de société que nous dénonçons et une opinion qui est la nôtre.»

CHAPITRE 12

1. C'est Lucien Gibarra qui a créé en 1973 la Pizza du Marais, devenue par la suite Les Blancs-Manteaux.
2. Dans *Le Point* du 9 juillet 1979, Josyane Lévêque répond à ceux qui la rangent dans la catégorie des auteurs comiques : «Je suis auteur de café-théâtre dans l'esprit comme dans la lettre. Il y a une sacrée différence. Au café-théâtre, il faut faire court. Ce n'est pas un match au finish, mais un combat au corps à corps.»
3. *Le Point*, 6 février 1984.

CHAPITRE 13

1. Extrait du programme rédigé par Marc Jolivet pour son spectacle.
2. *Télérama*, 4 décembre 1991. Bigard passe alors au Palais des Glaces.
3. *Paris-Match*, 21 novembre 1996.

CHAPITRE 14

1. *Le Point*, 2 janvier 1984.
2. *Ibid.*
3. *Le Point*, 25 novembre 1985. Michel Boujenah s'apprête alors à passer à l'Olympia du 4 au 9 décembre.
4. Smaïn, *Sur la vie de ma mère*, Flammarion, 1990.
5. Popeck, *Je veux bien qu'on rie, mais pas qu'on se moque*, Jean-Claude Lattès, 1985.

CHAPITRE 15

1. Extrait du spectacle *Une journée chez ma mère*, de Charlotte de Turckheim : «Vous dansez, mademoiselle ? – Je peux pas. Quand je danse, je sue. Et quand je sue, je pue.» (*Libération*, 14 avril 1991).
2. *Le Point*, 9 octobre 1978.
3. *Le Point*, 4 avril 1988. La Madeleine Proust est au Palais des Glaces depuis sept mois. Elle y donne son spectacle jusqu'au 4 mai.
4. *Le Point*, 26 novembre 1990. Valérie Lemercier joue alors, à guichets fermés, au Splendid Saint-Martin, qui appartient aux anciens du Splendid.
5. *Ibid.*
6. *Ibid.*

BIBLIOGRAPHIE

Ouvrages généraux

Marc CHEVALIER, *Mémoires d'un cabaret, L'Écluse,* La Découverte, 1987.

Maurice DONNAY, *L'Esprit montmartrois* (collection particulière).

Alexandre GRENIER, *Génération Père Noël: du Splendid à la gloire,* Belfond, 1994.

Charles JOYON, *Pleins Feux sur le café-théâtre,* Éditions Parc, 1977.

Jacques MOUSSEAU et Christian BROCHAND, *Histoire de la télévision française,* Fernand Nathan, 1983.

Livres d'humoristes

Guy BEDOS, *Je craque,* Calmann-Lévy, 1976.

Guy BEDOS, *Petites Drôleries et autres méchancetés sans importance,* Le Seuil, 1989.

Guy BEDOS, *Inconsolable et Gai,* Le Seuil, 1991.

Guy BEDOS, *Journal d'un mégalo,* Le Seuil, 1995.

Guy BEDOS, *Merci pour tout,* Le Seuil, 1996.

Francis BLANCHE, *Mon oursin et moi,* Édition spéciale, 1972.

Francis BLANCHE, *Pensées, répliques et anecdotes,* Le Cherche-Midi, 1996.

COLUCHE, *L'horreur est humaine,* Éditions n° 1 / Michel Lafon, 1992.

COLUCHE, *Les Inoubliables,* Martinez / Lederman / Fixot, 1994.

COLUCHE, *Pensées et anecdotes,* Le Cherche-Midi, 1995.

Darry COWL, *Le Flambeur,* Robert Laffont, 1986.

Darry COWL, *Débit de paroles,* L'Archipel, 1996.

Pierre DAC, *Les Pensées,* Le Cherche-Midi, 1972.

Pierre DAC, *Les Petites Annonces de L'Os à moelle,* Le Cherche-Midi, 1987.

Pierre DAC, *L'Os à moelle,* François Bourin, 1993.

Pierre DAC, *Le Club des loufoques,* Julliard, 1994.

Pierre DAC, *Y'a du mou dans la corde à nœuds,* Julliard, 1995.

Pierre DAC et Francis BLANCHE, *Malheur aux barbus,* André Martel, 1952.

Pierre DAC, Francis BLANCHE et Henry BLANC, *Signé Furax,* Pressibus, 1991.

Pierre DESPROGES, *Manuel de savoir-vivre à l'usage des rustres et des malpolis,* Le Seuil, 1981.

Pierre DESPROGES, *Vivons heureux en attendant la mort,* Le Seuil, 1983.

Pierre DESPROGES, *Dictionnaire superflu à l'usage de l'élite et des bien nantis,* Le Seuil, 1985.

Pierre DESPROGES, *Chroniques de la haine ordinaire,* Le Seuil, 1987.

Pierre DESPROGES, *Textes de scène,* Le Seuil, 1988.

Pierre DESPROGES, *Les étrangers sont nuls,* Le Seuil, 1992.

Raymond DEVOS, *Sens dessus dessous,* Stock, 1976.

Raymond DEVOS, *A plus d'un titre,* Olivier Orban, 1989.

Raymond DEVOS, *Matière à rire,* Olivier Orban, 1991.

Raymond DEVOS, *Un jour sans moi,* Plon, 1996.

Bernard HALLER, *Dits et inédits,* Stock, 1981.

Marc JOLIVET, *Iconoclaste,* Plon, 1994.

Sylvie JOLY, *Ça va, ça va, faut le dire vite,* Stock, 1979.

Thierry LE LURON, *Haut comme trois pommes,* Flammarion, 1978.

Alex MÉTAYER, *Délires en scène,* Hors Collection / Presses de la Cité, 1990.

Alex MÉTAYER, *Opéra comique,* Mercure de France, 1993.

LES NULS, *Le Livre,* Canal + / Albin Michel, 1990.

Roger PIERRE et Jean-Marc THIBAULT, *Laissez-nous rire,* Jean-Claude Lattès, 1986.

POPECK, *Je veux bien qu'on rie, mais pas qu'on se moque,* Jean-Claude Lattès, 1985.

Fernand RAYNAUD, *Heureux,* La Table ronde, 1975.

RUFUS, *Rufus se livre,* Hors Collection / Presses de la Cité, 1991.

Patrick SÉBASTIEN, *Le Masque et les Plumes,* Carrère / Michel Lafon, 1986.

Michel SERRAULT, *Le Cri de la carotte,* Ramsay, 1995.

SMAIN, *Sur la vie de ma mère,* Flammarion, 1990.

Jean-Marc THIBAULT, *De mémoire d'homme,* Stock, 1996.

ZOUK, *Zouk par Zouk,* Balland, 1978.

Sur les humoristes

Aldo, Jean-Mi, Ludo, *Coluche à cœur et à cris*, LGF, 1988.

Philippe BOGGIO, *Coluche*, Flammarion, 1986.

Dominique CHABROL, *Desproges*, Flammarion, 1994.

Jacques COLLARD et Jacques PESSIS, *Les Années Thierry*, Michel Lafon, 1996.

Manuel DEVILLERS, *Coluche. Du rire au cœur*, Desclée de Brouwer, 1996.

Charles DRANGOS, *Coluche, adieu*, préface de l'abbé Pierre, Carrère-Lafon, 1986.

André HALIMI, *Coluche, victime de la politique*, Éditions n°1, 1993.

Armand ISNARD, *Fais-nous rire, Fernand*, Buchet-Chastel, 1976.

Ghislain LOUSTALOT, *Coluche*, préface de Serge Gainsbourg, Calmann-Lévy, 1986.

Bernard MABILLE, *Thierry Le Luron. Il m'appelait Maboule...*, Le Club des stars / Seghers, 1987.

Jacques PESSIS, *Pierre Dac, mon maître soixante-trois*, François Bourin, 1992.

Jean SCHOUBERT, *Fernand Raynaud*, Flammarion, 1993.

Guy SILVA, *Quoi que, dit Raymond Devos*, Messidor, 1988.

Franck TENAILLE, *Coluche*, Le Club des Stars - Seghers, 1986.

Franck TENAILLE, *Bedos, histoire d'un rire*, Seghers, 1990.

QUELQUES DISQUES
ET VIDÉOCASSETTES

CD

Guy BEDOS, *Bonne fête Paulette*, Polygram.
Jean-Marie BIGARD, *Bigard à l'Olympia*, Polygram.
Francis BLANCHE, *Bonjour chez vous*, Musidisc.
Francis BLANCHE, *16 grands succès*, Vogue.
Michel BOUJENAH, *Albert*, Tréma.
COLUCHE, *Les Irrésistibles*, Lederman.
COLUCHE, *Intégral*, Lederman.
COLUCHE, *Best of*, Lederman.
Pierre DAC et Francis BLANCHE, *Le Sar Rabindranath Duval*, Vogue.
Pierre DAC, *Pierre Dac sur scène*, Canetti.
Pierre DAC, *Chansons de Londres*, Musidisc.
Pierre DESPROGES, *Les Réquisitoires*, EPIC.
Pierre DESPROGES, *Chroniques de la haine ordinaire*, EPIC.
Pierre DESPROGES, *La Scène*, EPIC.
Raymond DEVOS, *A tort ou à raison*, Philips.
Raymond DEVOS, *Je roule pour vous*, Philips.
Raymond DEVOS, *1951-1958* et *1972-1974*, Philips.
ÉLIE et DIEUDONNÉ, *Élie et Dieudonné au Splendid*, Sony.
Thierry LE LURON, *De de Gaulle à Mitterrand*, WEA.
Alex MÉTAYER, *Alex Métayer à l'Opéra-Comique*, Milan.
POPECK, *Popeck au Casino de Paris*, Flarenasch.
Muriel ROBIN, *Tout m'ennuie*, Polygram.
Patrick TIMSIT, *Ne me touchez pas*, Flarenasch.

33 tours

L'ABC du rire, avec Raymond DEVOS, Robert LAMOUREUX,
Fernand RAYNAUD et Jean RICHARD, Philips.

Guy Bedos et Sophie Daumier au Théâtre de la Renaissance, Barclay.
Jean-Pierre DARRAS et Philippe NOIRET, *Côté cour et côté jardin*,
  Philips.
Les Frères ennemis au Théâtre des Mathurins, Philips.
Roger PIERRE et Jean-Marc THIBAULT, *C'est astap !*, Ducretet-Thomson.
Jean POIRET et Michel SERRAULT, *Paul et Guy, enfants terribles*, RCA.
Jean YANNE, *Chansons bonnes ou mauvaises*, Barclay.

Vidéocassettes

Guy Bedos et Muriel Robin, Remark.
Guy BEDOS, *Olympia 95*, Polygram.
Jean-Marie BIGARD, *Jean-Marie Bigard au Gymnase*, Polygram.
Jean-Marie BIGARD, *Intégral*, Polygram.
Michel BOUJENAH, *Le Petit Génie*, Warner.
Les Branquignols, Polygram.
Les Deschiens, Canal +.
Pierre DESPROGES, *Spectacles*, EPIC.
Raymond DEVOS, *Raymond Devos à l'Olympia*, Polygram.
ÉLIE, *Les Petites Annonces*, Vidéo M6.
ÉLIE et DIEUDONNÉ, *En garde à vue*, Vidéo MC.
Les Guignols, Canal +.
LES INCONNUS, *Isabelle a les yeux bleus*, Lederman.
LES INCONNUS, *La Télé en folie*, Lederman.
Marc JOLIVET, *Marc Jolivet au Palais des Glaces*, Polygram.
Sylvie JOLY, *Best of*, Polygram.
LES NULS, *Best of*, Canal +.
POPECK, *Popeck*, France Télévision.
Fernand RAYNAUD, *Tous ses sketches les plus célèbres*, Polygram.
Muriel ROBIN, *Muriel Robin à l'Olympia*, Polygram.
SMAÏN, *T'en veux ?*, Warner.
SMAÏN, *Smaïn au Casino de Paris*, Polygram.
LES VAMPS, *Les Vamps Story*, Polygram.
LES VAMPS, *Autant en emportent les Vamps*, Polygram.
LES VAMPS, *Chaud les Vamps*, Polygram.

Remerciements particuliers à l'hebdomadaire *Le Point*.

LEURS GRANDS SPECTACLES

Guy BEDOS et Sophie DAUMIER :

1966 : Comédie des Champs-Élysées *(Tête-Bêche)*.
1970 : Bobino.
1972 : Théâtre de la Ville (avec leurs premiers tubes : «La Drague», «Vacances à Marrakech» et, par Sophie en solo, «Chantal, Nixon et compagnie»).

Guy BEDOS :

1976 : Théâtre de la Renaissance (novembre).
1978 : Bobino (l'humoriste alterne avec le polémiste).
1981 : Bobino (janvier). (Cette fois, Bedos ne craint pas d'ironiser contre l'arrivée des socialistes au pouvoir.)
1983 : Théâtre du Gymnase (Bedos met sa mère en scène).
1995 : Olympia (mars).

Guy BEDOS et Muriel ROBIN :

1992 : Olympia.

COLUCHE :

1975-76 : Bobino (avec «Le Schmilblick»).
1977-78 : Théâtre du Gymnase.
1980-81 : Théâtre du Gymnase (Coluche continue son combat contre les cons et annonce sa candidature à l'élection présidentielle).

Pierre DAC et Francis BLANCHE :

1974 : Bobino (avec leur sketch culte, «Le Sar Rabindranath Duval»).

Pierre DESPROGES :

> Deux spectacles seulement :
> 1983 : Théâtre Fontaine.
> 1986 : Théâtre Grévin.

Raymond DEVOS :

> 1960 : Alhambra.
> 1961-62 : Théâtre Fontaine (*Les Pupitres*).
> 1964 : Théâtre des Variétés.
> 1968 : Olympia.
> 1971 : Bobino.
> 1977 : Théâtre Antoine.
> 1982 : Théâtre du Montparnasse.
> 1988-89 : Théâtre du Palais-Royal.
> 1995 : Olympia.

Bernard HALLER :

> 1971 : Théâtre de la Michodière (*Et alors ?*).
> 1975 : Théâtre de la Ville (*Un certain rire incertain*).
> 1979 : Théâtre national de Chaillot (*Salmigondivers*).
> 1982 : Bobino (*Vis à vie*).
> 1987 : Théâtre Édouard-VII (*Époque épique*).
> 1994 : Bouffes du Nord (*Comment ça commence ?*).

LES INCONNUS :

> 1989 : Théâtre du Palais-Royal (*Au secours, tout va bien*). (Les Inconnus lancent quelques-uns de leurs plus fameux *gimmicks* : « Bouleversifiant », « Personnellement moi-même », « Vachement beaucoup », « Stéphanie de Mona-cooo ! », etc.)
> 1990 : Théâtre de Paris (*Au secours, tout va mieux*).
> 1995 : Casino de Paris.

Thierry LE LURON :

> 1979-80 : Théâtre Marigny (Le Luron lance en ouverture : « Bonsoir, mes diams... »).
> 1984-85 : Théâtre du Gymnase (avec « L'emmerdant, c'est la rose »).

Fernand RAYNAUD :

1950 : Théâtre des Nouveautés.
1960 : Théâtre des Variétés.
1961 : Théâtre de l'Étoile.
1963 : Alhambra.
1970 : Bobino.
1970-71 : Olympia.

INDEX

302

*Cet ouvrage composé
par D.V. Arts Graphiques 28000 Chartres
a été achevé d'imprimer sur presse Cameron
dans les ateliers de Brodard et Taupin
à La Flèche (Sarthe)
en septembre 1997
pour le compte des Éditions de l'Archipel
département éditorial
de la S.A.R.L. Écriture-Communication.*

Imprimé en France
N° d'édition : 160 – N° d'impression : 6688S-5
Dépôt légal : septembre 1997